Stefano Cirillo und
Paola Di Blasio

FAMILIENGEWALT

Ein systemischer Ansatz

Aus dem Italienischen
von Barbara Huter

Klett-Cotta

Verlagsgemeinschaft Ernst Klett Verlag –
J. G. Cotta'sche Buchhandlung
Aus dem Italienischen übersetzt von Barbara Huter
Das Buch erschien 1989
bei Raffaelo Cortina Editore, Mailand,
unter dem Titel
"La famiglia maltrattante. Diagnosi e terapia".
© 1989 by Raffaelo Cortina Editore
© für die deutsche Ausgabe
Ernst Klett Verlag für Wissen und Bildung GmbH,
Stuttgart 1992
Fotomechanische Wiedergabe nur mit
Genehmigung des Verlages
Printed in Germany
Umschlag: Klett–Cotta Design
Gesetzt aus der 10 Punkt Bembo
von Janß, Pfungstadt
Gedruckt auf säurefreiem und holzfreiem
Werkdruckpapier
von Clausen & Bosse, Leck

Die Deutsche Bibliothek – CIP-Einheitsaufnahme
Cirillo, Stefano:
Familiengewalt : ein systematischer Ansatz / Stefano Cirillo
und Paola Di Blasio. Aus dem Ital. von Barbara Huter. –
Stuttgart : Klett-Cotta, 1992
Einheitssacht.: La famiglia maltrattante ⟨dt.⟩
ISBN 3-608-95751-0
NE: DiBlasio, Paola:

Inhalt

VORWORT

Das Manuskript dieses Buches überreichten mir die Autoren im Sommer letzten Jahres. Als ich es während meines Urlaubs zu lesen begann, erlitt ich einen gewaltigen Schock. Ich nehme an, daß es vielen Kollegen ähnlich ergehen könnte.

Was in mir diese Betroffenheit auslöste, war die Tatsache, daß mir plötzlich zwei Fakten bewußt wurden, die mich ganz persönlich angingen. Das erste Faktum bestand darin, daß ich seit den Anfängen meiner familientherapeutischen Arbeit zwar sehr viel über den Kontext und das »Abweichen« davon gesprochen, daß ich aber eine wichtige Schlußfolgerung daraus nie gezogen und sie auch nicht in die Tat umgesetzt habe. Welche? Die Schlußfolgerung, daß wir in jedem beliebigen Kontext therapeutisch wirksam werden können. Dies gilt selbst für den auf einem Gerichtsbeschluß beruhenden Zwangskontext, welcher der vorherrschenden »Ideologie« der Freiwilligkeit am meisten zuwiderzulaufen scheint. *Voraussetzung* dafür ist allerdings, daß wir bewußt innerhalb dieses Kontexts agieren und unsere Arbeit an den durch diesen Orientierungsrahmen definierten Markierungen und Regeln ausrichten. Wie das erreicht wird, stellt dieses Buch gerade dadurch mit so eindringlicher Deutlichkeit dar, daß die Autoren aufzeigen, welche Fehler ihnen unterlaufen sind und wie sie daraus zu lernen versuchen.

Und beim Lesen wurde ich mir auch dieses zweiten Faktums bewußt: daß auch ich seinerzeit die typischen Fehler gemacht hätte, wenn ich an der Stelle dieser Therapeuten gewesen wäre. Als Psychoanalytikerin und als Familientherapeutin war ich sowohl von meiner Ausbildung als auch von meiner Berufserfahrung her an einen privaten Kontext gewöhnt, in dem die Freiwilligkeit eine Grundvoraussetzung darstellt. Daher hätte ich mich ebenfalls in dieser Zwickmühle befunden. Auch ich hätte mich den Eltern gegenüber nicht eindeutig verhalten und hätte mich beinahe geschämt, auf der Seite des Gerichts zu stehen. Auch ich hätte viel Zeit gebraucht, um zu begreifen, daß der Zwangskontext seine Berechtigung hat, da er das unabdingbare Ziel verfolgt, augenblicklich den Schutz des Kindes vor weiteren Mißhandlungen zu erwirken. Allerdings erfordert es dieser Zwangskontext – zumal er vorübergehenden Charakter hat –, daß der Richter ein psychologisches Gutachten erstellen läßt, um herauszufinden, ob und inwieweit die Eltern in Zukunft ihre Elternfunktion werden wahrnehmen können. Gegebenenfalls ist auch eine Therapie durchzuführen.

Es gibt wirklich zu denken, daß es *Widerstände* dagegen gibt, sich konstruktiv auf einen Zwangskontext einzulassen, der eigens dafür geschaffen wurde, die *schwachen* Glieder der Gesellschaft, die sich in keinem Fall aus eigener Kraft gegen Gewalt wehren könnten, zu schützen. Dieser Widerstand kommt bei den direkt oder indirekt mißhandelnden Eltern, bei den mißhandelten Kindern und bei den Funktionsträgern, die sich ihrer annehmen sollten, in sehr ähnlichen Verhaltensweisen zum Ausdruck. Stefano Cirillo und Paola Di Blasio schildern uns eindrücklich, wie diese Eltern, selbst wenn sie mit einem ärztlichen Attest konfrontiert werden, das die Mißhandlung des Kindes eindeutig feststellt, fast ausnahmslos ihre Gewaltanwendung leugnen, Ausflüchte vorbringen und nicht davor zurückschrecken, zu bombastischen ideologischen Rechtfertigungen zu greifen. Außerdem wird, von einigen wenigen Ausnahmen abgesehen, der nicht mißhandelnde Elternteil von seinem Partner zum Schweigen verpflichtet. Und sogar die mißhandelten Kinder im Alter bis zu sieben oder acht Jahren verschweigen die erlittenen Mißhandlungen. Es ist, als wollten sie ihre Eltern und ihre Beziehung zu ihnen schützen, selbst wenn sie sich immer wieder großen Gefahren gegenübersehen. Und schließlich ist das Verhalten eines Sozialarbeiters oder Therapeuten nicht viel anders – wohl aber weniger verständlich –, wenn er sich in den Sumpf einer immer verständnisvollen und nie strafenden Persönlichkeit zurückzieht, wenn er sich in der Illusion wiegt, er könne die schwerwiegenden Fakten dadurch zu Lappalien herunterspielen, daß er den Eltern gut zuredet, und wenn er sich der heiligen und dringlichen Pflicht, das Kind vor der Gefahr so schrecklicher Erfahrungen zu bewahren, durch Abwarten entzieht.

Es ist erschütternd, feststellen zu müssen, daß sich bei allen drei Personengruppen, die im Rahmen des Dramas der Kindesmißhandlung so unterschiedliche Positionen einnehmen, übereinstimmende Verhaltensweisen einstellen. Und darüber können auch differenzierte Erklärungen über die unterschiedlichen Motive der Eltern, Kinder und Therapeuten nicht hinwegtrösten. Jedenfalls ist zu begrüßen, daß unser Zentrum, das CBM, damit begonnen hat, die alten soziokulturellen Hintergründe aufzubrechen.

Ich möchte nun kurz zusammenfassen, welche Erkenntnisse die Autoren aus ihrer Arbeit gewonnen haben. Sie sind zur Überzeugung gelangt,

1. daß der Gerichtsbeschluß in erster Linie das Ziel verfolgt, das Kind unverzüglich aus der Familie zu entfernen, um damit zu verhindern, daß es der Gefahr weiterer Mißhandlungen ausgesetzt wird;
2. daß ein solcher Gerichtsbeschluß das einzig wirksame Mittel darstellt, diese Familien zu erreichen, da es für derartige Fälle symptomatisch ist, daß Hilfe nicht freiwillig angefordert wird;

3. daß diese Vorgehensweise zu einer echten Motivation und Mitarbeit der Eltern führen kann, und zwar nicht nur deshalb, weil sie ihre Kinder wieder zu sich holen möchten, sondern auch, weil ihnen die Therapeuten in entsprechender Weise begegnen. Von diesen wird nämlich erwartet,

a) daß sie ohne innere Vorbehalte zum Beschluß des Vormundschaftsgerichts stehen, zumal es für sie außer Frage stehen muß, daß der Schutz des Kindes unbedingten Vorrang hat, und

b) daß sie über die Kompetenz verfügen, die Eltern zu einer Veränderung ihrer Beziehungsmuster zu motivieren, indem sie deren Verhaltensmodi im komplexen interaktiven Spiel aufzeigen, in das die Familienmitglieder verstrickt sind. (Es handelt sich um ein Spiel, das sich meist über drei Generationen erstreckt und in Mißhandlungen mündet.)

Es muß an dieser Stelle erwähnt werden, daß die therapeutische Arbeit der Autoren mit den mißhandelnden Familien positive Impulse aus der Verwendung der Spiel-Metapher erhalten hat. Die Beziehungsmuster der Familie stellen keine statische Struktur dar, sondern einen lebendigen, dynamischen Prozeß, der auf die sich mit der Zeit entwickelnden Ereignisse reagiert. Wenn also ein Fehlverhalten auftritt, so geht ihm eine ganz bestimmte Entwicklung der familiären Beziehungen voraus; d.h. dieses Verhalten ist das Ergebnis eines Spiels oder interaktiven Prozesses, dessen *Verlauf* wir Therapeuten Schritt für Schritt *aufspüren* müssen, indem wir die Geschichte der Beziehungsstruktur der Familie rekonstruieren, in der dieses Verhalten auftritt. Damit es gelingt, die Familie in kürzester Zeit für die »historische« Rekonstruktion des Spiels, in das sie verwickelt ist, zu interessieren und sie daran zu beteiligen, benötigt der Therapeut viel Erfahrung. Die Autoren dieses Buches haben diese durch ihre Teilnahme an der Forschungsarbeit des *Nuovo Centro per lo studio della famiglia* (Neues Zentrum für Familienforschung) gewonnen. Stefano Cirillo ist dort seit 1982 als Therapeut tätig, und Paola Di Blasio hat von 1981 bis 1985 zusammen mit G. Prata an diesem Zentrum gearbeitet. Die Inhalte ihrer Erfahrungen werden in diesem Buch durch zahlreiche Behandlungsbeispiele erläutert.

Viele unglückliche Ehepaare, die nach relativ kurzer Diagnosezeit mit ihrer schmerzvollen Biographie konfrontiert wurden, nahmen die echte Anteilnahme der Therapeuten wahr und fanden sich zur Mitarbeit bereit. Das schloß *immer*, wie wir im Verlauf des Buches noch sehen werden, die Beschäftigung mit den jeweiligen Herkunftsfamilien ein. Dabei geht es um starke und frustrierende Bindungen an einen Elternteil oder um Rivalität und Eifersucht gegenüber einem Bruder oder einer Schwester, der oder die bei den Eltern offenbar mehr Anerkennung findet. Auch hier scheint zu

9

gelten, was Murray Bowen hinsichtlich der Familien mit schizophrenen Kindern festgestellt hat: erst in der dritten Generation kommt es zur Gewaltanwendung gegenüber dem eigenen Kind.

Wie das Buch zeigen wird, darf man bei der Rekonstruktion des familiären Prozesses aber auch eine mögliche aktive Beteiligung des Opfers nicht ausschließen, das manchmal selbst als relativ kleines Kind einen Beitrag leistet, den die Erwachsenen nicht für möglich halten. Denn es ist schwer, dem Spiel fern zu bleiben. Ebenso schwer ist es beispielsweise, täglich einen Konflikt der Eltern mitzuerleben, ohne selbst Partei zu sein und ohne sich auf die Seite des einen oder des anderen zu stellen. Von seinem Bettchen aus kann das Kind, wenn es nicht mehr ganz klein ist, alles beobachten, was rundherum geschieht. Es hört die Klagen der Großmutter, es verfolgt die endlosen Telefonate der Mutter, es nimmt die bitteren Bemerkungen des Onkels in sich auf . . . Langsam wird das Kind in das Spiel hineingezogen, es macht sich ein Bild davon und es gewinnt vielleicht die Überzeugung, daß es hier ein Opfer gibt, das man verteidigen muß. Nach und nach beginnt auch das Kind, Verhaltensweisen in diesem Spiel zu entwickeln. Wenn die Therapeuten dies nicht im Blick haben, laufen sie Gefahr, einen keineswegs nur passiven Mitspieler aus dem Auge zu verlieren und damit wichtige therapeutische Möglichkeiten ungenutzt zu lassen. [1]

Die bis jetzt von Cirillo und Di Blasio geleistete Arbeit (die fortgesetzt wird und deren erste Phase in diesem Buch ihren Niederschlag findet) ist in mehrfacher Hinsicht verdienstvoll. Ich möchte aber zum Abschluß meiner Einführung in dieses Buch das für mich größte Verdienst der Autoren hervorheben: Sie haben begriffen und begreiflich gemacht, daß man sich konsequent an den Kontext halten muß, innerhalb dessen man tätig ist. Auf diese Weise kann auch jeder als nichttherapeutisch zu bezeichnende Kontext dem Therapeuten wertvolle Gelegenheiten zu therapeutischem Handeln anbieten. Voraussetzung dafür ist allerdings, daß Interventionen im Hinblick auf eine wünschenswerte Beziehungsveränderung nicht nur im Einklang mit dem gegebenen Kontext durchgeführt werden, sondern daß dessen Markierungen und Regeln auch als wertvolle Triebfedern genutzt werden. Dabei dürfen diese Regeln natürlich nicht mit bequemen, starren und veralteten Gewohnheiten verwechselt werden.

Versuche dieser Art, die darauf abzielen, alle Ressourcen zu mobilisieren,

---

1 Vgl. Diana Sullivan & Louis Everstine (1984). People in crisis. New York: Brunner/Mazel. In diesem Buch wird die Möglichkeit einer aktiven Beteiligung des Kindes am Paarkonflikt gänzlich außer acht gelassen.

die in nichttherapeutischen Kontexten zur Verfügung stehen, sind von verschiedenen Institutionen unternommen worden. Ich nenne nur einige, um den breiten Fächer von Möglichkeiten aufzuzeigen. Man denke beispielsweise an die Altenfürsorge. Angesichts einer Anfrage wegen eines Heimplatzes kann das Einholen von Informationen über die familiären Beziehungen dem geschickten Sozialarbeiter eine Gelegenheit bieten, Beziehungsverbesserungen herbeizuführen, die zuvor undenkbar schienen. Dabei muß er sich allerdings über rigide bürokratische Gewohnheiten hinwegsetzen. Ein anderes Beispiel: ein diagnostischer Kontext, der die Erstellung eines Gutachtens zum Ziel hat. Auch hier kann der Therapeut das Ersuchen um gutachterliche Stellungnahme nutzen, um auf taktvolle Weise die Beziehungsstrukturen aufzudecken und die Gelegenheit wahrzunehmen, eine Veränderung der familiären Beziehungen in die Wege zu leiten. Schließlich denke man an die üblichen Beihilfeanträge. Der aufmerksame Sozialarbeiter kann erkennen, daß es sich dabei um die Spitze eines Eisbergs handelt und daß es hier letztlich um größere und schwerwiegendere Probleme geht, die von Menschen, die keine Vorstellung von Psychologie und Therapie haben, nicht zum Ausdruck gebracht werden können.[2]

So können die Arbeitsweisen und die Bemühungen, von denen in diesem Buch die Rede ist, als Vorläufer einer Neuorientierung verstanden werden, die zum Großteil noch zu definieren sein wird.

Diesen neuen Weg zu gehen sind nicht nur die Therapeuten aufgerufen, sondern alle Berufsgruppen des sozialen Bereichs, insbesondere jene, die in einem institutionellen Rahmen tätig sind. Nachdem wir von der Erwartung Abschied genommen haben, daß die Menschen aus einer *echten* Motivation heraus unsere Hilfe *freiwillig* in Anspruch nehmen, müssen wir vor allem lernen, unsere Klienten zur notwendigen Veränderung ihrer Beziehungen zu motivieren. Wir müssen zunächst das Bedürfnis nach Veränderung wecken und dann die Veränderung selbst in die Wege leiten.

Mailand, März 1989   *Mara Selvini Palazzoli*

---

2 Stefano Cirillo kooperiert in diesem Bereich seit 1982 mit Mitarbeitern verschiedenster Institutionen. Deren gesammelte Erfahrungen wurden vor kurzem veröffentlicht. Vgl. Stefano Cirillo (Hrsg.) (1990). Il cambiamento nei contesti non terapeutici. Mailand: Cortina.

DANK

Dieses Buch ist das Ergebnis einer langen gemeinsamen Arbeit mit vielen Freunden und Kollegen, die zum Teil bis heute unserem Team angehören.

Allen, deren Namen und Funktionen in diesem Buch erwähnt werden, sehen wir uns in besonderer Weise verpflichtet. Ganz herzlich danken wir Teresa Bertotti, Marinella Malacrea und Alessandro Vassalli, mit denen wir seit geraumer Zeit unsere täglichen Mühen bei der Arbeit mit den Familien teilen; sie haben unser Manuskript aufmerksam gelesen und uns wertvolle Hinweise gegeben. Ein Dankeschön auch an Tito Rossi, den Vorsitzenden und »Senior«-Freund unseres Zentrums, des CBM, der uns herzlich dazu ermuntert hat, dieses Buch zu schreiben.

Sodann danken wir unserer Lehrerin, Frau Professor Mara Selvini Palazzoli, die unser Manuskript mit viel Geduld begleitet und uns unersetzliche Ratschläge gegeben hat. Auch ihre Mitarbeiter Matteo Selvini und Anna Maria Sorrentino, denen wir freundschaftlich verbunden sind, haben unser Manuskript gelesen und uns nützliche Hinweise gegeben, wofür wir ihnen danken.

Weiter geht unser Dank an die Rechtsanwältin Francesca Ichino Pellizzi und an die Richterin Giovanna Picinali Ichino, die mit ihrer Fachkompetenz die im Text enthaltenen rechtlichen Angaben überprüft haben.

In Dankbarkeit möchten wir schließlich Giuliana Mauro Paramithiotti erwähnen, die mit der Erstellung des Manuskripts einen wertvollen Beitrag zu diesem Buch geleistet hat.

EINLEITUNG

Der Erfahrungskontext – das CAF

1979 wurde in Mailand ein privater Verein mit dem Namen *Centro di aiuto al bambino maltrattato e alla famiglia in crisi* (= Zentrum zum Schutz des mißhandelten Kindes und zur Unterstützung der krisengeschüttelten Familie) gegründet. Er machte es sich zur Aufgabe, jeglichen Mißbrauch von Kindern vorzubeugen und Kindern beizustehen, die bereits Opfer von Gewalt, Mißhandlung oder Vernachlässigung geworden sind. Um diese Aufgabe zu erfüllen, wurde in den Statuten die Schaffung einer Einrichtung für Jugendliche vorgesehen, die physisch oder psychisch mißhandelt, sexuell mißbraucht oder vernachlässigt worden sind. Die Notaufnahme erfolgt auf Antrag bzw. mit Genehmigung des Gerichts oder einer anderen Behörde, auf Empfehlung des Sozialarbeiters oder aufgrund von Hinweisen aus der Bevölkerung. Ferner gehört es laut Statut zu den Aufgaben des Vereins, die krisengeschüttelten sowie von großen psychischen und soziokulturellen Problemen betroffenen Eltern therapeutisch zu unterstützen und sie im Hinblick auf ihre elterliche Verantwortung zu begleiten.

Der von Ida Crane Borletti gegründete Verein geht auf eine private Initiative von Mailänder Bürgern zurück, die im Bereich der psychosozialen Fürsorge bereits beachtliche Aktivitäten entwickelt hatten. Unter den Unterzeichnern des Statuts findet sich die Rechtsanwältin Francesca Ichino Pellizzi, die Mitbegründerin des CAM (*Centro ausiliario per i problemi minorili presso il Tribunale per i minorenni*; dt.: Unterstützender Dienst für die Probleme Minderjähriger beim Vormundschaftsgericht) war, in dessen Rahmen unter anderem zahlreiche Pflegefamilien vermittelt wurden, eine Praxis, die damals bei öffentlichen Dienststellen noch nicht sehr verbreitet war.

Das CAF war zwar nur ein privater Verein, doch kam ihm aufgrund der Stellung, die die zwölf Gründungsmitglieder im öffentlichen Leben Mailands einnahmen, sehr bald eine wichtige Bedeutung zu. Zu den Unterzeichnern des Statuts gehören zum Beispiel Adolfo Beria d'Argentine, der damals Vorsitzender am Vormundschaftsgericht Mailand war, sowie Gilberto Barbarito, der stellvertretende Vorsitzende desselben Gerichts; ferner der Universitätsdozent und Kinderarzt Biagio Carletti, der Psychologe Fulvio Scaparro und der Jurist Pietro Schlesinger. Eine weitere wichtige Verbindung zwischen dem sich konstituierenden CAF und der Mailänder

Bürgerschaft stellte Ernesto Caffo, der Sekretär der AIPAI (*Associazione italiana per la prevenzione dell'abuso all'infanzia* – Italienische Vereinigung zur Verhütung von Kindesmißbrauch), dar, der auch zu den Gründungsmitgliedern zählt. Angesichts dieser Namen ist es nicht verwunderlich, daß die Stadt Mailand dieser für Italien ganz neuartigen Initiative mit Verständnis begegnete und sich gegenüber dem häufig noch viel zu wenig beachteten Problem der Kindesmißhandlung aufgeschlossen zeigte. Sie stellte dem Verein das Gebäude eines ehemaligen Kindergartens zur Verfügung und traf mit ihm ein Abkommen, so daß das CAF im Januar 1981 seine Arbeit aufnehmen konnte.

Zusammenarbeit mit der Stadt Mailand und Festlegung der Mißhandlungskasuistik

Die künftigen Mitarbeiter des Zentrums – zwei Ehepaare, die das Kinderwohnheim leiten sollten, sowie zwei Sozialarbeiterinnen und drei Familientherapeuten, die das psychosoziale Team bildeten[1] – absolvierten in den Monaten vor Eröffnung des Zentrums ein von Fulvio Scaparra geleitetes Ausbildungsseminar über Kindesmißhandlung und entsprechende Interventionsmaßnahmen. Während dieses Seminars wurde eines der wichtigsten Anliegen des CAF immer deutlicher: *die Absicht, sich ganz dem psychosozialen Dienst zu unterstellen und keinesfalls danach zu streben, diese zu ersetzen.*

Als die Mitarbeiter ihr Arbeitsprogramm den verschiedenen öffentlichen Dienststellen in der Absicht präsentierten, sie um Zusammenarbeit zu bitten, mußten sie deshalb vor allem ihren Tätigkeitsbereich genau definieren. Es sollte die Gefahr vermieden werden, daß die öffentlichen Dienststellen sich mit allen komplizierten akuten oder chronischen Fällen an das Zentrum wandten. Diese Gefahr bestand nämlich, da das CAF über einige Betten für Notfälle verfügte, während die Kapazität der Mailänder Aufnahmeheime damals dem Bedarf noch weniger entsprach als heute.

Daher mußte das CAF mit aller Deutlichkeit die Mißhandlungskasuistik festlegen, mit der es sich befassen wollte. Es entschied sich für die Definition, die vom Europarat im Rahmen des 1978 in Straßburg abgehaltenen 4. Kriminologenkongresses festgelegt worden war (Europarat, 1981). Demzufolge versteht man unter Kindesmißhandlung »die Handlungen und Unter-

---

1 Die Pflegeeltern waren Maurizio und Nadia Agape sowie Domenico und Floriana Sala. Als Sozialarbeiterinnen arbeiteten Fausta Fano und Edmea Pincelli. Das Therapeutenteam bestand aus Bruna Bianchi, Stefano Cirillo und Marinella Malacrea.

lassungen, die das Kind stark beeinträchtigen, seine körperliche Unversehrtheit sowie seine physische, emotionale, mentale und psychische Entwicklung schädigen und sich in Vernachlässigung und/oder physischen und/oder psychischen und/oder sexuellen Verletzungen manifestieren, die dem Kind von einem Familienmitglied oder einer anderen Betreuungsperson zugefügt werden«.

Die Fälle von Kindesmißhandlung können schematisch in folgende Kategorien unterteilt werden:

1. Bei *physischer Mißhandlung* ist das Kind Opfer von Gewaltanwendung durch ein Familienmitglied, wobei Hautverletzungen, sichtbare oder innere Verletzungen, Knochenbrüche, Verbrennungen, Dauerschäden oder Tod die Folge sein können.

2. Bei *sexuellem Mißbrauch* wird das Kind durch ein Mitglied der Familie in sexuelle Handlungen einbezogen, zu denen es gezwungen wird oder die es jedenfalls nicht mit bewußter Freiwilligkeit auszuüben imstande ist.

3. *Schwere Vernachlässigung* liegt dann vor, wenn die physischen und/oder psychischen Bedürfnisse des Kindes von der Familie nicht oder nur unzulänglich befriedigt werden; dazu gehören witterungsmäßig unangemessene Bekleidung, Vernachlässigung im Bereich von Gesundheit und Hygiene, Unterernährung, Nichterfüllung der Schulpflicht usw.

4. Bei *psychischer Mißhandlung* ist das Kind wiederholt verbaler Gewalt oder einer anderen Form von psychischem Druck ausgesetzt, der ihm schadet. Dazu gehören alle Arten strittiger Trennungen, bei denen die Kinder von den Eltern in den Partnerkonflikt in einer Weise einbezogen werden, daß sie in ihrem emotionalen Gleichgewicht deutlich und nachweisbar gestört werden.

Im Sinne dieser Definition erhielt das CAF in den ersten elf Monaten seiner Tätigkeit (von Januar bis November 1981) 39 »geeignete« Fälle, die aus einer großen Anzahl von Anfragen herausgefiltert wurden. In den ersten zehn Monaten des darauf folgenden Jahres (von Januar bis Oktober 1982) waren die »geeigneten« Fälle auf 109 angestiegen: 46 wurden übernommen, während die anderen zum Teil auch deshalb abgewiesen werden mußten, weil Anfragen auch aus der Provinz und aus anderen Städten und Regionen Italiens bei uns eintrafen, was zeigte, wie übergroß der Bedarf war. In den ersten fünf Monaten des darauf folgenden Jahres (1983) konnte das CAF bereits 56 Mißhandlungsfälle übernehmen. Ein so schwindelerregendes Ansteigen der Nachfrage war natürlich nicht damit zu erklären, daß sich das Drama der Mißhandlung wie ein Ölfleck ausbreitete. Vielmehr handelt es sich hier um die Spitze eines Eisbergs, die plötzlich sichtbar zu werden begann: ein Phänomen, das von den Beteiligten meist verschwiegen wird und das so oft im Dunkeln bleibt, weil die, die es wahrnehmen, mit Gleichgültigkeit und Verleugnung reagieren, drang nun mehr und mehr ans Licht der Öffentlichkeit.

Errichtung einer zweiten Dienststelle für Mißhandlungsfälle: das CBM

Da man sich des Phänomens der Kindesmißhandlung immer mehr bewußt wurde, beschloß der Referent der Stadt Mailand für Sozialfürsorge, Attilio Schemmari, eine kommunale Dienststelle zu errichten, die sich mit diesem Problem befassen sollte. Sie war einerseits als Koordinationsstelle für das Aufdecken von Kindesmißhandlungen in der Familie gedacht und andererseits als Experimentierfeld für den Einsatz geeigneter Interventionstechniken.

Im Juni 1984 gründeten einige Mitarbeiter[2] des CAF – Psychologen, Sozialarbeiter und Erzieher – das CBM (*Centro per il bambino maltrattato e la cura della crisi familiare* – Zentrum für das mißhandelte Kind und die Behandlung von Familienkrisen), dem die Stadtgemeinde Mailand im April 1985 die Leitung ihrer Dienststelle übertrug. Das CBM wurde so zur ersten öffentlichen Einrichtung Italiens, die sich mit Mißhandlungsfällen befaßte. Das neue Zentrum entlastete das CAF, das weiterhin mit der Stadt Mailand und verschiedenen Nachbargemeinden auf der Grundlage eines Abkommens zusammenarbeitete. Auf diese Weise verfügte Mailand nun über zwei Spezialeinrichtungen auf diesem Gebiet.

Es ist nicht Aufgabe des CBM, alle Mißhandlungsfälle zu übernehmen, die im Rahmen der psychosozialen Dienste im Großraum Mailand anfallen. Das wäre nicht nur quantitativ gesehen unmöglich, sondern entspräche auch nicht dem Selbstverständnis des Zentrums. Seit geraumer Zeit haben die öffentlichen Dienststellen die erforderlichen Kompetenzen entwickelt, um krisengeschüttelte Familien zu betreuen, die ähnliche Symptome entwickeln, wie man sie bei Mißhandlungsklienten antrifft. Die außerordentliche Komplexität dieser letzteren Fälle hat jedoch die Schaffung einer Spezial-

---

2 Maurizia Azzoni (Sozialarbeiterin), Floriana Battevi (Sekretärin), Stefano Cirillo (Pschotherapeut), Teresa Di Bari (Erzieherin), Paola Di Blasio (Psychotherapeutin), Anna Frigerio (Sozialarbeiterin), Laura Gabbana (Psychagogin), Graziano Gatta (Erzieher), Alessandro Vassalli (Psychotherapeut und Leiter). Hinzu kamen Tito Rossi (gegenwärtiger Vorsitzender) und, zu einem späteren Zeitpunkt, Teresa Bertotti (Sozialarbeiterin), Marinella Malacrea (Psychotherapeutin) sowie Virginio Marchesi (Psychologe). Vor einem Jahr ist Elena Fontana (Sozialarbeiterin) an die Stelle von Maurizia Azzoni getreten.

einrichtung erforderlich gemacht, die einerseits als Informationszentrale für die verschiedenen Dienststellen und andererseits als Forschungszentrum dient, in dem Erfahrungen mit besonders komplexen Fällen erarbeitet werden, die entweder äußerst akut oder chronisch sind und die von den ortszuständigen Dienststellen an das Zentrum vermittelt werden.

Aufgrund all dieser Erfahrungen entwickelt das CBM spezifische Interventionsmodi, die für die Behandlung von Mißhandlungsfällen geeignet erscheinen; sodann stellt es den Dienststellen die Ergebnisse zur Verfügung, damit sie für deren Arbeit nutzbar gemacht werden können. Das geht so vor sich, daß die einzelnen Dienststellen sich beispielsweise durch das CBM beraten lassen, wenn sie mit Mißhandlungsfällen konfrontiert sind. Außerdem hält es Seminare oder Symposien auf kommunaler Ebene ab, in deren Rahmen das therapeutische Team des Zentrums die verschiedenen Mailänder Dienststellen über die angewandten Interventionstechniken und die erzielten Ergebnisse informiert.[3]

Um dem vom CBM erhobenen Anspruch zu entsprechen, die eigenen methodischen und theoretischen Grundlagen ständig zu vertiefen, wurde dem Team ein wissenschaftlicher Beirat an die Seite gestellt. Ihm gehören neben dem Vorsitzenden des Vormundschaftsgerichts Gilberto Bararito Wissenschaftler aus den verschiedenen Disziplinen an – die Soziologin Bianca Barbero Avanzini, der Kinderarzt Giuseppe Masera, der Psychologe Assunto Quadrio und der Pädagoge Giuseppe Vico – sowie schließlich die Fachärztin für Kinder-Neuropsychiatrie Odette Masson, Vorsitzende der Schweizer Vereinigung gegen Kindesmißbrauch. Ihr Interventionsmodell für Mißhandlungsfälle (Masson, 1981) war für unser Team in den ersten Jahren seiner Tätigkeit ein wertvoller Leitfaden.

Das Profil des CBM: das Kinderwohnheim

Damit das Zentrum seine Aufgabe erfüllen kann, verfügt es neben dem Sekretariat über zwei getrennte Einrichtungen: das Wohnheim für die Notaufnahme von Kindern und das psychosoziale Team. Beide Teile unterstehen der Leitung eines Psychologen und Therapeuten. Das Wohnheim nimmt mißhandelte (oder von Mißhandlung bedrohte) Minderjährige auf,

---

3 Bis heute wurden zwei Symposien abgehalten. Das erste fand anläßlich der Arbeitsaufnahme des Zentrums im April 1985 unter dem Titel »Kindesmißhandlung in der Familie und Maßnahmen zum Schutz des Kindes« statt. Das zweite Symposion wurde im November 1987 abgehalten und hatte die »Intervention bei Inzestfällen« zum Thema.

sofern das Vormundschaftsgericht eine unverzügliche und vorläufige Entfernung aus der Familie verfügt und der Soziale Dienst*, der mit der Durchführung betraut ist, es für angebracht hält, diese Minderjährigen in unserem Zentrum unterzubringen. Unser Wohnheim kann zehn Kinder im Alter bis zu zwölf Jahren aufnehmen. (Wir haben darauf verzichtet, auch Jugendliche zu betreuen, um allzu unterschiedliche Bedürfnisse zu vermeiden.) Es ist auch möglich, einen Elternteil aufzunehmen, sofern dies sinnvoll erscheint. Das ist oft bei sehr kleinen Kindern der Fall, wenn die Entfernung von der Mutter – die oft selbst vom Ehemann mißhandelt wurde – für das Kind schädlich wäre. Außerdem kann es äußerst aufschlußreich sein, die Beziehung zwischen Mutter und Kind zu beobachten. Im Wohnheim leben vier Erzieher, deren Arbeit von einer Psychagogin koordiniert und von einer Familienhelferin sowie zwei Zivildienstleistenden unterstützt wird.

Das Wohnheim wird als »therapeutische Einrichtung« geführt, die verschiedenartige Bedürfnisse zu befriedigen hat.

Die *erste und vorrangige Zielsetzung* der Erzieher ist es, dem durch die Mißhandlung bereits traumatisierten Kind zu helfen, die *Belastungen zu meistern*, die mit der Entfernung von der Familie und der Anpassung an ein neues Lebensumfeld verbunden sind. Man darf nicht vergessen, daß die Kinder manchmal von der Polizei nächtens in unser Wohnheim gebracht werden und dort verschreckt, verstört und unter Schmerzen leidend ankommen. Es muß dann abgewartet werden, bis das Gericht eine erste vorläufige Verfügung erläßt. Damit das Kind den Kontakt zu seiner gewohnten Umwelt aufrechterhalten kann, wird es ihm ermöglicht, auch weiterhin seine bisherige Schule zu besuchen. Um das Transportproblem kümmert sich das Wohnheim.

Die *zweite Zielsetzung*, die jedoch mehr Zeit in Anspruch nimmt, besteht darin, dem Kind zu helfen, seine Erlebnisse zu *verarbeiten*. Für das Kind ist es schwierig, die dramatischen Ereignisse einzuordnen, in deren Mittelpunkt es gestanden hat: Wie soll es verstehen, daß es von den Eltern mißhandelt wurde, von denen es sowohl materiell als auch emotional abhängig ist und die es zugleich liebt und fürchtet? Die Erzieher versuchen auch, dem Kind zu erklären, was mit ihm und in seinem Umfeld passiert: daß sich jetzt andere Leute seiner annehmen und daß fremde und wenig sichtbare Menschen (der Vormundschaftsrichter, die Sozialarbeiterin) in sein Leben getreten

---

* Dem entspricht in Deutschland der Allgemeine Soziale Dienst (ASD) bzw. das Jugendamt. (Anm. d. Übers.)

sind, die befugt sind, über seine Gegenwart und seine nächste Zukunft zu entscheiden.

Die *dritte Zielsetzung*, die im Wohnheim verfolgt wird, ist die *Beobachtung des Kindes*. Sein psychischer und physischer Gesundheitszustand unterliegt einer ständigen und gründlichen medizinischen Kontrolle; dazu kommt bei Mädchen gegebenenfalls eine gynäkologische Untersuchung. Auch wird das Verhalten der Kinder beobachtet und ein besonderes Augenmerk auf ihre Beziehung zu den Eltern gelegt. Daher ist immer ein Erzieher bei den Telefonaten mit den Eltern sowie bei deren Besuchen anwesend, die jeweils im Wechsel und nach einem festen Zeitplan erfolgen. Auf diese Weise wird vermieden, daß die oft ihrerseits verunsicherten und verstörten Eltern sich dem Kind gegenüber unangemessen verhalten; vor allem bekommt der Erzieher aber dadurch eine Reihe von Informationen über die Interaktion zwischen Kind und Elternteil. Alle gesammelten Fakten werden in einem Diagnosebericht verarbeitet, der – wie wir noch sehen werden – an den Richter weitergeleitet wird und der das Gutachten des psychosozialen Teams über die prognostischen Aussichten der Familie ergänzt.

Natürlich beschränken sich die Mitarbeiter des Wohnheims nicht darauf, das *Verhalten der Eltern* gegenüber den Kindern zu registrieren. Vielmehr versuchen sie, ihnen zu helfen, ihr Verhalten *nach und nach zu verbessern*. Das ist die *vierte Zielsetzung*.

Obwohl es sich um ein Notaufnahmeheim handelt, ist der Aufenthalt der kleinen Bewohner verständlicherweise nur selten von kurzer Dauer. Meist bleiben sie mehr als drei Monate, manchmal sogar bis zu einem Jahr in unserer Einrichtung. Dies hängt damit zusammen, daß die Erstellung der Familiendiagnose viel Zeit erfordert, da es sich immer um sehr komplexe Fälle handelt. Normalerweise verläßt das Kind das Wohnheim, wenn das psychosoziale Gutachten über die Familie vorliegt. Der Richter prüft die Diagnose und Prognose sowie den Bericht, der ihm vom zuständigen Sozialen Dienst zugesandt wird. Sodann entscheidet er, ob das Kind wieder in die Familie zurückkehren kann (bei positiver Prognose), ob es in Form einer Adoption endgültig aus seiner Ursprungsfamilie herausgenommen werden muß (bei negativer Prognose) oder ob die vorläufige Fremdunterbringung verlängert werden soll. Letzteres trifft bei positiver Prognose zu, wenn die Eltern eine Therapie benötigen, bevor sie wieder für das Kind sorgen können. In diesem Fall muß der zuständige Soziale Dienst zusammen mit dem Team des CBM für das Kind eine neue, geeignete Unterbringung auf Zeit finden, die normalerweise eine Pflegefamilie, in manchen Fällen aber auch ein Heim sein kann.

Es kommt jedoch selten vor, daß die im Wohnheim des CBM unterge-brachten Kinder in eine andere Einrichtung (z.B. in ein Heim oder in eine Pflegefamilie) überwiesen werden, solange Familiendiagnose und -prognose noch nicht vorliegen (Cirillo, 1988). Da die Kinder bis zum Abschluß der Diagnose in unserem Wohnheim bleiben können, wird ihnen die traurige Wanderschaft von einer provisorischen Unterbringung in eine weitere, ebenso provisorische Lösung erspart, während sie darauf warten, daß ihnen das diagnostische Gutachten die Rückkehr in die Familie ermöglicht oder eine geeignete Lösung für sie gefunden wird (Pflegschaft auf Zeit, Heim-unterbringung, Adoption). Dies bringt allerdings den Nachteil mit sich, daß die Kinder relativ lange die Plätze im CBM belegen, daß es folglich we-nig Fluktuation unter den Bewohnern gibt und daß wir daher oft neue, dringliche Fälle abweisen müssen.

Das psychosoziale Team

Die zweite Einrichtung des CBM ist das psychosoziale Team. Es besteht aus zwei Sozialarbeiterinnen und drei Familientherapeuten (zwei Psychologen, die Autoren dieses Buches sind, und einem Kinder-Neuropsychiater).

Das Team kann gleichzeitig etwa dreißig Familien betreuen, also erheb-lich mehr Fälle als die, deren Kinder die zehn Plätze im Wohnheim einneh-men. Dies heißt, daß in einigen Fällen die Kinder, mit denen unser Team ein Arbeitsprogramm vereinbart, in anderen Einrichtungen untergebracht sind. Ganz selten kommt es vor, daß ein Fall nicht so schwerwiegend ist. Dann verfügt das Gericht nicht die Herausnahme aus der Familie, sondern es überträgt der Stadt Mailand (= dem Jugendamt) das Sorgerecht. Somit hat der Soziale Dienst Aufsichtsfunktion, und die Familie muß sich – wie in den anderen Fällen – beim CBM einer Diagnose und gegebenenfalls auch einer Therapie unterziehen.

Jede Familie wird von einem Mini-Team betreut, das aus zwei Therapeu-ten und einer Sozialarbeiterin besteht. Dieses Team koordiniert seine Tätig-keit sowohl mit den Mitarbeitern unseres Wohnheims bzw. mit den anderen Einrichtungen, in denen die Kinder leben, als auch mit dem örtlichen So-zialarbeiter, der mit dem Fall betraut ist.

Wie wir sehen werden, hat das CBM zwei verschiedene Funktionen: es erstellt eine Diagnose (und Prognose) über die mißhandelnde Familie und führt im Falle einer positiven Prognose eine Therapie durch.

Theoretischer Ansatz und Bezugsmodell

Das für die Auseinandersetzung mit Mißhandlungsfällen gewählte Interventionsmodell schenkt der komplexen und weit verzweigten Dynamik, die der Mißhandlung zugrunde liegt, ganz besondere Aufmerksamkeit. Das gilt sowohl für die diagnostische als auch für die therapeutische Phase. Erst in zweiter Linie wird die persönliche Problematik der einzelnen Familienmitglieder betrachtet. Das Team des Zentrums ist nämlich zur Überzeugung gelangt, daß das Auftreten von Vernachlässigung, physischer Gewaltanwendung und sexuellem Mißbrauch ein pathologisches Phänomen ist, das die Familie in ihrer Gesamtfunktion erfaßt (Di Blasio, 1988a). Aufgrund dieser Erkenntnis ist es unser Ziel, nicht nur die Ursachen für den Mißbrauch zu verstehen, sondern auch die dysfunktionalen Verhaltensmuster zu verändern, die den Nährboden für die Gewalt darstellen, um so die Familie in die Lage zu versetzen, ihre Erziehungsaufgabe wieder angemessen wahrzunehmen.

Die Entscheidung, unser Hauptaugenmerk auf die Familie, d. h. auf das familiäre Spiel zu richten (Selvini Palazzoli, Cirillo, Selvini & Sorrentino, 1985; 1988), erscheint uns zum gegenwärtigen Zeitpunkt am besten geeignet, um einem Phänomen zu begegnen, das eine Reihe von individuellen, kulturellen und sozialen Faktoren beinhaltet. Wenn wir kurz die in diesem Bereich gewonnenen Erkenntnisse betrachten, sehen wir, daß nach der Entdeckung des »Battered Child Syndrome« durch Kempe, Silvermann, Steele, Droegmüller & Silver (1962) eine Flut von Forschungsarbeiten auf diesem Gebiet entstanden ist. Das lebhafte Interesse an diesem Thema zeigt sich aber auch in der Herausgabe von etlichen Fachzeitschriften. Die bekannteste ist das *Child Abuse and Neglect International Journal* der »International Society for Prevention of Cruelty to Children« (ISPCC).

Dennoch ist es bis jetzt nicht gelungen, zu einer einheitlichen Auffassung über die psychologischen Mechanismen zu gelangen, die diesem Phänomen zugrunde liegen. Oft wird Gewalt in der Familie weiterhin als ein abweichendes Verhalten gesehen, das ausschließlich einen sozial und kulturell benachteiligten Personenkreis betrifft. Seine pathologischen Auswirkungen auf die Psyche werden zwar erahnt, aber kaum erörtert. Es fehlt an Follow-up-Studien, die die Langzeitfolgen der Mißhandlung dokumentieren. Zudem ist es schwierig, die verschiedenen Arten von Gewaltanwendung, ihre Häufigkeit und ihre Dauer miteinander zu vergleichen. Das mag mindestens zum Teil eine Erklärung dafür sein, daß man sich so zurückhaltend verhält, wenn es darum geht, unmißverständlich zuzugeben, daß es sich bei Mißhandlungen um pathogenes Potential handelt (Bandini & Gatti, 1987). Bowlby (1984) hat aber noch eine andere Erklärung: Es gibt eine Richtung in der klassischen Psychoanalyse, die die Bedeutung realer Kindheitserfahrungen – und somit auch Erfahrungen von Gewalt in der Familie – als Ursache für psychische Erkrankungen entweder überhaupt nicht anerkennt oder zumindest wenig in Betracht zieht.

Aus all diesen Gründen befindet sich der Therapeut in einer mißlichen Lage, wenn er mit Mißhandlungsfällen befaßt ist und Schwierigkeiten hat, nicht nur die komplexe gegenwärtige Situation, sondern auch den Entwicklungsprozeß zu verstehen.

Dennoch gibt es, wie wir bereits erwähnt haben, durchaus eine Reihe von Forschungarbeiten über einzelne und verschiedenartige Faktoren, deren Zusammenspiel die Gewalt in der Familie erzeugt, sowie Studien über die kurz- und langfristigen Auswirkungen der Gewalt auf die Opfer. In diesem Zusammenhang ist das erschöpfende und differenzierte Ursachenmodell zu nennen, das J. Gabarino 1980 erstellt hat und das von Browne (1988) übernommen wurde. In dieser Arbeit wurden die prädisponierenden Faktoren – individuelle, familiäre, soziale und kulturelle Faktoren – sowie auch die vermittelnden Faktoren – vertreten durch das soziale Netz – sowie schließlich auch jene Faktoren berücksichtigt, die das Phänomen auslösen: biographische Erlebnisse, Wahrnehmung und Verarbeitung der eigenen Lebensgeschichte (vgl. Tabelle 1).

Es fehlt auch nicht an gründlichen Arbeiten über spezifische Aspekte wie etwa die Auswirkungen auf das Verhalten sowie auf die seelische und geistige Entwicklung der Mißhandlungsopfer.

Brown (1984) hat beispielsweise nachgewiesen, daß Delinquenz häufiger mit Vernachlässigung als mit körperlicher Mißhandlung in der Kindheit in Zusammenhang steht. Oates, Forrest und Peacock (1985) stellten bei kindlichen Gewaltopfern ein Persönlichkeitsbild fest, das durch geringes Selbstwertgefühl, Unsicherheit und Kontaktunfähigkeit zu Gleichaltrigen gekennzeichnet ist. Beobachtungen an diesen Kindern lassen depressive Neigungen, Passivität, Gehemmtheit, Angst, Unselbständigkeit, Wut und Aggressivität erkennen (Gaensbauer & Sands, 1979; Martin & Rodeheffer, 1980). Systematischere Untersuchungen haben ergeben, daß mißhandelte Kinder in ihren sozialen Kontakten spezifische Verhaltensweisen zeigen, die durch eine Mischung von »Annäherung« und »Rückzug« gekennzeichnet sind (George & Main, 1979). Oder es kommt zu aggressiven Tendenzen und Drohgebärden gegenüber den Erwachsenen; dieses typische Verhalten nennt man »Nötigung« (Bowlby, 1984).

Tabelle 1: Das auf J. Gabarino zurückgehende und von Browne (1988, S. 46) erarbeitete Modell zur Erforschung der Ursachen von Kindesmißhandlung unterscheidet folgende drei Gruppe von Faktoren: **1.** Prädisponierende Faktoren, **2.** vermittelnde Faktoren und **3.** auslösende Faktoren.

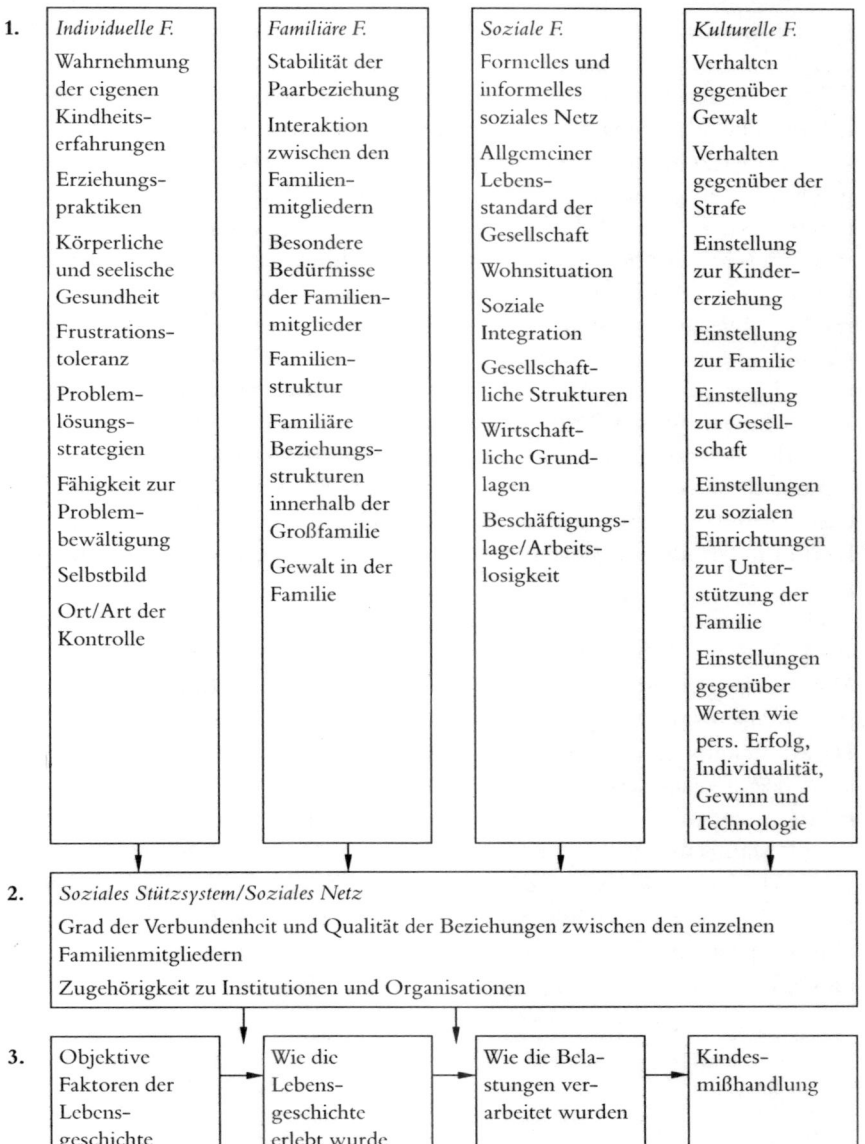

1.	*Individuelle F.*	*Familiäre F.*	*Soziale F.*	*Kulturelle F.*
	Wahrnehmung der eigenen Kindheitserfahrungen	Stabilität der Paarbeziehung	Formelles und informelles soziales Netz	Verhalten gegenüber Gewalt
	Erziehungspraktiken	Interaktion zwischen den Familienmitgliedern	Allgemeiner Lebensstandard der Gesellschaft	Verhalten gegenüber der Strafe
	Körperliche und seelische Gesundheit	Besondere Bedürfnisse der Familienmitglieder	Wohnsituation	Einstellung zur Kindererziehung
	Frustrationstoleranz	Familienstruktur	Soziale Integration	Einstellung zur Familie
	Problemlösungsstrategien	Familiäre Beziehungsstrukturen innerhalb der Großfamilie	Gesellschaftliche Strukturen	Einstellung zur Gesellschaft
	Fähigkeit zur Problembewältigung	Gewalt in der Familie	Wirtschaftliche Grundlagen	Einstellungen zu sozialen Einrichtungen zur Unterstützung der Familie
	Selbstbild		Beschäftigungslage/Arbeitslosigkeit	
	Ort/Art der Kontrolle			Einstellungen gegenüber Werten wie pers. Erfolg, Individualität, Gewinn und Technologie

2.	*Soziales Stützsystem/Soziales Netz*
	Grad der Verbundenheit und Qualität der Beziehungen zwischen den einzelnen Familienmitgliedern
	Zugehörigkeit zu Institutionen und Organisationen

3.	Objektive Faktoren der Lebensgeschichte	Wie die Lebensgeschichte erlebt wurde	Wie die Belastungen verarbeitet wurden	Kindesmißhandlung

23

Ein anderer Zweig der Forschung hat sich mit den besonderen Kennzeichen der mißhandelnden Eltern und insbesondere mit der Mutter-Kind-Beziehung beschäftigt. Allenthalben wurden depressive Neigungen, Anlehnungsbedürftigkeit, soziale Isolierung sowie Angst vor Trennung von der Mutter als Erklärung und Ursache für die Gewaltanwendung gegenüber dem Kind angeführt (Seel & Pollock, 1968; Morris & Gould, 1963).

Diese beiden Forschungszweige, die sich mit den Kindern bzw. mit den Eltern befassen, zeigen unseres Erachtens ganz deutlich, daß bei ihrem Ansatz die Betrachtung der individuellen Faktoren vorherrscht und daß demgegenüber ein globales Verständnis der mißhandelnden Familie in den Hintergrund rückt. Dennoch sind einige Beobachtungen, wie sie sich beispielsweise der Arbeit von De Lozier (1982) entnehmen lassen, für uns durchaus interessant, wenn man sie auf dem Hintergrund familiärer Strukturen betrachtet. Die Autorin stellt fest, daß mißhandelnde Mütter um das Wohl der eigenen Eltern »ängstlich besorgt« sind, und sie hebt hervor, daß diese Mütter in ihrer Kindheit einen typischen Rollentausch vorgenommen hatten, indem sie sich für das Wohl des Erwachsenen verantwortlich fühlten.

Derlei Beobachtungen müssen weiter vertieft werden. Wie und warum wirken diese Kindheitserfahrungen in die Gegenwart hinein? Unter welchen Voraussetzungen und in welcher Weise stehen die Beziehungen zur Herkunftsfamilie mit der spezifischen Mißhandlungsdynamik in Zusammenhang?

Die Familienforschung (Minuchin, 1967; Boszormenyi-Nagy & Spark, 1973; Masson, 1981) geht diesen Fragen nach. Insbesondere hat Odette Masson festgestellt, daß Vernachlässigung und Mißhandlung in Familiensystemen entstehen, in denen die Parentifizierung der Kinder seitens der Herkunftsfamilien (erste Generation, Großeltern) nicht mit deren Eheschließung beendet, sondern auch danach aktiv fortgesetzt wird. In der zweiten Generation tritt dann ein unangemessenes Elternverhalten auf. Diese Beobachtung bestätigt übrigens die mehrfach vertretene Ansicht (Cicchetti & Rizley, 1981; Main & Goldwyn, 1984), daß die Mißhandlung ein Wiederholungsphänomen ist, das sich von Generation zu Generation fortpflanzt *(abused-abusing intergenerational cycle)* und daß gerade deshalb versucht werden muß, diesen Kreislauf zu durchbrechen (Cirillo & Di Blasio, 1988).

Die Verwendung der Spiel-Metapher

Wie sich aus dem bisher Gesagten ergibt, unterscheiden sich die beiden Forschungsperspektiven erheblich voneinander. Die eine richtet ihr Hauptaugenmerk auf die Verhaltensweisen und Persönlichkeitsmerkmale der mißhandelnden Eltern bzw. der kindlichen Gewaltopfer, während die andere in erster Linie die interaktiven Verhaltensmuster der Familie in ihrer Gesamtheit zu erfassen sucht. Die Schwierigkeit, gleichzeitig sowohl die individuellen Aspekte des einzelnen als auch die globaleren der Familiendynamik im Blick zu haben, mag ein weiterer Grund dafür sein, daß es an wissenschaftlichen Konzepten für die Erklärung der Gewaltdynamik fehlt.

Dazu kommt, daß die Familientherapeuten viele Jahre lang einem holistischen Systemkonzept anhingen (Bertalanffy, L. von, 1968). Dadurch wurde die besondere Bedeutung der individuellen Reaktionen außer acht gelassen. Allerdings muß auch gesagt werden, daß diese allein nicht ausreichen, um ein so komplexes Phänomen wie das der Mißhandlung, das die gesamte Familienstruktur erfaßt, zu erklären.

Um die Dichotomie Familie/Individuum zu überwinden und aus der Sackgasse herauszukommen, in die die Erklärungsversuche geraten sind, verwenden wir seit einigen Jahren ein Modell, das auf der Spiel-Metapher beruht (Selvini Palazzoli u. a., 1985, 1988). Dieses Modell bietet die Möglichkeit, die *individuelle* Ebene mit der Ebene der *soziokulturellen* Faktoren zu verbinden, wobei die *Beziehungsmuster* des Familiensystems als Zwischenebene eingeschaltet werden.

Der Begriff des »familiären Spiels« (den die Gruppe um Selvini Palazzoli in der von Crozier und Friedberg, 1977, geschaffenen Bedeutung übernommen hat) wird zur Beschreibung der Beziehungen benutzt, die sich mit der Zeit zwischen den Familienmitgliedern entwickelt haben. Die Spiel-Metapher berücksichtigt das Systemkonzept, und sie erlaubt es, die individuelle Ebene mit der überindividuellen – Familienstruktur, gesellschaftliche Bezüge – zu verbinden. Auf diese Weise wird den Gefühlen, Verhaltensweisen und Strategien der einzelnen Familienmitglieder eine eigenständige Bedeutung zuerkannt, ohne zu vergessen, daß dies alles auch innerhalb des gegebenen interaktiven Rahmens zu sehen ist. Aus dieser Perspektive wird verständlich, daß ein Individuum ein bestimmtes Spiel spielt, weil es bestimmte Gefühle, Beweggründe und Ziele hat, aber man versteht auch, daß es bestimmte Gefühle, Beweggründe und Ziele hat, weil es Teil eines kollektiven Spiels ist, von dem es beeinflußt wird und das die ihm zur Verfügung stehenden Verhaltensweisen eingrenzt (Selvini Palazzoli u. a., 1988).

Diese multidimensionale Sichtweise hat es uns ermöglicht, ein theoretisches Konzept zu erarbeiten, das unsere Interventionspraxis bestimmt. Es liefert die Grundlage für unseren diagnostischen Ansatz und unsere therapeutische Arbeit mit der Familie, aber auch für andere Praktiken wie die Beschaffung von Informationen für die Anzeigeerstattung, die ersten Begegnungen mit der Familie, die Einleitung des diagnostischen Verfahrens und die Kontakte mit den diversen Dienststellen. Wir beobachten das familiäre Spiel von dem tragischen Augenblick an, da das Mißhandlungsproblem zutage tritt, und wir verfolgen es im Rahmen unserer diagnostischen und therapeutischen Arbeit, bis das Kind wieder in die Familie zurückkehren kann. Wir glauben, daß diese Vorgehensweise sinnvoll ist, da sie der Komplexität des Phänomens Rechnung trägt und für die einzelnen Phasen des Prozesses geeignete Interventionen vorsieht.

Die folgenden Kapitel sollen aufzeigen, wie auf der Grundlage des skizzierten theoretischen Konzepts eine konkrete diagnostische und therapeutische Arbeit aufgebaut werden kann.

I
»HEILEN« UNTER ZWANG?

Die verordnete Therapie – eine Herausforderung

Wir begannen 1980 unsere Mitarbeit am neu zu gründenden *Centro di aiuto al bambino maltrattato e alla famiglia in crisi* (CAF). Wir hatten alle noch keinerlei Erfahrungen mit dem Problem der Kindesmißhandlung, obwohl wir bereits einige Jahre als Psychologen in verschiedenen Kinderheimen oder Beratungsstellen tätig gewesen waren und obwohl wir eine Zusatzausbildung in Familientherapie absolviert hatten. Diese absolute Ahnungslosigkeit war, wie wir meinen, typisch für die meisten Psychologen zu jener Zeit und somit auch für die Mitarbeiter des künftigen CAF.

Wir näherten uns dann dem Thema fast ausschließlich mit Hilfe didaktischen Materials (Bücher und Filme) aus Nordamerika, das äußerst pragmatisch ausgerichtet war und eine Reihe von Informationen über das Phänomen sowie Empfehlungen für Kollegen enthielt, die mit dem Problem konfrontiert wurden. Rückblickend können wir sagen, daß in dieser reichhaltigen Dokumentation der für uns so auffällige Gegensatz zwischen Therapie und Zwang nicht erwähnt wurde. Selbst im Buch von Kempe & Kempe (1978), welches davon ausgeht, daß die Familie, die Kinder mißbraucht, geheilt werden muß, beschränken sich die Autoren auf einige nützliche Hinweise darüber, wie man Eltern begegnet, die sich gegenüber einem Therapieprogramm skeptisch verhalten.

Wir erinnern uns jedoch genau, welcher grundlegende Einwand gegen unser erstes Arbeitsprojekt (das wir nach unserer Zusatzausbildung mit relativ geringer Erfahrung am grünen Tisch ausgearbeitet hatten)[1] vom wissenschaftlichen Beirat sowie von der Mitgliederversammlung des CAF vorgebracht wurde: »Wie könnt ihr jemanden heilen, der gar nicht danach verlangt und der nur vom Vormundschaftsgericht zu euch geschickt wurde? Die Grundvoraussetzung für jede Therapie – die Motivation des Klienten – fehlt hier ja absolut!«

---

1 Der Organisationsplan des Zentrums wurde vom künftigen Therapeutenteam Stefano Cirillo, Bruna Bianchi und Marinella Malacrea in Zusammenarbeit mit Ernesto Caffo erstellt, der später Vorstandsmitglied des CAF wurde und Sekretär der kurz zuvor gegründeten »Associazione italiana per la prevenzione dell'abuso all'infanzia« (= Italienische Vereinigung zur Verhinderung von Kindesmißbrauch) war.

Da wir zu diesem Zeitpunkt noch nicht wirklich einer mißhandelnden Familie begegnet waren, fehlte es uns an Argumenten, um diesen Einwand zu entkräften, der uns ja auch einleuchtete. Und so war unsere Entscheidung, uns dennoch auf die Gratwanderung der Zwangstherapie zu begeben, eine Herausforderung, der wir uns gemeinsam stellten.

Jetzt, nach acht Jahren harter, aber faszinierender Arbeit, können wir das Ausmaß dieser Herausforderung besser ermessen und die ersten Ergebnisse vorlegen.

Warum die mißhandelnde Familie keine Hilfe anfordert

Vom Beginn unserer Arbeit an sahen wir in der verordneten Therapie die Herausforderung, einen »dritten Weg« zu beschreiten, der zwischen der Kriminalisierung der mißhandelnden Eltern und der Gleichgültigkeit gegenüber den mißhandelten Kindern liegt.

Wie bereits gesagt, wußten wir, daß der Begriff »Zwangstherapie« in unserer psychologischen Kultur ein Widerspruch in sich selbst ist, wenn dies die amerikanischen Kollegen auch nicht bemerkt zu haben scheinen. Von jeher ist bei uns darauf hingewiesen worden, daß die Therapie eine Bitte um Hilfe und eine Motivation erfordert, die Triebfeder also, die dem Klienten hilft, Trägheitsmomente und Widerstände zu überwinden und eine Veränderung herbeizuführen.

Im Sinne dieser traditionellen Auffassung kann der Zwang höchstens bewirken, daß ein widerstrebender Klient eine Maßnahme, die er nicht gewählt hat, die ihm äußerst unangenehm oder zumindest unerwünscht und vielleicht auch unverständlich ist, bedingungslos über sich ergehen läßt. Ziel ist dabei nur, ein noch größeres Übel zu vermeiden. Ein eigenständiger Wunsch, sich zu verändern, ist aber nicht vorhanden. Demgegenüber vertreten wir jedoch die Meinung, daß dieser schroffe Gegensatz überwunden werden kann, wenn man die These in Frage stellt, daß *das Fehlen freiwilliger Inanspruchnahme von Hilfe immer bedeutet, es sei kein Veränderungswille vorhanden.*

Im Falle des Erwachsenen, der sein Kind mißhandelt, ist das Problem so gelagert, daß es äußerst schwierig, wenn nicht geradezu unmöglich ist, Hilfe außerhalb der Familie zu suchen. Der mißhandelnde Elternteil weiß sehr genau, daß er mit dem Eingeständnis seines Verhaltens sich selbst denunziert, da er nicht nur ein tief verwurzeltes soziales Tabu gebrochen, sondern eine vom Gesetz geschützte Verhaltensnorm verletzt hat. Weitaus mehr als beispielsweise der Alkoholiker – oder in früheren Zeiten der Homosexuelle –, der sich dazu bekennt, Träger eines sozial geächteten Symptoms zu sein, wird derjenige Schimpf und Schande auf sich ziehen oder gar strafrechtlich verfolgt werden, der zugibt, seine Kinder zu mißhandeln. All das macht es ihm kaum möglich, ausdrücklich Hilfe anzufordern.

Es wäre tatsächlich absurd, würde man von den mißhandelnden Eltern eine solche Weitsicht und ein so grenzenloses Vertrauen in die Justiz und in die psychosozialen Dienste erwarten, daß sie bereit sind, den unmittelbaren Schaden (Selbstanzeige wegen Mißhandlung mit nachfolgender Bestrafung) im Hinblick auf eine ungewisse Hilfe in ferner Zukunft in Kauf zu nehmen.

Dazu kommt noch, daß die italienische Rechtsordnung bislang keine konkreten Anreize für den geständigen Täter angeboten hat, der an seiner eigenen Resozialisierung mitzuarbeiten bereit ist. In jüngster Zeit gibt es aber diesbezügliche Entwicklungen insbesondere im Drogenbereich. Hier sieht das Gesetz als Alternative zum Strafvollzug vor, daß der Abhängige in einer Wohngruppe lebt, sofern gewährleistet ist, daß diese ein entsprechendes Therapie- und Resozialisationsprogramm anbietet. Diese Regelung besteht seit 1986 auch für Drogenabhängige, die sich einer Straftat schuldig gemacht haben (z. B. Raubüberfall), während diese Personengruppe früher nicht die Möglichkeit hatte, auf Bewährung vom Sozialen Dienst betreut zu werden.

Außerdem hat die neue Strafprozeßordnung von 1989 für einige Arten von Straftaten die Möglichkeit der Absprache (*patteggiamento*) vorgesehen, die auch mit Eltern getroffen werden kann, die wegen Kindesmißhandlung vor Gericht stehen.

Es handelt sich hier aber um eine Entwicklung, die noch in ihren Anfängen steckt, da die neue Gesetzeslage auf Strukturen trifft, denen eine Zusammenarbeit zwischen dem Sozialen Dienst und der Justiz traditionsgemäß fremd ist.

Gewiß ist der unterschiedliche rechtliche Rahmen einer der Gründe dafür, daß sich die nordamerikanischen Kollegen seit jeher mit solcher Unbekümmertheit dem Problem der zwangsverordneten Therapie zuwenden. In ihrem Kontext wird es als durchaus plausibel erachtet, daß ein äußerer Beweggrund genauso eine tatsächliche Veränderung bewirken kann wie eine persönliche Motivation, die im übrigen nie eindeutig nachzuweisen ist.[2]

---

2 Auch die Erfahrungen des von Odette Masson geleiteten Instituts sind vor einem anderen institutionellen Hintergrund zu sehen, zumal es in der Schweiz den »Service de protection de la jeunesse« (= Jugendschutzdienst) gibt.

Man darf gewiß davon ausgehen, daß zumindest ein Teil der mißhandelnden Personen den Wunsch hat, seinen leidvollen Zustand zu verändern, der sowohl Ursache als auch Folge des Mißhandelns ist. Dieser Wunsch ist hier ebenso vorhanden wie bei anderen Menschen, die Probleme und Unstimmigkeiten in ihrer Familie durch psychiatrische Symptome, Drogenabhängigkeit, schwere Konflikte usw. zum Ausdruck bringen und genausowenig in der Lage sind, eigenständig Hilfe anzufordern.

Es wäre daher äußerst ungerecht, würde man Familien, die tragisch verstrickt und Gefangene destruktiver Beziehungsmuster sind, nicht eine Hilfestellung zur Erlangung einer besseren Struktur geben und sich einzig und allein darauf beschränken, das sozial abweichende Verhalten mit Strafe zu belegen (Cirillo, 1986a).

Soziofamiliäre Faktoren, die dem Anfordern von Hilfe im Wege stehen

Bei fast allen Familien, in denen Kinder mißhandelt oder vernachlässigt werden, ist die Angst vor den Folgen einer Selbstanzeige der Grund dafür, daß keine Hilfe angefordert wird. Eltern, die die Mißhandlung verdrängen, entwickeln eine Reihe von typischen Verhaltensweisen. Fast ausnahmslos trifft man auf hartnäckiges Leugnen selbst eindeutiger Fakten, auf geradezu absurde Rechtfertigungen, auf undurchdringliches Schweigen, auf massive Widerstände und auf den Versuch, die Verantwortung für die Mißhandlung auf Dritte abzuwälzen: auf ein kleines Kind, auf die Lehrerin oder sogar auf die Hauskatze!

Das mangelnde Vertrauen in die psychosozialen Dienste und in ihre Möglichkeiten, echte Hilfe zu leisten, kann auch aus der Zugehörigkeit zu einem bestimmten soziokulturellen Kontext herrühren. Das trifft auf das Unterschichtmilieu zu, beispielsweise auf Ausländerfamilien oder Angehörige einer ethnischen Minderheit, für die die Beziehungen zu den offiziellen Stellen historische Ereignisse wachrufen, die Erinnerungen an Heuchelei und Ausbeutung der wirtschaftlichen Ressourcen durch die Behörden hochkommen lassen (Malagoli Togliatti & Rocchetta Tofani, 1987). In diesen Fällen müssen sich die Zuständigen oft darauf beschränken, nichtzweckgebundene finanzielle Hilfen zu geben, und darauf verzichten, im Rahmen eines umfassenderen Projekts tätig zu werden.

Während es im bürgerlichen Milieu Mode wird oder sogar schon ein Statussymbol ist, zum Therapeuten zu gehen, fehlt in den unterprivilegierten sozialen Schichten das Bewußtsein, daß die Psychotherapie eine Hilfe sein kann. Außerdem ist es in diesem kulturellen Kontext nicht einsichtig, daß Probleme im verbalen Austausch angegangen und gelöst werden können.

Neben diesen allgemeinen Faktoren kann es im Einzelfall noch eine bestimmte familiäre Dynamik geben, die es unmöglich macht, Hilfe anzufordern.

Sehen wir uns das Beispiel des neunjährigen Alex an, auf den der Soziale Dienst durch den Schularzt aufmerksam gemacht wurde, weil der Junge wiederholt Blutergüsse aufwies, die von Schlägen herrührten. Alex ist das erstgeborene Kind eines Paares, das zusammen mit den Eltern des Mannes ein kleines Familienunternehmen leitet. Bei Alex hatte die Lehrerin bereits in der ersten Grundschulklasse psychomotorische Instabilität und Schwierigkeiten festgestellt, sich an die Regeln der Schule zu halten. Die Eltern wurden damals vom Schularzt vorgeladen und erklärten sich bereit, eine psychologische Mutter-Kind-Beratungsstelle aufzusuchen. Jedoch kamen sie dem in der Folgezeit nicht nach, obwohl sich das Verhalten des Kindes nach und nach verschlechterte. Trotz der nachdrücklichen Aufforderung durch die Lehrerin unternahmen die Eltern nichts, so daß das Kind die dritte Grundschulklasse wiederholen mußte.

Wie kann man sich ein derartiges Verhalten von Personen eines mittleren Bildungsniveaus erklären, die zudem in der Lage gewesen wären – angesichts ihres Mißtrauens gegenüber den öffentlichen Stellen –, die Kosten für eine private Beratung zu tragen?

Alex' Eltern, Franco und Maria, heirateten sehr jung (mit 22 bzw. 20 Jahren); die Hochzeit war infolge der beginnenden Schwangerschaft vorverlegt worden. Das junge Paar wurde in einem Mini-Appartement im weiträumigen Haus untergebracht, das Francos Familie bewohnte, und zwar oberhalb der Werkstatt, die Sitz des kleinen Unternehmens war. Maria war mit dieser Situation nicht zufrieden, sie bedauerte, daß sich ihre Eltern nicht bereit erklärt hatten, ihr zu helfen, so daß sie die Hilfe der Schwiegereltern annehmen mußte, nach deren Pfeife Franco – ihrer Meinung nach – tanzte. Da sie ganz unerfahren war und sich in ihrer Situation nicht wohlfühlte, war sie dem kleinen Alex gegenüber sehr schnell gereizt und übergab ihn gern der Schwiegermutter, um sich für einige Stunden in ihre eigene Arbeit zu flüchten.

Als Alex vier Jahre alt war, entschied sich Maria für ein zweites Kind in der Hoffnung, das Größerwerden der Familie werde Franco dazu veranlassen, mit seinen Eltern den Kauf einer eigenen Wohnung auszuhandeln. So kam es auch, und Maria gab ihre Arbeit auf, um sich der Pflege der kleinen Simonetta zu widmen. Alex, der einige Monate bei den Großeltern gelebt hatte, kehrte nun in die Familie und in die Obhut der Mutter zurück. Wie vorauszusehen war, verhielt er sich auffällig und fordernd, war eifersüchtig auf das Schwesterchen, vermißte die Zuwendung der Großmutter und widersetzte sich den ungeduldigen Ansprüchen seiner Mutter.

Dennoch wäre es Mutter und Sohn wahrscheinlich gelungen, nach Über-windung der Anfangsschwierigkeiten zu einer Einigung zu gelangen, wenn sich Franco nicht eingemischt und die Unzufriedenheit des Kindes dazu be-nutzt hätte, seinen Groll gegen Maria loszuwerden. Er war nämlich ihre Vor-würfe leid, er lasse sich von seinen Eltern beherrschen. Abends wenn er von der Arbeit nach Hause kam, fand er meist seine Frau am Telefon vor: Sie be-klagte sich bei ihrer Mutter (die einige Kilometer entfernt lebte) über ihre ehe-lichen Sorgen. Jedesmal wenn Maria Alex zurechtwies und Franco bat, mit vä-terlicher Autorität zu intervenieren, stellte dieser sich auf die Seite des Sohnes und beschuldigte die Ehefrau, sie sei dem Kind gegenüber kalt, sie verstehe es nicht, ihn zu nehmen (ganz im Unterschied zur Großmutter . . .), und sie ziehe ihm die Tochter vor. Auf diese Weise schürte Franco, ohne es zu merken, den Groll des Sohnes gegen die Mutter, er hetzte ihn gegen sie auf, so daß er noch rebellischer wurde und sich jeder Disziplinierungsmaßnahme widersetzte.[3]

In diese Phase des Familienlebens fiel der Schuleintritt des Jungen und die Empfehlung, ihn zu einer psychologischen Beratungsstelle zu bringen. Daß Franco den Vorschlag abwies, ist verständlich. Er war ja davon überzeugt, daß das Kind »in Ordnung« war. Seiner Meinung nach hätte seine Frau ihr Verhal-ten gegenüber Alex und vor allem ihm gegenüber (was aber nicht ausdrücklich gesagt wurde) ändern müssen. Weniger leicht zu verstehen ist, warum Maria das Kind nicht zum psychosozialen Dienst brachte. Es gibt nämlich auch Fälle, bei denen die Mutter durchaus bereit ist, das Kind als »nicht normal« einstufen zu lassen, weil sie hofft, sich damit des vom Ehemann erhobenen Vorwurfs zu entledigen, sie habe das Kind falsch erzogen. Warum nahm Maria nicht diese Gelegenheit wahr? Wahrscheinlich deshalb, weil sie genauso wie ihr Partner vom Eheleben frustriert und enttäuscht ist und wie er Trost in der Herkunftsfa-milie sucht.

Natürlich ist das nur die eine Seite des Teufelskreises. Die andere Seite be-steht darin, daß es eine ungelöste Bindung an die Herkunftsfamilie gibt, die be-wirkt, daß die Partner sich mit nur ungenügender Bereitschaft für das Ehe-leben engagieren.

Im Unterschied zu Franco, der einziger Sohn seiner Eltern ist und der mit deren bedingungsloser Unterstützung rechnen kann, sieht sich Maria von ihrer Mutter nur unzureichend unterstützt. Sie ist daher äußerst eifersüchtig auf die zuverlässige Bindung Francos an seine Familie. Marias Mutter ist nämlich nach dem Tod ihres Mannes zu ihrem Sohn gezogen, um dessen Kinder zu ver-sorgen. Maria verfolgt daher die Strategie, der Mutter ständig ihre Kümmer-nisse mit Franco und Alex an den Kopf zu werfen, in der Hoffnung, ihr damit Schuldgefühle zu machen und sie dadurch zu veranlassen, mehr an sie zu den-ken, sich um sie Sorgen zu machen und sie zu bedauern.

---

3 Das Phänomen des Aufstachelns wurde ausführlich von Selvini Palazzoli, Cirillo, Selvini & Sorrentino (1988, S. 95-132) behandelt.

Das schließt nicht aus, daß das Verhalten von Alex für Maria immer unerträglicher wird, da dieser – im Bewußtsein der väterlichen Unterstützung – seine Provokationen ständig verstärkt. Dabei ist zu beachten, daß die Unterstützung durch den Vater ganz egoistische Ziele verfolgt: Es ist keineswegs so, daß Franco seine Zeit und seine Zuneigung dem Kind schenkt, um es für die Härte der Mutter zu entschädigen. Er beschränkt sich vielmehr darauf, sich im Gegensatz zu Marias Erziehungsstrategie Alex gegenüber permissiv zu zeigen, wenn er, ein von der Arbeit gestreßter Mann, kurze Zeit zu Hause verweilt. Und wenn Maria in ihrer Verzweiflung das Kind heftig schlägt, hat sie kein Interesse daran, zu sagen, sie habe es getan, weil sie durch Alex in diese verzweifelte Lage geraten war. Sie weiß, daß sie sich damit nur die Kritik des Ehemanns einhandeln würde. Er wiederum hegt zwar Verdacht, bewahrt aber ebenfalls Stillschweigen, weil er nicht weiß, wie seine Eltern (auch ihm gegenüber) reagieren würden und weil er die soziale Ächtung und die rechtlichen Auswirkungen fürchtet. Maria weiß, daß sie, würde sie die Mißhandlung zugeben, jede Aussicht auf das Mitleid der Mutter verlieren würde. Die alte Frau wäre entsetzt über das Verhalten der Tochter und würde sie gnadenlos verurteilen.

So wie die Eltern des kleinen Alex es vor drei Jahren zuvor abgelehnt haben, dem Kind von einem Psychologen helfen zu lassen, so werden sie sich nun energisch dagegen verwahren, daß das Kind mißhandelt wird, und sie werden nicht einsehen wollen, daß sowohl Alex als auch sie selbst dringend der Hilfe bedürfen.

Wie wir später sehen werden, kann nur eine Anzeige bei Gericht zu Maßnahmen führen, die in erster Linie den physischen und psychischen Schutz des Kindes sicherstellen und die Voraussetzungen dafür schaffen, daß eine Neugestaltung der gesamten Familienstruktur zumindest versucht wird.

Einige Ausnahmen: Wenn sich die Familie freiwillig meldet

Manchmal hatten wir in den vergangenen Jahren mit Fällen zu tun, die eine Ausnahme von der Regel darzustellen schienen und dadurch gekennzeichnet waren, daß ein Familienmitglied die Kindesmißhandlung anzeigte.

Im Widerspruch zu dem, was man erwarten würde – oder zumindest wir erwartet hatten –, handelte es sich dabei um Fälle, die weitaus schwieriger zu behandeln waren als jene, die uns zwangsweise über das Gericht zugeführt werden.

Bei einem Teil der betreffenden Fälle wird der mißhandelnde Elternteil von einem Verwandten (einem Mitglied der Herkunftsfamilie oder dem Partner) angezeigt. Dies heißt, daß die Sozialarbeiter und Therapeuten mit einer Familie zu tun haben, die bereits unter sich entschieden hat, wer »der Böse« ist und somit bestraft (und erst in zweiter Linie geheilt) werden muß.

Wer anzeigt, stellt sich hingegen als »der Gute« hin und übersieht damit die Tatsache, daß er als Familienmitglied auch zu einem bestimmten Interaktionsmuster beigetragen hat, das in eine Mißhandlung ausartete, für die sich »der Böse« verantwortlich gemacht hat.

Der Sozialarbeiter muß also dem Interventionsersuchen eines Familienmitglieds mit einer Geschicklichkeit begegnen, die einem Balanceakt gleicht. Einerseits muß er die notwendigen Maßnahmen zum Schutz der Kinder einleiten, und andererseits hat er darauf zu achten, daß sich die Zweiteilung der Familie in »Gute« und »Böse« nicht verfestigt, da ansonsten der künftigen Arbeit des Therapeuten der Boden entzogen wird. Wer die Mißhandlung meldet, stellt sich nämlich als eine Art »Kollege« dar, er zeigt sich nur um das Wohl der Kinder besorgt und tut so, als ob er mit der Familiendynamik, die mit der Mißhandlung in Zusammenhang steht, nichts zu tun hätte. Wenn der Sozialarbeiter dieses Selbstbild als *tatsächlich* gültig akzeptiert, verstärkt er seinerseits das dysfunktionale Beziehungsmuster der Familie, das mit der Zeit dazu geführt hat, daß ein Familienmitglied die Rolle des Mißhandlers übernimmt. Dieser Fehler ist kaum wiedergutzumachen.[4] Sehen wir uns dazu ein Beispiel an.

Herr D'Andrea – so wollen wir ihn nennen – erscheint unangemeldet bei unserer Sozialarbeiterin. Er bittet um Hilfe für seine neunjährige Tochter Ines, die von ihrer Mutter heftig geschlagen wird, weil sie beim Essen und bei den Schulaufgaben zu langsam ist. Die Mutter ist seit einiger Zeit wegen Depressionen in Behandlung. Der Vater, der als Vertreter arbeitet, versucht, jeden Tag gleichzeitig mit der Tochter nach Hause zu kommen; Ines besucht eine Ganztagsschule, damit sie zumindest eine Mahlzeit nicht mit der Mutter einnimmt. Manchmal muß der Vater aber abends länger ausbleiben, und da fürchtet er für die Sicherheit der Tochter.

Die Sozialarbeiterin setzt sich sofort in Gegenwart von Herrn D'Andrea telefonisch mit seiner Frau in Verbindung. Sie berichtet ihr alles, was Herr D'Andrea ihr eben erzählt hat, wobei sie peinlichst darauf achtet, für keine Seite Partei zu ergreifen. Auf dieser Grundlage schlägt sie beiden Partnern eine gemeinsame erste Sitzung vor.

Wenn sie es unterlassen hätte, Frau D'Andrea darüber zu informieren, was ihr der Ehemann erzählt hatte, wäre sie ein Bündnis mit Herrn D'Andrea gegen seine Ehefrau eingegangen. Hätte sie geschwiegen, so hätte sie ihm damit vermittelt, daß sie uneingeschränkt seiner Darstellung glaubte, und sie wäre

---

4 Im Hinblick auf den nicht wiedergutzumachenden Fehler siehe Selvini Palazzoli (1984).

der Ehefrau mit jener Zurückhaltung begegnet, die man einer psychisch gestörten oder nicht vertrauenswürdigen Person entgegenbringt.

Die darauf folgende Arbeit mit der Familie zeigte, daß Herr D'Andrea eine junge Frau geheiratet hatte, die seinen Beschützerinstinkt weckte, zumal sie mit ihrer Familie gebrochen hatte. Jedoch wandte er sich sehr schnell von ihr ab und richtete seine ganze Aufmerksamkeit auf die Tochter, die bald nach der Hochzeit geboren wurde. Je mehr die eifersüchtig gewordene Ehefrau ihre Mißbilligung gegenüber der engen Vater-Tochter-Beziehung deutlich machte, umso mehr Aufmerksamkeit schenkte der Vater der Tochter. Damit wollte er sie für die Kälte der Ehefrau entschädigen, die er darauf zurückführte, daß diese in ihrer Kindheit keine gute Beziehung zu ihrer Mutter gehabt hatte. Damit war der Teufelskreis geschlossen und mündete in die Mißhandlung.

Es ist offenkundig, daß das Anfordern von Hilfe bei unserem Zentrum eine Strategie darstellte, die das bestehende Spiel nicht stoppte, sondern vielmehr verstärkte. Nur die außerordentliche Achtsamkeit der Sozialarbeiterin, die in der Anfangsphase absolute Neutralität wahrte, konnte vermeiden, daß unsere Intervention ihrerseits pathogen wurde. Dank dieser Achtsamkeit wurde die Familientherapie richtig eingeleitet. Es konnte daraufhin sowohl das Problem der Mißhandlung gelöst als auch die Depression von Frau D'Andrea geheilt werden.

Es muß jedoch gesagt werden, daß bei dieser Art von Fällen der erfahrene Sozialarbeiter zwar weiß, in welche Falle er geraten kann, daß er sie aber nicht immer zu umgehen vermag.[5]

Noch schwieriger ist es, mit einem weiteren Falltypus umzugehen, der unserer Erfahrung nach jedoch viel seltener vorkommt. Es handelt sich um Fälle, in denen sich der Mißhandler selbst meldet. Unsere ersten Fälle dieser Kategorie haben enttäuschend geendet, obwohl wir sie unbefangen angegangen waren. Wir hatten nämlich geglaubt, daß wir es hier mit einer Art freiwilliger Therapie zu tun hätten. Im Nachhinein ist uns klargeworden, daß die Selbstanzeige eine Botschaft ist, die sich an ein anderes Familienmitglied, meist an den Partner, richtet und etwa so lautet: »Ich habe so viel für unser Kind getan. Das ist weitaus mehr als das, was du getan hast! Wenn du zum Ausgleich nicht etwas für mich tust, schlage ich das Kind grün und blau, weil ich einfach nicht mehr kann.«[6]

---

5 Wir wollen hier nicht von einem berichten, der eine Anzeige erstattete und nun die Bitte vorbrachte, sein Vorgehen geheim zu halten. Vielmehr verweisen wir ganz allgemein auf das Problem der Geheimhaltung in der Therapie (vgl. dazu Selvini Palazzoli & Prata, 1981).
6 Zur Bitte um Hilfe als letzte Strategie innerhalb des Spiels vgl. Selvini (1985).

Unter diesen Fällen, bei denen sich der Mißhandelnde selbst anzeigte, gab es zwei Familien, in denen ein Elternteil ganz für »Häuslichkeit und Familie« lebte (der Mißhandler, der Hilfe anforderte) und der andere sich den täglichen Pflichten entzog. In einem Fall war es der Mann, der die Frau und zwei kleine Kinder verließ, und im anderen Fall benutzte die Frau ihre Arbeitsverpflichtungen dazu, sich den emotionalen Wünschen des Mannes zu entziehen, die sie als erdrückend empfand.

In beiden Fällen führte die Therapie zwar zu einer gewissen Wiederannäherung des wenig engagierten Partners, jedoch entsprach diese nicht den Wünschen des anderen Partners, so daß dessen Verhalten gegenüber den Kindern sich nur wenig änderte.

In beiden Fällen hörte die Mißhandlung auf, an ihre Stelle trat jedoch eine Gleichgültigkeit gegenüber den Kindern, die schließlich in ein Heim gegeben wurden. Heute würden wir das Abgeben der Kinder an eine öffentliche Einrichtung als eine von Wut und Rache getragene Botschaft deuten, die an den Partner gerichtet ist und etwa so lautet: »Wenn du nichts für mich tust, brauchst du nicht glauben, daß ich weiterhin bereit bin, mich für *deine* Kinder aufzuopfern.« Dadurch daß wir nicht rechtzeitig das der Mißhandlung zugrunde liegende Beziehungsproblem erkannt hatten, wurden in der Therapie nicht die Ergebnisse erreicht, die zu erzielen vielleicht möglich gewesen wäre.

Es muß gesagt werden, daß es sich in diesen Fällen um einen Mißhandler handelt, der in den Kindern nur das Mittel sieht, mit dem ihn der Partner festhält. Gäbe es die Kinder nicht, so meint er, wäre auch er frei zu gehen. Er sieht also die Kinder nicht als Bezugspersonen, sondern als *Handschellen*, deren sich sein Partner bedient, um ihn an den »Alltag« festzuketten und sich selbst davonzumachen. Der Mißhandler ist also nur auf den Partner fixiert und darauf, wie er sich ihm entziehen kann – das ist das Spiel! –, so daß er schließlich in den Kindern nur Agenten dieses seines Partners und von ihm gedungene Mörder sieht, die *keinen Respekt*, sondern Schläge verdienen. Das ist eine elementare Logik, die häufig auftritt und von großer Tragik ist. Die endgültige Fremdunterbringung der Kinder besiegelt dann das Ende der Familie.

Die Fallstricke des freiwilligen Kontexts

Neben dieser Fehlinterpretation des Verhaltens eines mißhandelnden Elternteils besteht bei allen oben angeführten Fällen die Gefahr eines noch weitaus schwerwiegenderen Kontextfehlers, dem wir lange Zeit erlegen sind.

Wenn ein Elternteil aufgrund der Schwierigkeiten mit seinem Kind eine psychologische Beratung anfordert oder wenn er eine Paartherapie wünscht, um Konflikte zu lösen, unter denen das Kind leidet, so betreibt er eine Intervention im Interesse des Kindes. Wenn hingegen ein Partner die Mißhandlung des Kindes (durch ihn selbst oder durch ein anderes Familienmitglied) anzeigt, offenbart er damit seine eigene Unfähigkeit, das Kind zu schützen. Daher ist eine unverzügliche Intervention nötig, um das Kind vor weiterer Mißhandlung zu bewahren, während beispielsweise eine psychotherapeutische Behandlung zur Beseitigung der Ursachen, die zur Mißhandlung geführt haben, erst zu einem späteren Zeitpunkt erfolgen kann.

Es gehört zur *Hauptaufgabe des Sozialarbeiters, diese Unterscheidung zu treffen, wenn ihm ein Mißhandlungsfall (oder ein Fall, in dem die Gefahr einer Kindesmißhandlung besteht) zur Kenntnis gebracht wird.* Es ist seine Pflicht, die Sachlage sofort dem Gericht zu melden, was in den oben beschriebenen Fällen nicht geschehen ist. Es ist dann Aufgabe des Vormundschaftsrichters, zu entscheiden, ob eine Maßnahme zum Schutz des Kindes ergriffen werden muß – beispielsweise seine Herausnahme aus der Familie –, so wie es Aufgabe der Staatsanwaltschaft ist, festzustellen, ob die Voraussetzungen für die Strafverfolgung des Mißhandlers gegeben sind.

Zweifelsohne ist dieser Schritt, Anzeige zu erstatten, sehr heikel, und der Sozialarbeiter wird sich nur ungern dazu entschließen, weil dies im Widerspruch zu seinem Rollenverständnis steht. Wie die Vertreter aller Berufsgruppen des psychosozialen Bereichs und des Gesundheitswesens sieht auch er sich ausschließlich in einer helfenden Funktion und wird daher davor zurückschrecken, eine soziale Kontrolle durchzuführen, wie sie die Anzeige bei Gericht darstellt.

Dieser Entschluß fällt noch schwerer, wenn der Mißhandler selbst oder ein Mitglied seiner Familie den Sozialarbeiter um Hilfe gebeten hat. Dieser fürchtet, daß er vom Klienten als Verräter angesehen wird (und vielleicht empfindet er sich selbst als solcher) und verschiebt daher diese undankbare Aufgabe auf später. Dennoch haben wir in der Folge die Erfahrung gemacht, daß der Klient nach einem ersten, verständlichen Widerstreben einsieht, daß der Sozialarbeiter sich seiner Aufgabe nicht entziehen kann, da er *gesetzlich dazu verpflichtet* ist, die Kindesmißhandlung dem Gericht bekanntzugeben. Wenn die Spielregeln klar sind, werden sie auch akzeptiert. Obwohl niemand darüber erfreut ist, vom Verkehrspolizisten eine Geldstrafe auferlegt zu bekommen oder von der Polizei festgenommen oder vom Richter verurteilt zu werden, so besteht doch Verständnis dafür, daß diese Funktionsträger im Dienste festgelegter Normen handeln, die das Zusammenleben regeln. (Wenn sich jemand schuldig gemacht hat, kann er höchstens versuchen, das Mitleid des Verkehrspolizisten zu erregen, vor der Polizei davonzulaufen oder den Staatsanwalt zu bestechen – Praktiken, die das Spiel der sozialen Rollen übrigens vorsieht!)

Ganz anders wäre die Reaktion des Klienten, wenn der Sozialarbeiter vorerst den Kontext[7] ausschließlich als Hilfestellung markieren würde, die sich in der folgenden Formel ausdrückt: »Du bittest mich freiwillig um eine Dienstleistung, weil du mir vertraust. Ich will dir helfen und ich erbringe meine Dienstleistung so lange, bis du zufriedengestellt bist. Jeder von uns hat das Recht, den Vertrag jederzeit aufzukündigen.« Diese Formel gilt für private Therapien, in unserem Kontext ist sie unbrauchbar. Wenn ein Klient um Hilfe bittet und daraufhin der Sozialarbeiter bzw. Psychologe tätig wird, so daß – wie im Fall der kleinen Ines D'Andrea – die Situation verändert werden kann, mag das angehen. Was aber, wenn dem nicht so ist?

Wenn die Bemühungen des Therapeuten keine Veränderung bewirken, wenn der Mißhandler nicht zu den Sitzungen erscheint, wenn die Klienten ihre Mitarbeit verweigern und wenn vor allem die Mißhandlung des Kindes nicht gestoppt wird – was soll dann der Therapeut machen? Wenn der Mißbrauch anhält oder das Kind in Gefahr ist und wenn der mißhandelnde Elternteil sich der Behandlung entzieht, muß der Therapeut schließlich doch Anzeige bei der Staatsanwaltschaft erstatten. Aber zu diesem Zeitpunkt fühlt sich dann der Klient zu Recht verraten. Es ist ihm nämlich nicht von Anfang an deutlich gesagt worden, daß seine Beziehung zum Therapeuten innerhalb eines Kontexts zu sehen ist, der den Schutz des Kindes zum obersten Ziel hat, und daß der Therapeut daher sowohl eine Hilfs- als auch eine Kontrollfunktion ausüben muß.

Es ist vorauszusehen, daß der Klient zu diesem Zeitpunkt heftig protestieren wird. Dabei handelt es sich nicht mehr um jenes vordergründige Aufbäumen des Klienten, wenn ihm der Therapeut gleich zu Anfang erklärt, daß er *gesetzlich dazu verpflichtet* ist, den Schutz des Kindes sicherzustellen. Vielmehr wird es sich jetzt um ernsthafte und wohlbegründete Drohungen

---

7 Zu den Kontextmarkierungen und den entsprechenden Regeln siehe Selvini Palazzoli (1970).

handeln, die in extremen Fällen in Handgreiflichkeiten gegenüber dem unvorsichtigen Therapeuten ausarten können.

Ein bedeutsamer Faktor, der bei einem nicht deutlich markierten Kontext auftritt, ist die Angst, die den Therapeuten beschleicht, wenn die Therapie mit der Familie unvermeidbare Rückschläge erleidet und das Kind nicht ausreichend geschützt ist. Dann besteht nämlich die Gefahr, daß es wieder zu einer Mißhandlung kommt. Eine wichtige Empfehlung, die unser Team zu Beginn der Arbeit von der von Odette Masson in Lausanne geleiteten Gruppe erhalten hat, lautet: »Zuerst Sicherheitsbedingungen schaffen!« Das heißt, daß zuerst die Pflichten gegenüber den offiziellen Stellen zu erfüllen sind, die die Aufgabe haben, Minderjährige zu schützen (Justiz und Sozialer Dienst). Das bedeutet, daß vorrangig alles unternommen werden muß, um den Schutz des Kindes zu gewährleisten. Nur auf dieser Grundlage kann dann in zweiter Linie der Versuch unternommen werden, die familiäre Krise zu analysieren und sie möglicherweise überwinden zu helfen.

Die falschen »freiwilligen Fälle«

In den vergangenen Jahren haben wir auch eine andere Gruppe von Familien kennengelernt, die bei uns ohne Überweisung durch das Gericht »freiwillig« Hilfe suchten, nachdem es zu Kindesmißhandlungen gekommen war.

In diesen Fällen geht die Selbstanzeige jedoch nicht von der Familie selbst aus wie bei den beiden eben behandelten Falltypen, sondern sie ist das Ergebnis eines Zerwürfnisses zwischen der Familie und den psychosozialen Diensten. Es handelt sich dabei meist um Familien, die über lange Zeit vom Sozialen Dienst betreut worden sind, dies aus den verschiedensten Gründen wie z. B. wirtschaftliche Schwierigkeiten, Wohnungsprobleme, Arbeitslosigkeit, verschiedene Krankheiten in der Familie (Alkoholismus, Behinderungen etc.). Wenn es nun in einer solchen Familie zusätzlich zu Kindesmißhandlung kommt (oder wenn, was häufiger vorkommt, eine schwere Mißhandlung auf verschiedene vorausgegangene folgt, die die Sozialarbeiter lieber nicht zur Kenntnis genommen hatten), sehen sich die Sozialen Dienste dem frustrierenden Faktum gegenüber, daß ihre Bemühungen gescheitert sind. Um jedoch ihrer Rolle als Helfer der Familie nicht untreu zu werden, ziehen sie es vor, das Gericht nicht zu verständigen und die Familie lieber an eine andere Dienststelle (zum Beispiel an uns) weiterzuverweisen. Damit geben sie der Familie *indirekt* zu verstehen, daß die Mißhandlung nicht bei Gericht angezeigt wird, wenn sie bereit ist, sich an Dritte zu wenden, die ihr bei der Lösung ihrer – nicht klar definierten – Probleme helfen werden.

Natürlich wird die Familie in dieser Situation das Angebot annehmen und sich früher oder später mit der betreffenden Stelle in Verbindung setzen. Dort wird sie dann die Probleme herunterspielen und verkleiden. Die Eltern werden beispielsweise behaupten, es sei ihnen geraten worden, sich an diese Institution zu wenden, um Erziehungshilfen für das »allzu lebhafte Kind« zu bekommen oder um ihren Paarkonflikt zu lösen, der jedoch inzwischen »beigelegt« sei. Die Probleme werden in eine ferne Vergangenheit gerückt, in welcher der Ehemann trank oder die Familie in schlechten Wohnverhältnissen lebte, und es wird behauptet, gegenwärtig sei alles in Ordnung. Auf diese Weise befinden sich die Therapeuten in der absurden Situation, »freiwillige« Klienten vor sich zu haben, die erklären, daß sie sie nicht brauchen. Die Therapeuten können daher keinen Zugang zu den leidvollen Erfahrungen bekommen, die sie jenseits des Lügenvorhangs erahnen. Und sie werden mitansehen müssen, daß die Klienten bald aus der Therapie aussteigen.

Aus dieser Sackgasse kann man auch nicht herauskommen, wenn man der überweisenden Dienststelle mitteilt, daß der Klient die Behandlung abgebrochen hat. Diese Stelle hatte nämlich die Bedingungen der Therapie, der sich der Klient zu unterziehen hätte, um damit eine Anzeige bei Gericht zu vermeiden, nicht deutlich festgelegt. (Darüber hinaus ist der Soziale Dienst durch die Unterlassung seiner Anzeigepflicht zum Komplizen der Familie geworden.) Wenn der Klient die Behandlung abbricht, ist es noch schwieriger, nachträglich Anzeige zu erstatten, denn viel Zeit ist inzwischen verstrichen, die Erinnerung an die Mißhandlung ist verblaßt, die Karten sind inzwischen neu gemischt. Die Familie erklärt, sie sei ein- oder zweimal zu der ihr angegebenen Beratungsstelle gegangen, man habe ihr dort sehr geholfen, und jetzt gebe es »keine Probleme mehr«. Und der Soziale Dienst ist demgegenüber absolut ohnmächtig.

Die Anzeige als der einzig sinnvolle Weg

Anfänglich standen wir der Übernahme der obigen Fälle äußerst positiv gegenüber. Aufgrund verschiedener Erfahrungen merkten wir aber schließlich, daß diese Vorgehensweise der psychosozialen Dienste, uns falsche »freiwillige Fälle« zu schicken, nicht nur unproduktiv, sondern auch *schädlich* war. Es war ein Irrtum, zu glauben, daß wir besser mit Familien arbeiten könnten, die zumindest gewissermaßen »damit einverstanden waren«, zu uns zu kommen. Dieses Einverstandensein stellte sich nämlich als reines Ritual heraus.

Man muß allerdings in Betracht ziehen, daß dieses Verhalten der psychosozialen Dienste auf deren Einstellung zum Vormundschaftsgericht zurückzuführen ist, das für sie »die Endstation« darstellt, bei der die endgültig gescheiterten Familien angezeigt werden, damit die Kinder von den hoffnungslos unfähigen Eltern entfernt werden können. Im Rahmen dieser Sichtweise bedeutet eine Anzeige, daß die Familie behandlungsunfähig ist und daß der Sozialarbeiter lediglich noch Kontrollfunktion ausübt. Daher erscheint es ihm als Pflicht, diesen Schritt zum Vormundschaftsgericht zu vermeiden, solange noch Hoffnung auf eine »echte« Intervention besteht.

In einer vor einigen Jahren veröffentlichten Arbeit (Azzoni et al., 1985) haben wir dargelegt, welche Veränderung der Umgangsweise wir im Verhältnis zwischen den psychosozialen Diensten und dem Vormundschaftsgericht vorschlagen. Gerade dann, wenn die Familie zu keiner Therapie bereit ist, aber dennoch entwicklungsfähig erscheint, ist es angebracht, sich an den Richter zu wenden.[8]

Unter diesem Blickwinkel kommt der Soziale Dienst mit seiner Anzeige bei Gericht einerseits seiner Pflicht nach, vor allem den Schutz des Kindes zu gewährleisten; andererseits bedient er sich gleichzeitig eines therapeutischen Mittels, um mit einer Familie in Kontakt zu treten, die auf anderem Wege nicht erreichbar ist (Vassalli, 1987).

Eltern, die Kinder mit blutunterlaufenen Flecken und Bißwunden in die Schule schicken, lassen es ja zu, daß das Problem der Gewalt außerhalb der eigenen Familie sichtbar wird. Sie versuchen zwar – aus verständlichen Gründen, wie wir gesehen haben –, ihre Verantwortung dafür zu leugnen und die Wahrheit mit lächerlichen Lügen zu verschleiern, aber sie verhindern es nicht, daß das traurige Ergebnis ihrer ungelösten Probleme dem Schularzt oder dem Lehrer greifbar vor Augen geführt wird. Und auf diese widersprüchliche und verworrene Weise bringen sie ihren Hilferuf zum Ausdruck. Nur wenn wir sie auf ihre Verantwortung festnageln, können wir ihnen helfen, aus einer Situation herauszukommen, die sie für hoffnungslos halten. Die erste Maßnahme ist die Entfernung des gefährdeten Kindes. Diese Maßnahme, so wird es den Eltern deutlich gemacht, erfolgt zwar in erster Linie zum Schutz des Kindes, sie verfolgt aber auch ein zweites Ziel, das mit dem ersten in engem Zusammenhang steht: Es soll geklärt

---

8 Einige namhafte Richter haben uns darin bestärkt, in der Zusammenarbeit mit dem Vormundschaftsgericht eine zusätzliche Möglichkeit zu sehen, eine positive Entwicklung des Falles zu bewirken (vgl. z. B. Moro, 1988).

werden, ob es möglich ist, die Ursachen zu beseitigen, die der Mißhandlung zugrunde liegen, um auf diese Weise eine positive Eltern-Kind-Beziehung herzustellen, die für die Entwicklung *ihres* Kindes unerläßlich ist.

Natürlich werden die Therapeuten nur dann glaubwürdig erscheinen, wenn sie selbst davon überzeugt sind. Warum beantragen die Therapeuten nicht in allen Fällen die Fremdunterbringung von psychotischen oder in anderer Weise psychisch geschädigten Kindern? Deshalb nicht, weil in diesen Fällen ein Sorgerechtsmißbrauch der Eltern nicht auf Anhieb feststellbar ist, wenn auch ein direkter Zusammenhang zwischen den Symptomen des Kindes und einer tiefgreifenden Störung der familiären Beziehungsstruktur vermutet wird. Im Falle einer Mißhandlung liegt hingegen ein *offenkundiger Gesetzesverstoß* vor, der es notwendig macht, das Kind in Sicherheit zu bringen. Der Therapeut weiß aber auch, daß es *im Grunde*, ähnlich wie bei der Psychose, um dysfunktionale Beziehungen geht, zu denen er sich Zugang zu verschaffen versucht. Und dazu verhilft ihm, unter anderem, die Anzeige.[9]

---

9 Im *Family Therapy Networker* (1985, Bd. 9) ist zum Thema »Gewalt zwischen Ehepartnern« eine interessante Diskussion über die Unterscheidung zwischen Opfern und »Opfermachern« veröffentlicht worden. Darin kritisierte ein Beitrag aus feministischer Sicht (vgl. Nr. 3, Leserbriefe, S. 9–11) vehement einige in der vorausgehenden Ausgabe enthaltenen Behauptungen Minuchins, der die Schwierigkeit unterstrichen hatte, in Fällen von Gewalt zwischen Opfer und Täter zu unterscheiden. Die Verfasser der Gegenposition führten demgegenüber die offensichtlichen körperlichen Verletzungen (blutunterlaufene Augen, Knochenbrüche, Verbrennungen der Haut, blaue Flecken) an und verwiesen auf die unterschiedliche physische Kraft bei Männern und Frauen. Sie verschlossen sich jedoch strikt der Anwendung einer systemischen Therapie, die diese Tatsachen relativieren könnte. Ein schöner Beitrag von Harris (vgl. Nr. 4, Leserbriefe, S. 4) hebt – so meinen wir zumindest – den scheinbaren Widerspruch auf, der in folgenden beiden extremen Positionen gipfelt: »Geschlagene Frauen sind selbst an der erlittenen Gewalt schuld« und »Familientherapeuten sind unsensibel und frauenfeindlich, weil sie die erwähnte Position vertreten.« Harris, der versucht, seine »Neutralität« als Familientherapeut zu wahren und gleichzeitig darauf hinzuweisen, daß Gewalt gegen Frauen in einer zivilisierten Welt unannehmbar ist, zeigt auf, daß die Frage epistemologisch falsch gestellt ist. Die Begriffe »Verbrechen« und »Opfer« stammen aus der Rechtssprache. In diesem Zusammenhang macht sich der Mann, der seine Ehefrau schlägt, einer Straftat schuldig, die bestraft werden muß. Im Rahmen der Therapie geht es dagegen nicht darum, Recht und Unrecht, Schuld und Unschuld zu verteilen, sondern darum, Verhaltensweisen zu ändern. Und wie sollte man einem Paar helfen können, wenn man nicht die spezielle Dynamik begreifen lernt, die der Wechselwirkung zwischen Mißbraucher und Mißbrauchtem zugrunde liegt?

II
DIE EINLEITUNG DES
DIAGNOSTISCHEN PROZESSES

Kontextvoraussetzungen

In der Einleitung und in Kapitel I waren wir bemüht, einerseits das emotionale Klima zu schildern, in dem wir unser Zentrum aufgebaut und die ersten Erfahrungen mit Mißhandlungssituationen gemacht haben; andererseits haben wir versucht, die anfänglichen Schwierigkeiten, Hindernisse sowie »Versuche und Irrtümer« aufzuzeigen.

Wir wollen nun einen Schritt weiter gehen und darstellen, wie unsere *gegenwärtige* psychologische Arbeit mit der mißhandelnden Familie aussieht. Wir haben zwar eine Vorgehensweise gefunden, die uns aufgrund unserer Erfahrungen sinnvoll erscheint und die zufriedenstellende Ergebnisse erzielt, jedoch hoffen wir, daß in Zukunft weitere Verbesserungen möglich sein werden.

Bevor die therapeutische Arbeit mit der Familie aufgenommen wird, müssen unseres Erachtens eine Reihe von Maßnahmen ergriffen werden, um damit die Voraussetzungen zu schaffen, die der Behandlungsrahmen erfordert. Sind diese Voraussetzungen nicht gegeben, so wird jede psychologische Intervention höchstwahrscheinlich scheitern. Irrtümer und Unterlassungen in der Anfangsphase können zu einem späteren Zeitpunkt nur schwer korrigiert oder nachgeholt werden. Betrachten wir also die wichtigsten kontextuellen Faktoren, die unserer Erfahrung nach die Voraussetzungen für die spätere therapeutische Arbeit darstellen.

Ärztliches Attest und psychosoziales Gutachten
der Anzeigeerstatter

Die Gesamtheit der Maßnahmen wird verständlicherweise dann eingeleitet, wenn der Verdacht besteht, daß ein Kind in der Familie Opfer von Gewalt geworden ist. Dieser Verdacht wird zur Gewißheit, wenn – wie es häufig vorkommt – eindeutige Spuren von Schlägen, Blutergüssen, Kratzern und Wunden vorhanden sind oder Verwahrlosung und Vernachlässigung bei der Kleidung, bei der Ernährung oder bei der medizinischen Versorgung auftritt oder aber sexueller Mißbrauch vorliegt (den das Opfer beispielsweise einem Freund oder einer Freundin, einem Lehrer oder einer Lehrerin ausdrücklich und überzeugend geschildert hat).

Allzu oft sind jedoch die Sozialarbeiter sogar in eindeutigen Fällen der Meinung, sie könnten das Problem auf informelle Weise lösen, beispielsweise indem sie die Familie unter irgendeinem Vorwand kommen lassen, ein scheinbar freundschaftliches Gespräch führen, das Vertrauen der Eltern zu gewinnen versuchen und mit finanziellen Hilfen die unmittelbaren wirtschaftlichen Schwierigkeiten der Familie beheben.

In anderen Fällen glaubt man, dieser Situation dadurch Herr zu werden, daß man mit der Autorität eines Schulleiters oder einer Lehrerin auf die Eltern einwirkt, die Ursachen für die Gewaltanwendung oder Vernachlässigung sucht und die Eltern eindringlich auffordert, sie sollten ihre Kinder besser behandeln. Wie jeder weiß, der es versucht hat, führen diese Bemühungen nicht zum erwünschten Ziel, oder es gibt im besten Fall nur eine kurz andauernde Veränderung.[1]

So zeigt sich, daß das Kind prompt einige Wochen und Monate später wieder Spuren von Gewalt oder Vernachlässigung aufweist. Im Fall von Inzest birgt die Unterschätzung des Problems noch weiterreichende Gefahren in sich: Das Opfer, das sich unverstanden und ungeschützt fühlt, kann selbstzerstörerische Reaktionen entwickeln wie Flucht, Selbstmordversuche, Drogenkonsum etc.

Die Funktionsträger in Schule, Gesundheitswesen und Sozialbereich sollten nicht vergessen, daß sie als öffentliche Angestellte die Pflicht haben, in Fällen von Kindesmißhandlung gesetzliche Anzeige zu erstatten (vgl. die Paragraphen 330 und 333 des italienischen Zivilgesetzes und – wenn öffentlich Anklage erhoben wird – Paragraphen 571 und 572 des Strafgesetzes; siehe Ichino Pellizzi, 1988).

Gewiß ist es nicht einfach, diesen Schritt zu tun, insbesondere wenn man davon überzeugt ist, daß die Mißhandlung das Ergebnis leidvoller Erfahrungen ist und daß daher eher Heilung als Bestrafung angebracht wäre. Es ist aber auch wahr, daß manchmal die Nichterfüllung der Anzeigepflicht dazu führt, die damit in untrennbarem Zusammenhang stehenden Rechte der Minderjährigen zu mißachten und zu verraten. Dazu kommt vielleicht die Meinung, eine mißhandelnde und gewalttätige Familie richte weniger

---

1 Es ist darauf hinzuweisen, daß der Elternteil, der sich zu einem Gespräch mit dem Sozialarbeiter bereit erklärt, meist nicht der aktiv Mißhandelnde ist; er fungiert jedoch als stiller Komplize eines offensichtlich gewalttätigeren Partners. Somit hat er auch Anteil an der Gewaltdynamik, die er weder verändern kann noch will.

Schaden an als der Soziale Dienst, die Polizei oder die Justiz. Wir wissen jedoch, daß die kurz- und langfristigen Auswirkungen der Gewalt auf die seelische Gesundheit der Opfer weitaus schwerwiegender sind, als dies selbst die psychologisch-psychiatrische Fachliteratur noch vor einigen Jahren angenommen hat.[2]

Es geht also darum, Wege der Intervention zu finden und dabei die beiden Extrempositionen zu überwinden: Die eine verleugnet das Problem, weil sie sich ihm gegenüber machtlos sieht, und die andere beschränkt sich darauf, den Schuldigen zu kriminalisieren.

In Fällen von Gewalt in der Familie – wir können dies nicht oft genug wiederholen – ist es vorrangiges Ziel, die Minderjährigen zu schützen. Das ist nur dann möglich, wenn die Funktionsträger die verfügbaren Mittel nutzen und persönlich ihrer Verpflichtung nachkommen, Nachforschungen anzustellen, ein ärztliches Attest zu verfassen, ein Gutachten zu schreiben und schließlich Anzeige zu erstatten.

Der erste Schritt besteht darin, in möglichst kurzer Zeit Beweise für die Anwendung von Gewalt zu sammeln. Ein Lehrer kann beispielsweise einen Bericht über seine Beobachtungen verfassen, er kann das Kind vom Schularzt untersuchen lassen, um das Ausmaß der Gewaltanwendung und gegebenenfalls sichtbare Verletzungen festzustellen. Er kann Hilfe beim Sozialen Dienst anfordern und verdächtige Fälle bekanntgeben, aber er darf damit nicht das Problem gänzlich von sich schieben und hoffen, andere würden ihm seine Pflicht abnehmen. Nur durch eine Anzeige bei Gericht, der ein ärztliches Attest bzw. ein sorgfältig ausgearbeitetes Gutachten beiliegt, kann durch die Intervention des Gerichts das Kind rechtzeitig geschützt und die Möglichkeit geschaffen werden, eine Wiederherstellung der Familie zu versuchen. Weil der Anzeigepflicht nicht nachgekommen wird, werden die Kinder und ihre Familien sehr oft dazu verurteilt, im »Gefängnis« einer chronischen Gewalt eingekerkert zu bleiben (Cirillo, 1986a). Werden nicht

---

2 Die Literatur über die kurz- und langfristigen Folgen der Gewalt weist auf Schädigungen des Kindes in den verschiedensten Lebensbereichen hin; dazu gehören z.B. Lernschwierigkeiten, Aggressionsprobleme, Sozialisationshemmnisse, d.h. Defizite beim Aufbau von zwischenmenschlichen Beziehungen, sowie eine Beeinträchtigung der intellektuellen und sprachlichen Entwicklung. Zur Vertiefung dieser Thematik vgl. folgende Arbeiten: Allen & Oliver, 1982; Bagley & Mc Donald, 1984; Bolton, Reich & Guttierres, 1977; Bowman, Blix & Coons, 1985; Barahal, Waterman & Martin, 1981; Brassard, Germain & Hart; 1987; Deschamps, Pagean, Person & Deschamps, 1982; Elmer, 1978; Friedrich, Einbender & Lucke, 1983; Monane, Leichter & Lewis, 1984; Pardeck, 1988; Post, 1982; Sack & Dale, 1982; Shengold, 1985; Toro, 1982; Valdiserri, 1982.

rechtzeitig eindeutige rechtliche Schritte unternommen, wird sich jeder noch so erfahrene Therapeut dem Widerstand der Familien gegenübersehen, die sich weigern, jedwede Hilfe entgegenzunehmen.

In den von uns betrachteten Fällen *stellt die psychologische Intervention und Begleitung einen Weg dar, der jedoch erst begangen werden kann, wenn die rechtlichen Mechanismen in Gang gesetzt sind.*

Es versteht sich von selbst, daß diese beiden Aspekte untrennbar miteinander verbunden sind und integriert werden müssen. Nur unter diesen Voraussetzungen wird die Anzeige bei Gericht zu jenem wirksamen therapeutischen Mittel, von dem im vorausgehenden Kapitel die Rede war.

Beschluß des Vormundschaftsgerichts und vorläufige Maßnahmen

Die Anzeige beim Vormundschaftsgericht[3] stellt nach unserer Erfahrung einen gangbaren, wirksamen und begrüßenswerten Weg dar, da er neben dem Schutz des Kindes die Möglichkeit einer psychologischen Arbeit mit der Familie eröffnet. Die Vormundschaftsrichter haben immer sehr viel Verständnis dafür gezeigt, daß es am besten für das Kind ist, es wieder in die Familie zu integrieren, sofern diese an sich arbeitet, um die Erziehungsfunktionen in angemessener Weise ausüben zu können (Bertotti & Malacrea, 1987).

Der Vormundschaftsrichter prüft die ihm gegenüber gemachten Angaben und versucht zunächst herauszufinden, ob die Anzeige begründet ist. So kann er die zuständigen Dienststellen mit einer Überprüfung beauftragen, was gegebenenfalls mit dem Schließen der Akte enden wird. Leider sind diese Fälle äußerst selten. Viel häufiger kommt es vor, daß schwierige und verworrene Familiensituationen zutage treten. Wenn dann die Anzeige nicht umgehend erstattet wird und wenn sie nur sehr allgemein formuliert ist, gibt es oft Verzögerungen und beachtliche Widerstände.

---

3 Im Rechtsbereich sind bei Kindesmißhandlung grundsätzlich zwei Interventionstypen vorgesehen. Zum einen reagiert das Jugendgericht auf die Anzeige mit der Bestrafung des erwachsenen Täters, und zum anderen ist es Aufgabe des Vormundschaftsrichters, Minderjährige zu schützen, die Opfer der Gewalt geworden sind. Es ist jedoch nicht immer möglich, die beiden Interventionstypen zu koordinieren. Nach der italienischen Gesetzgebung ist das Jugendgericht nämlich nicht verpflichtet, das Vormundschaftsgericht zu informieren, während dies umgekehrt wohl der Fall ist. Es kann also vorkommen, daß das Vormundschaftsgericht nicht befaßt wird, wodurch die Gefahr besteht, daß der Schutz des Kindes nicht gewährleistet ist. Da man dies befürchtet, werden die Fälle oft an den Vormundschaftsrichter weitergeleitet, »während es (auch von Amts wegen) Aufgabe des Zivilrichters ist, die verschiedenen Vorkommnisse von Vernachlässigung und Schädigung des Kindes festzustellen und gegebenenfalls die Eltern dem Strafrichter vorzuführen« (Ichino Pellizzi, 1988, S. 39).

Wenn hingegen der Anzeige ein ärztliches Attest und ein psychosoziales Gutachten beigefügt ist, ist der Richter in der Lage, kurzfristig Schutzmaßnahmen für das Kind zu ergreifen und der Familie die Auflage zu machen, sich einem diagnostischen Gutachten zu unterziehen.

Hier sind die psychosozialen Funktionsträger gefragt, denen die Aufgabe übertragen wird, die Ursachen der Gewalt festzustellen, die Situation zu beurteilen und die nötigen Hinweise zu liefern, damit endgültige Maßnahmen zum Schutz des Kindes eingeleitet werden können.

Der Gerichtsbeschluß stellt also neben dem Attest bzw. Gutachten der Anzeigeerstatter die zweite unerläßliche Voraussetzung für die Schaffung eines wirksamen diagnostischen Kontexts dar. Natürlich muß der Richter beim Erlaß einer einstweiligen Anordnung die gefährliche Familiensituation berücksichtigen, und er kann – bei hohem Risiko – die sofortige Fremdunterbringung der Kinder anordnen oder aber deren Verbleib in der Familie gestatten, wenn die Gefahren nicht so groß sind.

Wie immer der Richter auch entscheiden mag, diese Maßnahme allein reicht nicht aus. Sie muß gleichzeitig von anderen Maßnahmen begleitet werden, die einerseits helfend-diagnostisch ausgerichtet sind und andererseits eine entsprechende Kontrolle gewährleisten. Es versteht sich, daß der Vormundschaftsrichter seine Schutzfunktion nicht ausüben kann ohne die Hilfe des Sozialen Dienstes und therapeutischer Fachkräfte, die die Schwierigkeiten der Familie analysieren und ihre Chancen zur Veränderung einzuschätzen vermögen. Andernfalls würde der Richter zu einem strengen Zensor, der Maßnahmen anordnet, die sich nach allgemeinen Gesetzesnormen richten und nicht auf der Bewertung von konkreten Fakten beruhen (Vassalli, 1987).

Andererseits wären die Bemühungen im psychosozialen Bereich erfolglos, wenn nicht rechtzeitig Vorkehrungen getroffen würden, die auch der Familie deutlich machten, daß die Kinder vor unangemessenen Verhaltensweisen der Eltern zu schützen sind. Über welche Glaubwürdigkeit und über welche Interventionsmöglichkeit würden Psychologen und Sozialarbeiter verfügen, wenn die Familie ihrer rechtlichen Verantwortung gänzlich enthoben würde? Über gar keine. Denn die Familie fühlte sich von Gesetzes wegen legitimiert, die Beziehungsdynamik fortzusetzen, die immer wieder in Gewalt gegenüber dem Kind mündet. Und die Meinung von Sozialarbeitern und Therapeuten hätte kein Gewicht.

Festlegung der Aufgaben und Koordination
zwischen den zuständigen Dienststellen

Der Beschluß des Vormundschaftsrichters enthält einerseits vorläufige Maßnahmen, die in den Augen der Familie Sanktionscharakter haben können wie z. B.: Inobhutnahme der minderjährigen Kinder, Entzug (von Teilen) des elterlichen Sorgerechts, Übernahme des Sorgerechts durch den Sozialen Dienst* oder Bestellung eines Vormunds. Andererseits sind im Gerichtsbeschluß auch Kontroll- und Hilfsmaßnahmen sowie diagnostische Maßnahmen vorgesehen, auf deren Grundlage dann ein endgültiges Programm erstellt werden kann. Die für den Schutz des Kindes nötigen Maßnahmen müssen untereinander koordiniert sein und sowohl *Kontrolle* als auch *Hilfe* für Kinder und Eltern umfassen (Azzoni et al., 1985; Cirillo, Di Blasio & Vassalli, 1987).

Wenn die Situation so komplex ist wie in Fällen von Mißhandlung, ist es unvermeidbar, daß mehrere Sachverständige aus verschiedensten Bereichen mit dem Fall befaßt sind und bei der Festlegung des Programms jeweils ihre Standpunkte geltend machen. Daher besteht immer die Gefahr, daß Konflikte und Meinungsverschiedenheiten auftreten, die nicht nur von der Schwierigkeit herrühren, verschiedene Therapieansätze und Schulen miteinander in Einklang zu bringen, sondern die auch in der Einseitigkeit der individuellen Sichtweisen begründet sind. Letzteres Problem ist unseres Erachtens viel bedeutsamer als ersteres, und es macht eine Integration der Positionen notwendig.

Die Schwierigkeiten ergeben sich aber nicht nur aus der unkritischen Anwendung des eigenen Bezugsmodells (das ein medizinisches, sozialpädagogisches, juristisches oder psychologisches sein kann), sondern auch aus der Tendenz der einzelnen Funktionsträger, aus Einzelbeobachtungen allgemeine Schlüsse zu ziehen. Beispielsweise werden Erzieher, die ein Kind betreuen, das ein Opfer von Gewalt geworden ist, daraufhin aus der Familie herausgenommen wurde und jetzt in einem Heim lebt, logischerweise ihr Augenmerk ausschließlich auf das Kind richten, auf seine psychischen Schwierigkeiten und seine gestörte Beziehung zu den Eltern. Und sie werden vielleicht beachtliche Erfolge in den schulischen Leistungen und in der persönlichen Entwicklung des Kindes erzielen. Wenn sie dann aber sehen,

---

* In Deutschland wird diese Aufgabe durch den ASD bzw. durch Amtsvormundschaften/ Amtspflegschaften wahrgenommen (Anm. d. Übers.)

daß die elterlichen Besuche das Kind beunruhigen und seine Ängste wieder wachrufen, könnten sie leicht dazu tendieren, die Eltern als unverbesserlich und hoffnungslos abzuqualifizieren und folglich die Beziehung des Kindes zu ihnen ebenfalls negativ bewerten.

Ebenso wird eine Sozialarbeiterin, die bei ihren Hausbesuchen die Wohnsituation der Familie in Erfahrung bringen soll, sich nicht so sehr darum kümmern, ob die Mutter zur Haushaltsführung fähig ist und ob der Vater zum Unterhalt der Familie beitragen könnte. Sie wird vielmehr die Familie durch Fürsorgemaßnahmen unterstützen, sich auf ihre Seite stellen und die Gründe für die familiäre Krise und für die Gewaltanwendung in der Arbeitslosigkeit, in der schwierigen wirtschaftlichen und sozialen Lage sowie in verschiedenen Schicksalsschlägen suchen.

Andererseits wird eine therapeutische Intervention ohne rechtliche Vorkehrungen und ohne Einschaltung des Sozialen Dienstes den Anschein erwecken, das Verständnis und das Bewußtmachen der Probleme, Beweggründe und Erwartungen sowie der Ursachen der Krise reichten aus, um Veränderungen zu bewirken, die eine Wiederholung der Gewalttätigkeit ausschließen.

Auch die Justiz läuft schließlich Gefahr, die Reichweite ihrer Funktion zu überschätzen, wenn sie glaubt, sie könne allein mit der Überzeugungskraft ihrer richterlichen Autorität oder durch die Anwendung von rechtlichen Maßnahmen die Eltern davon abhalten, sich ihren Kindern gegenüber unangemessen zu verhalten.

Dies soll nicht heißen, daß die einzelnen Funktionsträger ihren Arbeitsmethoden jeden Wert absprechen sollen, weil sie einseitig sind, oder daß sie sie für gänzlich unbrauchbar halten und aufgeben sollen, um sich lieber verschiedenartige Kompetenzen anzueignen. Dieser Irrtum, der auch in anderen Kontexten oft vorkommt, wäre im Umgang mit der vielschichtigen Gewaltproblematik katastrophal, da hier differenzierte Vorgehensweisen gefragt sind. Es darf nicht vergessen werden, daß zur gründlichen Erfassung der Gewaltproblematik in der Familie die kritische Einbeziehung einer Reihe von Faktoren aus juristischer, medizinischer und psychologischer Sicht erforderlich ist (Bertotti & Malacrea, 1987). Auf keine der einzelnen Sichtweisen kann verzichtet werden, jedoch können sie alle nur im Rahmen eines einheitlichen Programms zur Geltung gebracht werden (Masson, 1981; 1988).

Beispielsweise ist die Art und Weise, wie eine Familie eine finanzielle Hilfe verwendet, nicht nur eine nützliche Information für den Psychologen, der ein diagnostisches Gutachten erstellt, sondern es kann auch der Sozialarbeiter entsprechend darauf reagieren, wenn er die Beziehungsdynamik kennt, die der Haushaltsführung zugrunde liegt.

In gleicher Weise ist die Schilderung eines Kontroll-Hausbesuches, bei dem eine chaotische Unordnung angetroffen wird, nicht nur für den Sozialarbeiter von Belang, der anhaltende Verwahrlosung feststellen muß, sondern auch für den Psychologen. Er kann nämlich in der therapeutischen Sitzung darüber sprechen, daß die Ehefrau ihr Streben nach Rache und Vergeltung gegenüber ihrem Mann noch nicht aufgegeben hat, da sie es immer noch durch Vernachlässigung des Haushalts zum Ausdruck bringt.

So wird die Intervention des Erziehers, der im Interesse des Kindes die Besuche der Eltern im Internat einschränkt, wirksamer sein, wenn er den Eltern und den Kindern eine nicht nur allgemein gehaltene Erklärung gibt, sondern beiden Teilen aufgrund einer Information seitens des Psychologen sagen kann, daß die Eltern in der Therapie gerade eine schwierige Phase durchmachen.

Werden die Interventionen in dieser Weise koordiniert, so können gleichzeitig verschiedene Maßnahmen ergriffen werden, die durch ständigen Informationsaustausch miteinander in Verbindung stehen und alle darauf ausgerichtet sind, herauszufinden, ob die Eltern-Kind-Beziehung wiederhergestellt werden kann.

Der erste Kontakt mit der Familie

Zuerst muß der institutionelle Rahmen klar definiert sein. Erst wenn das Gericht eine entsprechende gutachterliche Stellungnahme angefordert hat (die einem Sachverständigengutachten entspricht), kann die damit beauftragte Dienststelle ihre diagnostische Tätigkeit aufnehmen. Unser Team führt diese Arbeit im Rahmen eines systemisch-interaktiven Ansatzes durch, wie wir dies in der Einleitung und in unseren Ausführungen über unser theoretisches Bezugsmodell dargestellt haben.

Die Familienkartei

Die erste Voraussetzung für diese Arbeit sowohl im privaten als auch im öffentlichen Bereich ist die Anlage einer Familienkartei. Sie muß eine Reihe wichtiger Informationen enthalten, die für das Verständnis der Organisationsmuster der Familie unerläßlich sind. Fehlen diese Informationen, so besteht die Gefahr, daß man entweder von den Beziehungsmustern der

Familie in nicht kontrollierbarer Weise förmlich überschwemmt wird oder daß man eine langweilige Sitzung abhalten muß, die ausschließlich der Beschaffung von Informationen dient.[4]

Es kommt aber ein noch viel gewichtigerer Umstand hinzu. Wenn man mit der Familie »im Dunkeln« zusammentrifft, ist es nicht möglich, schon vorher eine Hypothese aufzustellen und zu formulieren, die sich in der Sitzung verifizieren läßt. Wie wir wissen, ist aber die Hypothese eines der wirksamsten Mittel der Gesprächsführung und, zweifelsohne, eine wesentliche Voraussetzung für das Verständnis der familiären Probleme.[5]

Im Falle der mißhandelnden Familie besteht für den Psychologen, der nicht in der Lage ist, eine Hypothese zu formulieren, zusätzlich die Gefahr, daß er entweder durch den Widerstand der Familie gelähmt oder durch ihre Verleugnungen verwirrt wird. Das Wissen um die wichtigsten Faktoren, von denen die Familiengeschichte geprägt ist, sowie das Erarbeiten einer Hypothese über die Ursachen der Krise ist also bei Mißhandlungsfällen ganz besonders wichtig. Die Hypothesen sind nämlich ein Schlüssel, mit dem man versuchen kann, den Bereich der psychischen Probleme, die Unbehagen und leidvolle Erfahrungen bewirken, auf unmittelbare Weise zu erschließen.

Aus dieser Überlegung ergibt sich die Notwendigkeit, Informationen zu sammeln und in einer Kartei zu ordnen, um auf dieser Grundlage die erste Sitzung vorbereiten zu können. Es handelt sich um Daten, die die Kernfamilie und die Herkunftsfamilien betreffen und die in unserem Fall von der Sozialarbeiterin unseres Zentrums unter Mitwirkung beider Eltern zusammengetragen werden. Die Sozialarbeiterin informiert sich bei der Familie im Rahmen eines Hausbesuchs oder, in seltenen Fällen, durch ein Telefongespräch.

Die Familienkartei hat immer bestimmte Bereiche zum Gegenstand, denen aufgrund der therapeutischen Erfahrung besondere Bedeutung zuzukommen scheint. Es ist nicht sinnvoll, allzu viele Detailinformationen einzuholen und sofort alles wissen zu wollen. Andererseits reicht es aber auch

---

4 Im Hinblick auf Gebrauch und Anlage einer Familienkartei für den privaten Therapiebereich siehe Di Blasio, Fischer & Prata (1986, S. 5–17). Das Buch von Covini, Fiocchi, Pasquino & Selvini (1984, S. 62–68) enthält hingegen nützliche Hinweise für das Erstinterview im Rahmen der Sozialen Dienste.

5 Selvini Palazzoli, Boscolo, Cecchin & Prata (1980) heben hervor, »daß jede Hypothese systemisch sein muß, d.h. sie muß alle Komponenten der Familie umfassen und sie muß uns eine Annahme liefern, die sich auf die Funktion der Beziehungsverhältnisse in ihrer Gesamtheit bezieht« (*Familiendynamik*, 6, 1981, S. 128).

nicht aus, nur anamnetisch-biographische Daten zu sammeln. Aufgrund unserer Erfahrung müßte ein etwa 20minütiges Gespräch genügen, um die wichtigsten Beziehungsfaktoren darzustellen.

Normalerweise werden in der Familientherapie neben den persönlichen Daten der Kernfamilie und der Herkunftsfamilien einige Aspekte erörtert, die – mehr oder weniger latent – Konfliktanlässe darstellen wie beispielsweise die Arbeit (insbesondere die Berufstätigkeit der Frau), etwaige berufliche Veränderungen bei einem der beiden Partner, Arbeitsplatzverlust, häufiger Arbeitsortwechsel und Dienstreisen, Ortsveränderungen und Umzüge der Familie, Zusammenleben oder enge Wohnnachbarschaft mit Eltern und/oder Verwandten. Es ist sehr wichtig, darauf zu achten, ob noch weitere Personen – Eltern oder andere Verwandte – im Familienverband leben. Diese sind nämlich genauso wie die Mitglieder der Kernfamilie Bestandteil des familiären Systems und können daher zur Familienkrise beitragen, die in verschiedensten Symptomen – einschließlich Gewaltanwendung – zum Ausdruck kommt.

Bei der Analyse der Herkunftsfamilien ist es wichtig zu erkennen, ob ein Großelternteil Elternfunktion bei den Enkeln übernommen hat oder ob eine einfache Koalition (beispielsweise zwischen einem Großvater und seiner eigenen Tochter) oder auch eine überkreuzte Koalition (beispielsweise zwischen dem Großvater und seiner Schwiegertochter) besteht. Ein dysfunktionaler Faktor dieser Art ließe die Hypothese zu, daß es sich hier um eine Familienkonstellation handelt, in der die elterlichen Funktionen von einem Großvater und von einem Elternteil wahrgenommen werden, wobei der andere Elternteil ausgeschlossen bleibt (Di Blasio, Fischer & Prata, 1986).

Was insbesondere die mißhandelnde Familie betrifft, die oft mit verschiedenartigen Problemen behaftet ist, haben wir in die Kartei Informationen über einzelne Bereiche aufgenommen, die sich häufig als problematisch erweisen. Dazu gehören beispielsweise das Vorhandensein von Kindern aus früheren Ehen oder Verbindungen, ihre rechtliche Position in der Familie, die Beziehungsmodalitäten von getrennt lebenden Eltern im Hinblick auf die Kinder, die Fremdunterbringung der Kinder, etwaige eigene Erfahrungen der Eltern mit Fremdunterbringung oder Mißhandlung in der Kindheit.

Die in der Familienkartei enthaltenen Informationen stellen ein wertvolles Arbeitsinstrument dar, weil sie es ermöglichen, ein erstes provisorisches Diagramm der familiären Beziehungen zu entwerfen, das uns in die Lage versetzt,

a) zu entscheiden, wer an der ersten Sitzung teilnehmen soll, und

b) eine Hypothese zu formulieren, die daraufhin in der ersten Sitzung mit der Familie verifiziert werden muß.

Die Hypothesenverifikation ist inzwischen als Arbeitsmethode allgemein anerkannt. Auch der Grundsatz, daß jeweils »das Komplexere das Einfachere« erklärt, d. h. daß die typischen Phänomene der Kernfamilie im Lichte des komplexeren Systems der Großfamilien zu sehen sind, wird von der Erfahrung bestätigt (Ricci, 1981; Ricci & Selvini Palazzoli, 1984). Dies bedeutet, daß die diagnostische Arbeit mit einer Ausweitung der Analysetätigkeit auf komplexere Bereiche beginnen muß. Mit anderen Worten: Zu einer der ersten Sitzungen müssen neben der Kernfamilie auch weitere im Familienverband lebende Personen sowie andere Verwandte hinzugezogen werden, die gegebenenfalls in das Problem verwickelt sein könnten. In den darauf folgenden Sitzungen kann dann die Arbeit vielleicht auch mit zwei Personen oder auch mit nur einer fortgesetzt werden, vorausgesetzt, daß zuvor auf der komplexeren Ebene gearbeitet worden ist.

Die Familienkartei hilft also, die Ebene des erweiterten Kommunikationssystems (Ricci, 1981) festzulegen, auf der die Arbeit begonnen werden soll. Außerdem ermöglicht sie es, eine erste Hypothese über das »pathogene Spiel« zu formulieren. Bei der Durchführung des Interviews, das die Grundlage für die Erstellung der Familienkartei darstellt, ist folgende Grundregel zu beachten: Der Interviewer muß eine neutrale Position einnehmen und damit jeden etwaigen Versuch des Befragten vereiteln, Manipulationen vorzunehmen oder Koalitionen zu bilden.

Das Gespräch, das wir vor Abfassung der Familienkartei führen, soll – mit Hilfe weiterer Fragen – eine Neuformulierung und Präzisierung des Problems sowie die allmähliche Einbeziehung von abwesenden Familienmitgliedern in die Befragung ermöglichen. Daher ist es äußerst wichtig, Fragen zu vermeiden, die den Gesprächspartner dazu veranlassen könnten, Verhaltensweisen, Meinungen und Gefühle von abwesenden Familienmitgliedern zu kommentieren und zu bewerten. Der Sozialarbeiter darf daher nur die Beschreibung von Fakten und Verhaltensweisen anregen. Er muß am Gespräch aktiv teilnehmen und Auskünfte erfragen; er darf sich nicht damit begnügen, Informationen passiv entgegenzunehmen. Mit viel Geschick und dem nötigen Taktgefühl soll er in der Lage sein, der linearen Logik des Klienten seine Sichtweise von wechselseitigen Beziehungen entgegenzusetzen.

Wer nimmt an der ersten Sitzung teil?

Eine der wichtigsten Funktionen der Familienkartei ist es, wie beschrieben, Hinweise zu geben, wer zur Teilnahme an der ersten Sitzung eingeladen werden soll. Dieser Entscheidung kommt die Bedeutung einer regelrechten Intervention zu, deren therapeutische Auswirkungen in Kapitel V dargestellt werden.

In einem privaten familientherapeutischen Zentrum wird der Personenkreis, der in das Problem einbezogen wird, meist die Großfamilie umfassen. Die Vorladung von Verwandten kann sinnvoll sein, um spezifische Hypothesen über das pathologische Spiel zu überprüfen, welches das Symptom zum Ausdruck bringt. Bei einer öffentlichen Institution ist es hingegen nicht immer möglich, zu Beginn der Sitzung über einen so klar definierten Kontext zu verfügen, daß keine Interferenzen mit dem eigentlichen Problem der Familie auftreten. Wir wissen, daß der Kontext, innerhalb dessen eine »öffentliche« Intervention stattfindet, Mitarbeiter anderer Einrichtungen miteinschließt, die weiterhin Kontakte zur Familie unterhalten. Es kann sein, daß ein Familienmitglied in Einzeltherapie ist, daß die Familie von der Fürsorge betreut wird oder daß noch Beziehungen zur überweisenden Dienststelle vorhanden sind. Wie wir bereits ausführlich beschrieben haben, ist aber der *Metakontext*, innerhalb dessen die Diagnose erarbeitet wird, von so großer Bedeutung, daß er immer mitgesehen werden muß.

Daher ist es wichtig zu beachten, daß bei der Entscheidung, wer zur ersten Sitzung eingeladen werden soll, den Kontextfaktoren immer Priorität gegenüber den anderen Faktoren einzuräumen ist, die mit dem familiären Spiel in direktem Zusammenhang stehen. In Situationen, in denen Kriterien für »Zwangsdiagnose und Zwangstherapie« fehlen oder unklar sind, muß ein Teil der ersten diagnostischen Sitzung ihrer Definition gewidmet werden, wobei darauf zu achten ist, daß es nicht zu einer Auseinandersetzung über die Mißhandlung kommt. Wenn der Bericht dessen, der die Anzeige erstattet hat, nicht eindeutig ist (beispielsweise ein ärztliches Attest, das nur indirekte Anspielungen auf die Mißhandlung enthält, oder ein Bericht der Schule, der mehr darum bemüht ist, Schwierigkeiten mit den Eltern zu vermeiden als das Kind zu schützen), so muß man sich der vom Sozialen Dienst gesammelten Fakten bedienen, um die Eltern zur Verantwortung zu ziehen. In diesen Fällen, die eher häufig vorkommen, erweist es sich als sinnvoll, den zuständigen Sozialarbeiter zur ersten Sitzung hinzukommen zu lassen. Er wird aktiv mit dem Psychologen der therapeutischen Einrichtung zusammenarbeiten und nicht nur den Diagnosekontext klären helfen, sondern auch nachdrücklich auf die offenkundigen Fakten der Mißhandlung hinweisen.

Ein anderer Fall, in dem die Rolle des Sozialen Dienstes oder anderer Institutionen wichtig ist, ist dann gegeben, wenn die Mißhandlung nicht schwerwiegend ist und das Gericht Teile der elterlichen Sorge dem Sozialen Dienst überträgt, ohne daß die Kinder in Obhut genommen werden. Die Familie könnte aufgrund dessen der irrigen Meinung sein, der Diagnosebericht erlaube es, sie der Kontrolle durch den Sozialen Dienst zu entziehen. Aus verständlichen Gründen ist es daher wichtig, bei der ersten Sitzung darauf hinzuweisen, daß die diagnostisch-therapeutische Aufgabe und die Kontrollfunktion in gegenseitiger Abstimmung zwischen dem Sozialen Dienst und dem Gericht wahrgenommen werden.

In diesen Fällen wird die erste Sitzung vor allem die Definition der Kontextmarkierung zum Ziel haben. Erst in zweiter Linie wird sie sich mit einer Hypothesenverifizierung befassen, die die psychischen Gegebenheiten und die Beziehungsfaktoren zum Gegenstand hat, welche mit der Mißhandlung in Zusammenhang stehen. Es handelt sich um eine wichtige Sitzung, die dennoch nur die nächste vorbereitet, in der – oft in Gegenwart von Mitgliedern der Großfamilie – die Vergangenheit nach und nach wieder aufgerollt und »umgedeutet« wird, wodurch die Familie aufgefordert ist, ihre Biographie in einem anderen Licht zu sehen. Oft ist es nötig, die Beziehungen zu den Herkunftsfamilien in zwei Sitzungen zu analysieren, wobei zu jeder der beiden Sitzungen eine der beiden Familien eingeladen wird.

Ein Idealfall, der bei sorgfältigen Vorarbeiten durchaus eintreten kann, liegt dann vor, wenn alle erwähnten Voraussetzungen gegeben und der Familie vorab deutlich gemacht worden sind. Tritt dieser Fall ein, kann der diagnostische Prozeß dadurch beschleunigt werden, daß bereits zur ersten Sitzung ein Mitglied der Herkunftsfamilie eingeladen wird, von dem anzunehmen ist, daß es in der Mißhandlungsdynamik eine wichtige Rolle spielt.

Dazu muß ergänzend gesagt werden, daß in Fällen von Verwahrlosung und körperlicher Mißhandlung, worüber die Großfamilie meist hinlänglich informiert ist, diese Vorgehensweise durchaus anwendbar erscheint. Anders verhält es sich hingegen in Fällen von Inzest und sexuellem Mißbrauch. Hier ist größere Vorsicht geboten, da die Vorkommnisse oft von äußerster Zurückhaltung und Scham begleitet werden, auch wenn aufgrund der Anzeige bereits ein Strafverfahren eingeleitet ist. Es empfiehlt sich, diese Zurückhaltung zu respektieren, da das Opfer mit der Preisgabe entsprechender Informationen möglicherweise nicht einverstanden wäre, zumal diese zu seinen Ungunsten verwendet werden könnten.

Im Fall getrennt lebender Partner haben wir eine andere Vorgehensweise erarbeitet. Hier geht es vor allem um die Frage: Welche signifikante Personengruppe bewirkt die Gewaltdynamik? Oft handelt es sich um Partner, die seit Jahren getrennt leben, aber auf verworrene Weise fest aneinander gebunden sind. Dabei bedienen sie sich der Kinder und beziehen immer mehr Personen in den Konflikt ein. Dies können nicht nur Mitglieder der Großfamilie sein, sondern auch Mitarbeiter von Institutionen, die vergeblich versucht haben, der Familie zu helfen. In solchen Fällen entspricht diese Entscheidung über die zur ersten Sitzung einzuladenden Personen einer regelrechten Intervention, da unter den vielen Beteiligten diejenigen auszuwählen sind, die am meisten in das Problem verstrickt sind. Das können beispielsweise beide Elternteile und ein Mitglied der Großfamilie sein oder beide Elternteile getrennt, wobei jeder von ihnen von dem Verwandten unterstützt wird, zu dem die engste Bindung besteht. *Es ist jedoch auf jeden Fall besser, viel Zeit und Energie in die Bereitstellung der erforderlichen Informationen zu investieren, als grobe Fehler bei der Auswahl der Sitzungsteilnehmer zu riskieren.* Unter allen Umständen soll vermieden werden, daß periphere Familienmitglieder oder gar solche hinzugezogen werden, die so feindlich gegeneinander gestimmt sind, daß jede Zusammenarbeit mit dem Therapeuten unmöglich ist.

Inhalte der ersten Sitzung und Definition des Zwangskontexts

In der ersten Sitzung, an der alle eingeladenen Familienmitglieder und gegebenenfalls auch Mitarbeiter des öffentlichen Dienstes teilnehmen, soll als erstes der Rahmen geklärt werden, innerhalb dessen die diagnostische Arbeit durchgeführt wird. Erst dann können die psychologischen Fragen behandelt werden.

Wir haben es bereits gesagt: Nur in einem klar definierten Kontext, in dem die Zwangsfaktoren nicht geleugnet, sondern *genutzt* werden, kann eine psychologische Arbeit in die Wege geleitet werden, die die Diagnoseerstellung und gegebenenfalls die therapeutische Behandlung zum Ziel hat.

Folgende vier Faktoren, die den Kontext der Zwangsdiagnose markieren, müssen den Klienten in der ersten Sitzung deutlich gemacht werden:

1. Die erste Kontextmarkierung betrifft eine genaue Darlegung aller objektiven und konkreten Fakten, die Beweismaterial für die Mißhandlung

darstellen. Zu diesem Zweck werden die Schulberichte, die ärztlichen Atteste, die Polizeiprotokolle etc. vorgelesen. Wenn es keine objektiven Beweise gibt – was in der Praxis häufig vorkommt –, ist die Anwesenheit des Sozialarbeiters, der die Anzeige erstattet hat oder der den Fall seit längerer Zeit betreut, zu empfehlen, wie wir dies bereits im vorigen Abschnitt angedeutet haben. Die Aussage dieses Sozialarbeiters kann äußerst wertvoll sein, weil sie die Familie daran hindert, die Vorkommnisse zu leugnen oder herunterzuspielen.

2. Der zweite Faktor, der den Zwangskontext charakterisiert, offenbart sich in der Mitteilung an die Familie, daß unser Team eine *Beraterfunktion* im Auftrag des Vormundschaftsgerichts erfüllt und daß diesem letztlich die Entscheidung über das Los der Kinder obliegt. Unserer Erfahrung nach trägt das Verlesen des Gerichtsbeschlusses in Gegenwart der ganzen Familie dazu bei, den Rahmen unserer Tätigkeit klarzumachen. Auf diese Weise wird die Gefahr vermieden, daß die Klienten davon ausgehen, wir seien bereit, uns mit ihnen gegen das Gericht zu verbünden. Das Gericht wird vielmehr als die *einzige und eigentliche Instanz* dargestellt, *der gegenüber wir verantwortlich sind*. Ferner wird der Familie die äußerst wichtige Information übermittelt, daß unsere Arbeit vorerst nicht therapeutisch ausgerichtet ist.

Wollte man nämlich die Familie zum »Patienten« machen, so würde man damit den mißhandelnden Elternteil sofort zum Kranken erklären und ihn der Verantwortung entbinden, die ihm kraft Gesetz zukommt. Die Familie wird vielmehr insgesamt zur Verantwortung gezogen und die Mißhandlung als Ausdruck einer Krise definiert, die alle Familienmitglieder gefangenhält und Erfahrungen von Bedrückung und Leid verursacht. Aufgabe des Psychologen ist es, so wird gesagt, herauszufinden, ob die Familie die Möglichkeit hat und über die Bereitschaft verfügt, diese Krise zu überwinden. Außerdem wird die Familie darauf hingewiesen, daß nach Abschluß der Arbeiten dem Vormundschaftsgericht ein Gutachten übermittelt wird, das auch an die Behörde ergeht, die die Kontrollfunktion ausübt. Dieses Gutachten, so erfährt die Familie, wird ihr in einer Sitzung zur Kenntnis gebracht; im Anschluß an die Verlesung des Textes kann sie dazu Fragen stellen und Stellungnahmen abgeben. Indem man eine Art diagnostische »Restitution« voranstellt, versichert man der Familie, daß keine Entscheidung ohne ihr Wissen gefällt wird. Das ist ganz besonders wichtig in einem Kontext wie dem unseren, der zwar durch Zwang definiert wird, jedoch klar und eindeutig ist.

Nachdem wir die verschiedenen Möglichkeiten erprobt hatten, hat sich diese Vorgehensweise als die geeignetste herausgestellt, da sie unsere Position zwischen dem Auftraggeber und dem Klienten klar definiert. Die Familie weiß, daß wir das, was aus der gemeinsamen Arbeit hervorgehen wird, an den Richter ohne Abstriche und ohne Vorbehalte weiterleiten werden. Sie weiß aber auch, daß sie eine gewisse Kontrolle über unsere Kontakte zum Gericht ausüben kann. Die Grundlage der Arbeit der Therapeuten ist eine Transparenz nach beiden Seiten: Seine Intervention beim Klienten erfolgt unter den Augen des Richters, aber auch seine Beziehungen zum Richter sind für den Klienten einsehbar. *Angesichts dieser Voraussetzungen stellt sich das Problem der Schweigepflicht nicht, es wäre in diesem Zusammenhang absolut fehl am Platz.*

3. Der dritte Faktor besteht darin, daß das Team zwar erst damit beginnt, ein psychosoziales Gutachten über die Familie zu erarbeiten, daß es aber *die vom Gericht bereits getroffene Maßnahme billigt*, die Kinder aus der Familie zu entfernen (oder die Pflegschaft der zuständigen Behörde zu übertragen). Die Klarstellung dieses Punktes geschieht in der Absicht, die Bedeutung einer Maßnahme zu unterstreichen, die zwar in erster Linie die Unversehrtheit und den Schutz des Kindes sicherstellen soll, darüber hinaus aber auch der Familie vor Augen führt, in welcher schwerwiegenden Situation sie sich befindet.

Insbesondere ist die Fremdunterbringung der Kinder eine strategisch bedeutsame Maßnahme, die alle Ressourcen der Familie mobilisiert, den akuten Ehekonflikt in den Hintergrund treten läßt und die Partner in der gemeinsamen Bemühung vereinigt, die Kinder wieder zu sich zu holen. In schwerwiegenden Fällen beantragen wir meist beim Vormundschaftsgericht, daß auch die bis jetzt nicht mißhandelten Geschwister sofort aus der Familie herausgenommen werden. Damit wird einer etwaigen Verlagerung der Mißhandlung auf ein anderes Kind vorgebeugt; und es wird zudem vermieden, daß sich das mißhandelte Kind immer mehr mit der Rolle des Sündenbocks identifiziert.

4. Schließlich werden *die Beziehungen zwischen der Familie, unserem diagnostisch-therapeutischen Zentrum und den örtlichen Sozialen Diensten geklärt, die mit dem jeweiligen Fall befaßt sind.* Auf der anderen Seite werden die Aufgaben des Kontrollapparats beschrieben, die meist im Auftrag des Gerichts vom Sozialen Dienst wahrgenommen werden. Auf der anderen Seite werden die diagnostisch-gutachterlichen Tätigkeiten erläutert, die von unserem Zentrum ausgeübt werden. Damit wird die Grundlage für eine verstärkte institutionenübergreifende Integration geschaffen, die im Vormundschaftsgericht eine hierarchisch übergeordnete Instanz sieht, der gegenüber sich alle anderen Beteiligten zu verantworten haben. Wenn man dies den Klienten ver-

mittelt, verhindert man damit, daß die Familie gegebenenfalls versucht, Informationen dadurch zu manipulieren oder zu verdrehen, daß sie eine Person gegen die andere ausspielt. Natürlich muß dann während der ganzen Diagnosearbeit diese angekündigte Zusammenarbeit auch unter Beweis gestellt werden. Für unser Zentrum heißt das, daß wir von allen Informationen, die uns von den Kontrollinstanzen nach und nach zugehen, in den diagnostischen Sitzungen uneingeschränkten und unverhüllten Gebrauch machen.

Die Klarstellung der erwähnten vier Faktoren erlaubt es, dem Mißhandlungsproblem in einem Rahmen zu begegnen, der nicht durch Unklarheiten des Kontexts und verfrühte therapeutische Erwartungen oder Zielsetzungen belastet wird. Der Auftrag des Gerichts an unser Zentrum besteht darin, die Ursachen der Krise herauszufinden und zu erklären sowie eine Prognose über das Risiko anzustellen, daß sich die Gewalt wiederholen wird. Auf der Grundlage dieser Voraussetzungen wird die Familie aufgefordert, zu uns zu kommen, um konkrete Beweise zu liefern, die eine neuerliche Mißhandlung ausschließen lassen. Angesichts dieser komplexen Fälle und in Anbetracht eines so hohen Risikofaktors für das Kind können unseres Erachtens nur konkrete Fakten und tatsächliche Verhaltensänderungen gegenüber dem Kind eine einigermaßen positive Prognose rechtfertigen.

Hinsichtlich der methodischen Vorgehensweise unterscheiden sich die diagnostischen Sitzungen nicht wesentlich von den therapeutischen. In ihnen geht es ebenfalls um die Hypothesenbildung. In einer vorbereitenden Sitzung werden jeweils die Familienkartei oder die vorausgegangenen Treffen sowie die Informationen geprüft, die wir zwischen den Sitzungen erhalten haben. Vorgesehen ist ebenfalls die Teilnahme von Mitgliedern der Großfamilie, die mit der Kernfamilie verstrickt sind. Die Sitzungen finden normalerweise einmal im Monat statt und werden jeweils mit einer Intervention abgeschlossen, die das Augenmerk auf die wichtigsten Punkte der Sitzung richtet.

Zwischen Zwang und Motivation

Wenn es auch wahr ist, daß die Familien, mit denen wir zu tun haben, nicht ohne Zwang erreichbar sind, so ist es ebenso wahr, daß noch nie jemand nur durch Kontrollmaßnahmen geheilt worden ist. Die verschiedenen Funktionsträger müssen also bei ihrem Umgang mit der Familie nicht nur die erforderlichen Zwangsmaßnahmen ergreifen, um das Kind zu schützen, sondern sie müssen auch geeignete therapeutische Mittel einsetzen, um einerseits das Erkennen des pathologischen Spiels zu ermöglichen und andererseits bei den Familienmitgliedern ein neues Verständnis für die dramatische Dynamik zu wecken, in die sie verstrickt sind. Es ist daher wichtig, daß es den Therapeuten gelingt, auf die Familie in gewisser Weise einen »Zauber« auszuüben, indem sie zeigen, daß sie in der Lage sind, die komplexen Zusammenhänge zu verstehen. Dadurch entsteht bei den Klienten die begründete Hoffnung, daß in gemeinsamen Anstrengungen ein Ausweg aus der Sackgasse gefunden werden kann.

In ihrer letzten und bereits wiederholt zitierten Veröffentlichung haben Selvini Palazzoli, Cirillo, Selvini & Sorrentino (1988) gezeigt, daß der Therapeut, um die Familie zu »verzaubern«, jeweils »das Spiel antizipieren« muß. Das heißt, daß er sich nicht damit begnügen darf, nur mit dem kärglichen Material zu arbeiten, das ihm die Familienmitglieder zur Verfügung zu stellen bereit sind. Vielmehr muß er, wenn entsprechende Informationen fehlen, die Mauer des Widerstands zu überspringen wagen und gezielte, präzise Fragen formulieren, die intuitive Antworten bewirken können.

Es versteht sich, daß diese Äußerungen des Therapeuten in Zusammenhang mit der Hypothese stehen, die das Team aufgrund der Vorinformationen und der Erfahrungen mit anderen Familien mit ähnlichen Beziehungsmustern aufgestellt hat. Das gilt auch für die sogenannten »tabuisierten« Fragen, die rein rhetorisch zu verstehen sind und letztlich Behauptungen darstellen. Bei unseren mißhandelnden Familien ist der Widerstand so groß, daß es absolut notwendig ist, das Spiel »zu antizipieren«. Der folgende Auszug aus einem Sitzungsprotokoll zeigt diese Transaktionen zwischen Therapeut und Familie.

Es handelt sich um einen Fall schwerwiegender psychischer Mißhandlung. Zwei Kinder im Alter von sieben und drei Jahren sind durch das Miterleben der Gewalt traumatisiert. Sie waren wiederholt in heftige Streitigkeiten der Eltern verwickelt, die regelmäßig darin gipfelten, daß der Vater die Mutter schlug.

Wir bringen nun einen Ausschnitt aus der dritten Sitzung. Die Kinder, die seit einigen Monaten in einer Einrichtung außerhalb von Mailand untergebracht waren, nahmen an dieser Sitzung nicht mehr teil, da sie das vorige Mal wieder eine heftige Auseinandersetzung zwischen Vater und Mutter miterlebt hatten. Die Mutter, die mit einem blauen Auge und einer geschwollenen Nase alleine zur Sitzung gekommen war, hatte erzählt, sie habe sich wieder einmal von ihrem Lebensgefährten getrennt. Dieser war einige Minuten später in alkoholisiertem Zustand in diese Sitzung gekommen, hatte seiner Lebensgefährtin die Hausschlüssel und einen Scheck hingeworfen und erklärt, er wolle sie nicht mehr sehen.

Aufgrund dieses Vorfalls beschlossen wir, den Partnern getrennte Termine anzubieten. Die Frau sollte in Begleitung ihrer Schwester kommen, von der sie seit Jahren finanziell unterstützt wurde, und der Mann mit seiner Stiefmutter, zu der er sich immer flüchtete, wenn er sich von der Lebensgefährtin trennte. Zwischen der zweiten und dritten Sitzung teilten die beiden Partner der zuständigen Sozialarbeiterin mit, daß sie ihr bewegtes Zusammenleben wiederaufgenommen hatten. Sie setzten somit die Folge von dramatischen Zerwürfnissen und kurzfristigen Versöhnungen fort, welche die letzten vier Jahre ihrer langen Beziehung gekennzeichnet hatten. Daher beschlossen wir, sie beide zusammen mit der Schwester der Frau, Carmela, zur Sitzung einzuladen.

Dieses Mal kam der Mann als erster – allein. Er erklärte mürrisch, er habe sich geweigert, die beiden Frauen mit dem Auto mitzunehmen, weil er sich über »die Bisceglie« (die beiden Partner bezeichnen sich gegenseitig mit dem Nachnamen) geärgert habe. Die Schwestern trafen mit 40minütiger Verspätung ein – sie waren mit öffentlichen Verkehrsmitteln gekommen.

Zu Beginn der Sitzung ließ sich der Therapeut den Hergang der letzten Auseinandersetzung erzählen. Das erforderte schier übermenschliche Anstrengungen. Frau Bisceglie saß in einer Ecke und war stumm und bewegungslos wie ein Felsblock. Herr Puglisi, der in der anderen Ecke des Rings saß, war viel mehr daran interessiert, den Streit fortzusetzen als die Fragen des Therapeuten zu beantworten. In der Mitte saß die Schwester der Frau. Sie versuchte, Haltung zu zeigen, kicherte verlegen und spielte den Vorfall herunter. Schließlich kam heraus, daß Herr Puglisi in Wut geraten war, weil seine Frau auf der Straße einen Mann gegrüßt hatte, den er nicht kannte. Frau Bisceglie reagierte schlecht auf die Vorhaltungen des Mannes, die Schwester verteidigte sie, »der Puglisi« versetzte »der Bisceglie« einige Fußtritte, ließ die Frauen mitten auf der Straße stehen, setzte sich ins Auto und fuhr davon.

Im folgenden geben wir das Gespräch zwischen dem Therapeuten und den drei Klienten wieder:

Therapeut (an Frau Bisceglies Schwester gewandt): Frau Carmela, seit wann haben Sie bemerkt, daß Herr Puglisi auf Sie eifersüchtig ist?

Carmela: Nein, Sie haben mich falsch verstanden. Er war wütend, weil sie jemanden auf der Straße gegrüßt hatte.

Therapeut: Ich hab schon verstanden, ich bin doch nicht taub. Aber meinen Sie wirklich, daß ich einen solchen Schwachsinn glaube? Herr Puglisi wird doch nicht annehmen, daß seine Frau mit jedem Mann ins Bett geht, den sie auf der Straße grüßt! Auf *Sie* ist er eifersüchtig, auf die Beziehung, die Ihre Schwester Assunta von jeher zu Ihnen hatte (Assunta lacht).

Carmela: Meine Schwester ruft mich ständig an und fragt mich um Rat. Sie sagt immer: »Ich trenne mich von Puglisi, ich kann ihn nicht mehr ertragen: er arbeitet nicht, er trinkt, und wenn er trinkt, wird er böse.« Und ich sage ihr dann: »Trenn' dich von ihm«, aber dann tut sie es doch nicht.

Herr Puglisi: Wenn ich trinke, habe ich meine Gründe. Und das hat auch mit ihr zu tun.

Therapeut (zu Assunta): Hat Ihr Mann heute – entschuldigen Sie, Herr Puglisi – erst *nach* dieser Auseinandersetzung getrunken oder hatte er schon getrunken, bevor der Streit begann? (Assunta schaut ihren Lebensgefährten an und antwortet nicht.)

Herr Puglisi (drohend): Was heißt da »getrunken«? Meinen Sie vielleicht, ich hätte getrunken?

Therapeut: Ja, das meine ich – ich bin doch nicht blind, und meine Nase ist auch in Ordnung!

Assunta (durch die Äußerung des Therapeuten bestärkt): Er hatte bereits getrunken, er trinkt immer schon am Morgen . . .

Therapeut (zu Herrn Puglisi): Sie haben getrunken, weil Sie sich darüber ärgerten, daß Ihre Frau – entschuldigen Sie, ich irre mich immer –, daß Frau Bisceglie mit ihrer Schwester hierherkommen sollte.

An dieser Stelle machte Herr Puglisi lange und verworrene Ausführungen darüber, daß seine Lebensgefährtin es vorgezogen hatte, sich das Geld für den Kauf ihrer Wohnung nicht von ihm, sondern von ihrer Schwester zu borgen, und daß er die erforderliche Summe über einen Kunden – Herr Puglisi ist Maler und Anstreicher – hätte beschaffen können. Dabei handelte es sich um die Wohnung, in der Frau Bisceglie eigentlich allein leben wollte, in die sie aber dennoch Herrn Puglisi aufgenommen hatte.

Therapeut (zu Carmela): Aber merken Sie denn nicht, daß sich Ihre Schwester mit Ihrer Hilfe kaputt macht? Sie ist wie eine Drogensüchtige, die ihr Leben wegwirft, und Sie geben ihr Geld, damit sie sich die Droge beschaffen kann . . . Ja, Ihrer Schwester geht es nicht darum, zufrieden und glücklich zu sein, sondern sie will vielmehr ihrer Mutter in Apulien zeigen, wie schrecklich das Leben ist!

Assunta: Aber darüber erzähle ich doch meiner Mutter nichts. Ich fahre nur einmal im Jahr hin, in den Sommerferien, um meine Kinder zu besuchen! (Frau Bisceglie hat zwei fast erwachsene Kinder aus einer früheren Beziehung, die von Anfang an bei der Großmutter aufwuchsen.)

Therapeut: Aber Carmela ruft sie immer an und erzählt ihr, nicht wahr?

Wie Sie bemerkt haben werden, geht der Therapeut in diesem kurzen Gesprächsabschnitt dreimal auf recht gewagte Weise vor: »Frau Carmela, seit wann haben Sie bemerkt, daß Herr P. auf Sie eifersüchtig ist?« »Hat Ihr Mann vorher oder nachher getrunken?« »Ihre Schwester wirft ihr Leben weg, um es der Mutter zu zeigen.« Es handelt sich jedoch nicht um Reaktionen, die aus der Luft gegriffen sind. Wenn Informationen verweigert werden, kann man nur versuchen, sie zu erraten. Wenn sich dieses antizipierte Spiel als unrichtig herausstellt, befindet sich die Familie immerhin in der Lage, daß sie den Therapeuten widerlegen und somit eine eigene Version vorbringen muß. Auf diese Weise wird oft auf dem Hintergrund von Entrüstung, Aggressivität oder einer anderen emotionalen Reaktion ein Teil der Wahrheit sichtbar.

Auf folgendes möchten wir noch hinweisen: Von den drei »Wagestücken« des Therapeuten ist nur das zweite typisch für den stark diagnostisch geprägten Kontext der Zwangstherapie. Hier versucht der Klient nämlich, seine Alkoholabhängigkeit gegenüber dem Therapeuten – und über diesen auch gegenüber dem Richter – zu leugnen. Dabei waren ihm seine Kinder gerade wegen seines gewalttätigen Verhaltens weggenommen worden, das sich immer dann einstellte, wenn er betrunken war. Hingegen richtete sich der Widerstand der Klienten bei den anderen beiden Äußerungen des Therapeuten («Sie sind auf ihre Schwester eifersüchtig« und »Sie haben nur Ihre Mutter im Kopf«) keineswegs gegen diesen, sondern in erster Linie gegen eines der Familienmitglieder. Durch die Zielsetzung, das pathogene Spiel aufzudecken, das sich wie ein bösartiger Tumor lautlos entwickelt und in die Beziehungsstrukturen der Familie eindringt, wird die Zwangstherapie zu einer freiwilligen Familientherapie.

Im einen wie im anderen Fall gibt es die Verschleierungen, Lügen und Manipulationen, die sich ausdrücklich gegen den mit dem Gericht verbündeten Therapeuten richten. Daneben »belügen« sich die einzelnen Familienmitglieder aber auch gegenseitig. Sie verschleiern ihre Absichten und ihre Strategien, da sie von den anderen Familienmitgliedern kein Verständnis erwarten und keine Unterstützung zu bekommen glauben.

Und das bewahrt den Therapeuten in der Zwangstherapie vor Gewissensbissen, die ihn quälen würden, wenn er seine Aufgabe zu heilen mit der Rolle eines Inquisitors vertauschen müßte, der dem unvorsichtigen Klienten Äußerungen entlockt, um sie gegen ihn zu verwenden. Es ist erforderlich, das Geschwür freizulegen, wenn man versuchen will, es zu entfernen. Wenn der Therapeut versteht, worum es geht, vermag er es auch dem Klienten zu vermitteln. Dieser kann allmählich den passiven Widerstand gegen die verordnete Therapie aufgeben und immer mehr zu einer echten Mitarbeit motiviert werden.

III
DIE DIAGNOSE DER
MISSHANDELNDEN FAMILIE

Was heißt »Diagnose«?

Das vom Vormundschaftsgericht angeforderte diagnostische Gutachten hat die Funktion einer Beratung. Mit seiner Hilfe werden nämlich zusätzlich Elemente beigebracht, die zur Klärung eines kontroversen und wenig eindeutigen Sachverhalts beitragen, von dem Minderjährige mitbetroffen sind. Es ist klar, daß die psychologische Beratung nicht angefordert wird, wenn der Fall so eindeutig liegt, daß der Richter eine schnelle und unverzügliche Entscheidung treffen kann.

Zu den allgemeinen Grundvoraussetzungen, die für die Mehrzahl der angeforderten Gutachten[1] gelten, kommt in den Fällen von Mißhandlung und sexuellem Mißbrauch in der Familie noch ein weiteres, spezifisches Element hinzu, die Tatsache nämlich, daß physische oder psychische Gewalt gegen Minderjährige die Anwendung strafrechtlicher Maßnahmen zur Folge haben kann, d.h. Freiheitsentzug oder Geldstrafe für den Schuldigen.

Das Anfordern eines diagnostischen Gutachtens bedeutet in diesen Fällen, daß der Vormundschaftsrichter – parallel zum Strafverfahren, das vom Staatsanwalt eingeleitet werden kann, aber nicht muß – beschlossen hat, eine zivilrechtliche Regelung zu treffen, die andere Maßnahmen vorsieht als die Strafanwendung. Wie Ammanniti, Matassi, Salomè & Tolino (1981) hervorheben, ermöglichen diese Maßnahmen eine schnellere und flexiblere Intervention, da sie die richterliche Gewalt aussetzen oder aufheben können

---

1 Eine gründliche und interessante Studie über die verschiedenen Gutachten (psychiatrisches Gutachten, psychologisches Gutachten, Gutachten über Schuldfähigkeit von Minderjährigen, Alkoholikern und Drogenabhängigen, Gutachten über die Gefährlichkeit des Täters, über das Opfer oder über den Zeugen etc.) wurde von Gianluigi Ponti (1987) erarbeitet. Sie ist in vier Kapitel gegliedert und im »Trattato di psicologia«, herausgegeben von G. Gulotta, veröffentlicht. Bezüglich der Unterscheidung zwischen Gutachten im Strafverfahren und Sachverständigengutachten im Zivilprozeß vgl. Ponti: La perizia psichiatrica e psicologica nel quadro della legge penale (593 ff).

und gleichzeitig diagnostische, therapeutische und fürsorgliche Schritte beinhalten.[2]

Das Diagnoseersuchen ersetzt also das Strafverfahren oder es verläuft parallel dazu. Sein zwingender Charakter – und daher wagen es die Familien nicht, sich ihm zu entziehen – besteht in den damit verbundenen vorläufigen Maßnahmen des Vormundschaftsgerichts, die in ihren verschiedenen Weisungen den Entzug von Teilen des elterlichen Sorgerechts beinhalten (vgl. die Paragraphen 330, 333 und 336 des italienischen Zivilgesetzbuches*). In diesem Sinn müssen wir sagen, daß die Herausnahme der Kinder aus der Familie, verbunden mit der Auflage einer psychosozialen Diagnose, eine eindeutige Zwangsmaßnahme ist, die in Fällen von Mißbrauch und Gewalt zur Anwendung kommt. Der Zwang ist hier sehr deutlich, aber er unterscheidet sich letztlich nicht wesentlich vom weniger evidenten Zwangscharakter derjenigen Maßnahmen, die bei Stellungnahmen zur Regelung der elterlichen Sorge, beispielsweise bei Trennung der Eltern, ergriffen werden. Ein Elternteil, der sich in diesem Fall einer vom Gericht verfügten Begutachtung widersetzt, wird hinsichtlich seiner Motivation, die Kinder zu sich zu nehmen, äußerst negativ beurteilt werden. Das heißt, wenn dies auch nicht so augenscheinlich ist, so weist das Einholen psychologischer Gutachten auch in anderen Fällen einen gewissen Zwangscharakter auf.

Der Psychologe und die zwangsverpflichtete Familie

Das Faktum eines deutlichen Zwangs schafft für den Therapeuten (Psychologen oder Psychiater) eine Reihe von Problemen, zumal er normalerweise davon ausgeht, daß der Klient freiwillig zur Therapie kommt. Er sieht es im

---

2 Es macht einen bedeutenden Unterschied, ob das elterliche Sorgerecht im Rahmen der Anwendung zivilrechtlicher Maßnahmen wegen Kindesmißbrauch entzogen wird oder ob der Strafrichter den Entzug des elterlichen Sorgerechts als Nebenstrafe bei der Verurteilung wegen Straftaten wie Vergewaltigung, sexuelle Nötigung, Verführung, Förderung sexueller Handlung von Minderjährigen, Menschenhandel, Inzest etc. verhängt. Die Nebenstrafe ist die automatische Folge der Verurteilung, während die zivilrechtliche Maßnahme vom Richter angeordnet werden kann. Im ersten Fall bezieht sich der Entzug des elterlichen Sorgerechts auf alle Kinder (also auch auf die, die von der Straftat nicht betroffen sind), im zweiten Fall nur auf das mißhandelte Kind. Die in einem Strafprozeß verhängte Nebenstrafe kann nur durch Amnestie oder Rehabilitation ausgesetzt werden; die in einem zivilrechtlichen Verfahren verfügte Maßnahme kann hingegen aufgehoben werden, wenn eine Veränderung der Umstände eintritt.« (Ammanniti, Matassi, Salomè & Tolino, 1981, S. 80)
* In Deutschland vgl. § 1666 BGB (Anm. d. Ü.)

allgemeinen als Voraussetzung seiner Arbeit an, daß der Klient – zumindest bis zu einem bestimmten Grad – motiviert ist und Interesse daran zeigt, sich der Diagnose bzw. Therapie zu unterziehen und aktiv daran mitzuarbeiten. Das sind Faktoren, die fehlen, wenn das Gutachten verordnet wird.

Wer im Bereich von Sorgerechtsregelungen arbeitet – bei denen die Situation ähnlich ist –, weiß, daß der schwere Paarkonflikt, der mehr oder weniger deutlich zu Tage tritt, das Ansteuern eines gemeinsamen Zieles stark behindert. Das Spiel des Gegensatzes, der Versuch der Konfliktumleitung, der Wunsch nach Rache und die gegenseitige Aggressivität sind so vorherrschend, daß die Eltern nicht in der Lage sind, die Probleme der Kinder einzubeziehen. Es ist sogar so, daß durch die Konfliktumleitung auf die Kinder der Wettkampf der Eltern aufrechterhalten wird.

Wie Gulotta (1983) hervorgehoben hat, ist der Kontext bei der Erstellung eines diagnostischen Gutachtens ein anderer als bei der Therapie. Im letzteren Fall kommt der Klient freiwillig; er ist sich eines Unbehagens bewußt und er hat den Willen, geheilt zu werden. Für den Therapeuten ist dabei Zurückhaltung angesagt, er ist zur Einhaltung des Berufsgeheimnisses verpflichtet.

Situationen, in denen die angeführten idealen Bedingungen herrschen, kommen jedoch nicht so häufig vor, wie man denkt. Wenn Eltern oder Lehrer um eine Intervention bei Kindern oder Jugendlichen bitten, wenn dies jemand tut, der sich Sorgen um die seelische Gesundheit seines Partners macht, wenn psychiatrische Patienten, die nicht in der Lage sind, selbst Hilfe anzufordern, einer Therapie zugeführt werden, so haben wir bereits einige Beispiele genannt, die in der Praxis der im Sozialen Dienst arbeitenden Therapeuten häufig vorkommen. In diesen Situationen muß der Psychologe Regeln für das spezifische Setting festlegen, ohne jedoch Hilfeersuchen auszuklammern, die in atypischer Weise formuliert werden. Die Situation der Sorgerechtsregelung und die Diagnosesituation bei Mißhandlung – erstere ist eine verdeckte, letztere eine offensichtliche Zwangssituation – sind Extremfälle, jedoch sind sie charakteristisch für eine Problematik, die vielen psychologischen Interventionen gemeinsam ist.

Außerdem tauchen mit der Verbreitung der psychologischen Kultur recht verschiedenartige und äußerst differenzierte Fragen auf, die nicht einfach mit Standardmaßnahmen beantwortet werden können; diese sind nur theoretisch oder unter ganz bestimmten Bedingungen richtig und funktional – wie beispielsweise eine private Therapie.

Der Anspruch der Freiwilligkeit im Zwangskontext

Dennoch setzen viele Therapeuten ihre ganze Energie dafür ein, im öffentlichen Kontext oder bei »unechten« Interventionsersuchen die idealen Bedingungen von Privatpraxen herzustellen. In Ermangelung eines echten Hilfeersuchens sind sie bemüht, Bedingungen zu schaffen, die ein Klima des Vertrauens und der Zusammenarbeit entstehen lassen. Sie glauben nämlich, daß nur so die wirklichen Probleme der Klienten verstanden werden können.

Auch wir gingen anfänglich so vor, wenn wir die Erstellung eines Gutachtens mit der mißhandelnden Familie vorbereiteten; inzwischen sind wir aber davon abgekommen, da sich dieser Versuch als ineffizient herausstellte, wie wir noch sehen werden. Die Mauer des Schweigens und des Widerstands, die verschwörerische und totale Verleugnung von Mißhandlungen durch die Familie stellten für den Therapeuten, der gleichzeitig die innere Zerrissenheit und die verdeckten Konflikte der Familie wahrnahm, eine unüberwindliche Schwierigkeit dar. Er befand sich in einer von Ohnmacht gekennzeichneten Situation, da er an einem Thema arbeiten sollte, das die Familie nicht als das ihre anerkannte. Daher das Werben um Vertrauen und der Versuch, die Familie dazu zu bringen, über die Beziehungsprobleme und die Ursache der Krise zu sprechen. Das konnte natürlich nur dann funktionieren, wenn sich der Therapeut an die Spielregel hielt, daß Vorfälle von Mißhandlung entweder geleugnet oder zumindest heruntergespielt wurden.

Ein solches Vorgehen war daher sehr schnell zum Scheitern verurteilt, da es den absurden Anspruch hatte, im Rahmen eines Zwangskontexts um jeden Preis Freiwilligkeit zu verlangen. Meist waren die Familien durchaus bereit, über alle möglichen Themen zu sprechen, vorausgesetzt, daß die sensible Taste der Mißhandlung nicht berührt wurde. Wir mußten also zu der Überzeugung gelangen, daß es nicht möglich ist, in einem Zwangskontext *dasselbe* Klima des Vertrauens und der Zusammenarbeit zu erwarten wie bei freiwilligen Therapien. Außerdem hatte die beschriebene Vorgehensweise zwangsläufig eine Koalition mit der Familie und gegen das Vormundschaftsgericht zur Folge; dieses trat als eine Autoritätsinstanz in Erscheinung, die von der Familie verlangte, sich dem Gutachten zu unterwerfen, und uns dazu verpflichtete, es in die Tat umzusetzen.

Statt mit der Familie zu koalieren, kann man aber auch in das andere Extrem fallen und ein inquisitorisches und detektivisches Verhalten einnehmen. Dabei wird zu erreichen versucht, daß die Familie sämtliche Vorfälle von Gewalt zugibt und als solche anerkennt. Bei dieser Vorgehensweise entwickelt sich die Familie zur Gegenpartei, über die ein Urteil verhängt wird. Zwischen ihr und dem Therapeuten herrscht dann – mehr oder weniger unterschwellig – ein gespanntes Verhältnis, das entweder die Verleugnung der Mißhandlung verfestigt oder, wenn diese zugegeben wird, gegenseitige Vorwürfe und Schuldzuweisungen der Partner fördert. Die Familie verstärkt also die dysfunktionalen Verhaltensmuster, von denen die Krise geprägt ist, die ihrerseits der Gewaltanwendung zugrunde liegt.

Das Problem ist alles andere als einfach, und es geht darum, sowohl die Position des Mitspielers als auch die des Inquisitors zu vermeiden. Vielmehr ist der Familie zu vermitteln, daß es die Möglichkeit einer psychologischen Klärung gibt, die frei ist von Manipulation, Billigung oder Verurteilung.

Die genaue Definition eines Zwangskontexts bewahrt nicht vor der Gefahr einer klinisch unangemessenen Position, sie trägt jedoch dazu bei, diese Gefahr einzudämmen, da sie den Psychologen davon befreit, eine inquisitorische Haltung einnehmen zu müssen. Es versteht sich – und in den folgenden Kapiteln wird dies anhand klinischer Beispiele noch deutlicher dargestellt werden –, daß eine Zwangsmaßnahme nicht die mit Gewalt in Zusammenhang stehenden Probleme zu lösen vermag. Helfen kann eher die Tatsache, daß die Familie mit Experten in Kontakt tritt, die zwar in keiner Weise für sie Partei ergreifen, jedoch die von ihnen erlebten dramatischen Erfahrungen genau verstehen und ihr Verständnis auch vermitteln können. Dabei handelt es sich um Erfahrungen, die für die einzelnen Familienmitglieder (für die einen mehr, für die anderen weniger) manchmal so negativ besetzt sind, daß sie versteckt werden müssen. Nur durch das Wissen um die spezifischen Gegebenheiten, mit denen die Familie ihrem Problem gegenübersteht, und nicht durch ein inquisitorisches und bewertendes Verhalten unterscheidet sich die Position des Therapeuten von der anderer Funktionsträger.

Warum ist eine photographisch genaue Diagnose sinnlos?

Wenn die Problematik der inquisitorischen Position einerseits und des Anspruchs andererseits, die Familie so zu behandeln, *als ob* sie die Hilfe freiwillig angefordert hätte, einmal überwunden ist, stellt sich ein weiteres Problem. In welcher Form soll das Gutachten erstellt werden, aufgrund welcher Voraussetzungen und Kriterien? Wie kann man die Gründe für die Krise und die Mißhandlung verstehen, ohne die Verleugnung und die Widerstände der Familie zu verstärken? Und schließlich: Welcher Wert und welche Bedeutung ist den Äußerungen von Personen zuzumessen, die sich gezwungenermaßen einer Diagnose unterziehen? Diese Fragen müssen differenziert beantwortet werden.

Man kann als erstes darauf hinweisen, daß die Ansicht, der Psychologe oder Sachverständige könne die von ihm beobachteten Phänomene objektiv wahrnehmen und bewerten – ohne sich von ihnen beeinflussen zu lassen, ohne selbst Sender, Auslöser und privilegierter Empfänger bestimmter Botschaften zu sein –, ein in den Sozialwissenschaften längst überholter Standpunkt ist.

Zahlreiche Studien über die Interaktion zwischen Gutachter und Klient haben gezeigt, daß der Gutachter, welche Rolle er auch immer einnimmt, im Rahmen einer durch gegenseitige Beeinflussung gekennzeichneten Beziehung eine aktive Rolle spielt. Selbst in der offensichtlich neutralsten Situation der psychometrischen Untersuchungsverfahren kann man nicht davon ausgehen, daß die erzielten Ergebnisse nur auf den Variablen der untersuchten Personen beruhen und unabhängig sind von der Beziehung zwischen dem Gutachter und der Testperson sowie, unter anderem, vom physischen Umfeld, in dem die Beobachtungen durchgeführt werden (Bocchi & Ceruti, 1985; von Förster, 1987).

In verordneten Situationen, d. h. also im Fall von Zwangsdiagnosen bei Mißhandlung oder bei der Erstellung von Gutachten, ist überdies zu beachten, daß der Gesprächskontext sich nicht auf die Interaktion zwischen dem Psychologen und der Familie beschränkt. Bei der Erstellung von Gutachten haben wir es vielmehr mit einem »Metakontext« (Selvini Palazzoli, 1970) zu tun, in den Richter, Berater, Sozialbehörden und Familien miteingeschlossen sind, die oft einen unterschiedlichen Informationsstand und unterschiedliche Interessen haben (Cigoli, 1983).

Der Zwangscharakter der Situation macht jedoch das Diagnoseergebnis nicht wertlos, vorausgesetzt, man weiß, daß alles, was in dieser Situation zu Tage tritt oder sich entwickelt, innerhalb dieses Rahmens gesehen und bewertet werden muß.

Bei der vordringlichen und oft erfolglosen Bemühung, vernünftige Gründe zu ermitteln, warum eine Familie oder ein Elternteil geeignet oder nicht geeignet erscheint, für die Kinder zu sorgen, werden bei der Erstellung von Gutachten häufig inhaltliche Aspekte begünstigt, wobei der Metakontext, innerhalb dessen sich der ganze diagnostische Prozeß abspielt, zu wenig gesehen wird. Es wird der Anspruch erhoben, *objektiv* über das Verhalten von Menschen zu urteilen, und zwar losgelöst von dem Zusammenhang, in dem dieses Verhalten einen Sinn ergibt. Dieses Vorgehen mag vielleicht sinnvoll sein, wenn unbelebte Gegenstände beurteilt werden, wie z. B. ein ausgeklügelter Diätplan oder die Statik eines Gebäudes, es ist aber absolut untauglich, wenn es um das Verstehen von Beziehungsproblemen geht.

Im Unterschied zu den leblosen Gegenständen sind Menschen nämlich mit einem Willen ausgestattet; sie können nicht umhin, Verhaltensstrategien zu entwickeln, die gewissermaßen von den Signalen abhängig sind, die von den Situationen ausgehen, in denen sie sich befinden. In einer erzwungenen Situation nehmen die Menschen zwangsläufig die Erwartungen und Beurteilungskriterien des Psychologen wahr und sie entwickeln – mindestens der Intention nach – Verhaltensweisen, welche die Zustimmung der Psychologen erhalten und somit geeignet sind, die eigenen Ziele zu erreichen.

Wie kann der Gutachter die Wirklichkeit von der Show unterscheiden, das, was echt ist, von dem trennen, was von der Situation hervorgerufen wurde? Der Anspruch, die Verhaltensweisen von einer neutralen Position aus zu beobachten und wahrzunehmen, stößt auf die Unmöglichkeit, sie richtig einzuordnen. Wenn man glaubt, daß es eine Situation gibt, in der jedes Beeinflussen und Beeinflußtwerden auszuschließen ist, so ist man sich nicht der Wirkung der eigenen Absichten bewußt. Das eigene *Kommunikationsverhalten* überprüfen heißt also – wie wir meinen –, die Ziele, die man erreichen will, genau vor Augen zu haben und dabei nicht zu vergessen, daß es unmöglich ist, der gegenseitigen Manipulation zu entgehen.

Die Erörterung und Vertiefung dieser Themen ist heute eine unausweichliche Aufgabe der Psychologie, zumal immer häufiger diagnostische oder therapeutische Interventionen in Kontexten anfallen, die nicht durch Freiwilligkeit definiert sind. Die Notwendigkeit, für die Mißhandlungsfälle realisierbare diagnostische und prognostische Zielvorstellungen zu entwickeln, um im Rahmen des Möglichen die Wiederholung von Gewaltanwendung zu verhindern, hat uns dazu veranlaßt, von einer rein deskriptiven Diagnose oder einer, die nur auf der Intuition des Psychologen beruht, abzukommen. Unsere Bemühungen gehen vielmehr dahin, die diagnostischen und prognostischen Schlußfolgerungen möglichst verifizierbar und transparent zu machen. Im Hinblick darauf stützen wir uns im wesentlichen auf konkrete Fakten und Beweise, die eine tatsächliche Veränderung der familiären Situation dokumentieren.

Diagnose als »experimenteller Dialog«

Der diagnostische Ansatz könnte unseres Erachtens (Di Blasio, 1988b) in dem beschriebenen Situationszusammenhang analog zum »experimentellen Dialog« verstanden werden, der »sowohl das Verständnis als auch die Veränderung der Phänomene impliziert, die Gegenstand der Betrachtung sind« (Prigogine & Stengers, 1979). Natürlich ist hier »experimentell« nicht gleichbedeutend mit einer kühlen und distanzierten Betrachtungsweise, und es handelt sich auch nicht um eine Absage an den Versuch, die Gefühle, Konflikte und Beziehungsspiele, in denen die Menschen gefangen sind, empathisch zu verstehen. Angewandt auf die modernen Wissenschaften, vertreten diese Autoren die Ansicht, daß »das Experiment nicht nur eine genaue Beobachtung der Fakten als solche ist und auch nicht ausschließlich das Herstellen von Zusammenhängen zwischen den Phänomenen, sondern daß auch eine systematische Interaktion zwischen theoretischen Konzepten und Beobachtung stattfinden muß . . .« (ebenda, S. 7). Der experimentelle Dialog erfordert ihrer Meinung nach keine passive Beobachtung, sondern eine Vorgehensweise, deren Ergebnisse nur dann von Bedeutung sind, wenn sie sich auf eine Hypothese zu den Prinzipien beziehen, die den eingetretenen Prozessen vermutlich zugrunde liegen.

Die Anwendung dieser Prinzipien auf die Diagnosesituation könnte die Möglichkeit eröffnen, die Subjektivität der Beurteilung dadurch zu überwinden, daß explizit intersubjektive und auch von der Familie akzeptierbare Kriterien als Bezugsrahmen herangezogen werden. Durch diese Kriterien werden sowohl der Grad der Bewußtmachung als auch das Ausmaß der Korrektur und Veränderung berücksichtigt.

Wenn wir diese allgemeinen Kriterien anwenden, begnügen wir uns nicht mehr damit, die Beziehungsdynamik der Familie zu beobachten, sondern wir geben Input, um Veränderung und Bewegung zu bewirken. Der Diagnostiker formuliert also, zusammen mit anderen Teammitgliedern, eine oder mehrere Hypothesen über das familiäre Spiel, das die Gewaltanwendung hervorgerufen hat und weiterhin hervorruft. Wenn die Hypothese eine empirische Bestätigung in den Äußerungen der Familie findet und von dieser geteilt wird, so ist ein erster Grad der Bewußtmachung erreicht. Das ist eine notwendige, jedoch noch nicht ausreichende Bedingung, um eine Veränderung zu erzielen. Erst das Erkennen eines Zusammenhangs zwischen der Theorie und der konkret ausgeführten Handlung bestätigt uns (und auch der Familie) den Wahrheitsgehalt der Vermutungen über das schwierige und komplexe Spiel, das die Familienmitglieder gefangenhält.

Und vor allem ist das Erkennen dieser Zusammenhänge der Prüfstein dafür, ob die Familie in der Lage ist, das Spiel abzubrechen.

> Im Falle einer Familie, die wir Neri nennen wollen, mißhandelte die Mutter ihren sechsjährigen Sohn.
>
> Eine der ersten Thesen, die wir formulierten und die auch von der Familie geteilt wurde, war die, daß eine verleugnete Koalition zwischen dem Ehemann und seiner Mutter bestand, und zwar derart, daß die davon ausgeschlossene Ehefrau jeder Erziehungsautorität gegenüber dem Kind beraubt war. Das Kind, das sehr an der Großmutter hing und sich gegenüber der Mutter ungehorsam verhielt, rief schließlich in dieser ohnmächtige Wut und Frustration hervor, was unter anderem zur Mißhandlung führte.
>
> Die Familie bestätigte verbal zwar diese Hypothese, es traten daraufhin aber keine Fakten ein, die das pathogene Spiel zu sprengen vermochten. Die Informationen, die wir sowohl in den Sitzungen als auch durch die Kontrollbesuche des Sozialen Dienstes erhielten, signalisierten uns vielmehr, daß die Koalition zwischen der Großmutter und dem Vater des Kindes unverändert bestand. Erst als, zwei Monate später, die Schwiegertochter den Mut aufbrachte, sich der Schwiegermutter zu widersetzen, und als der Ehemann gleichzeitig seiner Mutter zu verstehen gab, daß er seine Frau schätzte und sie als Mutter für durchaus fähig und zuverlässig hielt, erhielten wir durch konkrete Verhaltensweisen die Bestätigung dafür, daß die von uns formulierte Hypothese richtig war, angenommen wurde und auch zu Strukturveränderungen innerhalb der familiären Beziehungen geführt hatte.

Ziel der Diagnose im Zwangskontext ist es, Veränderungen in der Familie durch konkrete Fakten zu demonstrieren. Der Sachverständige kann sich nicht auf die Rolle des Beobachters beschränken: er muß der Familie andere Spiele und verschiedene Verhaltensalternativen anbieten.

Es darf schließlich nicht vergessen werden, daß wir es mit Familien zu tun haben, die *auf jeden Fall ihre Interaktionsmuster umstrukturieren müssen*. Vor allem die Angst, die Kinder zu verlieren, der Wunsch, die soziale Glaubwürdigkeit als Familie wiederzuerlangen, sowie das Bestreben, die Privatsphäre – ohne Überwachung durch das Gericht und den Sozialen Dienst – zurückzugewinnen, sind starke Triebfedern für die Veränderungsbereitschaft und insgesamt nicht geringer einzustufen als die Motivation, die einem freiwilligen Hilfeersuchen zugrunde liegt. Wenn die Familie sich selbst überlassen bleibt, ändern sich die dysfunktionalen Verhaltensweisen, die das Spiel der Mißhandlung hervorrufen, zwar auch, aber nur an der Oberfläche. Man kann sogar sagen, daß gerade die vom Sozialen Dienst und vom Gericht zur Eindämmung und Verhinderung der Mißhandlung ergriffenen äußerlichen Maßnahmen benutzt und vereinnahmt werden, um – unter verändertem

Anschein – dasselbe Spiel zu spielen, das den Gewaltausbruch bewirkt hat. Daher besteht die Gefahr, daß der Konflikt chronisch wird, was nichts anderes heißt, als daß sich ein dysfunktionales Spiel verfestigt, wobei die Anzahl der Mitspieler innerhalb und außerhalb der Familie ständig zunimmt.

Wir vertreten daher die Ansicht, daß der psychologische Berater, der aus einer Beobachterposition heraus ein photographisches Abbild der familiären Dynamik erstellen möchte, ohne es zu merken, Gefahr läuft, im dysfunktionalen Spiel zu einem mächtigen Bündnispartner zu werden. Wenn er nicht eine aktive Rolle einnimmt, so wird die Familie, die keine Möglichkeit hat, die Szene zu verlassen, auf die einzige ihr zugängliche Weise reagieren: sie wird den Diagnostiker im Sinne ihrer eigenen Ziele manipulieren.

Der diagnostische Prozeß: Ein Fallbeispiel

Wir werden nun den Fall einer Familie darstellen, der wir den Namen Ruggeri geben und die vom Vormundschaftsgericht an unser Zentrum verwiesen wurde. Der uns erteilte Auftrag lautete, eine psychosoziale Diagnose zu erstellen, da der dreijährige Junge von seinem Vater schwer mißhandelt worden war.

Die vorbereitenden Arbeiten hatten die Grundlage dafür geschaffen, daß die diagnostischen Gespräche mit der Familie unter klaren Bedingungen stattfinden konnten. Die beiden Kinder – der mißhandelte Junge und sein älterer Bruder – wurden vorübergehend von einem Internat aufgenommen. Der Gerichtsbeschluß war sowohl der Familie als auch unserem Zentrum zugegangen. Die für die Vorbereitung des ersten Gesprächs nötigen Informationen wurden in der Sozial- und in der Familienkartei gesammelt und zusammengefaßt.

Erste Phase:
Kontextvoraussetzungen und Aufstellung
eines institutionenübergreifenden Teams

In einer Plenarsitzung mit allen Mitgliedern unseres Teams wurde das Mini-Team bestellt, das diese Familie übernehmen sollte. Da dieser Fall weder die Erzieher noch die Lehrer unmittelbar interessierte, wurde beschlossen, für die Familie zwei Psychologen und eine Sozialarbeiterin vorzusehen. Sie hatten die Aufgabe, die diagnostischen Gespräche zu führen (ein Therapeut im direkten Gespräch und der andere als Supervisor hinter der Einwegscheibe) bzw. die Kontakte zu den Personen außerhalb des Zentrums zu pflegen, die ebenfalls zum institutionenübergreifenden Team gehörten: der Vormundschaftsrichter, die Sozialarbeiter des Sozialen Dienstes, die Ärzte und die Internatserzieher.

Vor dem Zusammentreffen mit der Familie prüfte das Mini-Team alle ihm zur Verfügung stehenden Informationen, einmal um einen ersten Versuch einer Hypothesenbildung zur Familiendynamik anzustellen, und zweitens um zu entscheiden, wer zum ersten Gespräch eingeladen werden sollte. Hier der Inhalt dieses Gesprächs:

Die Familie Ruggeri bestand aus dem Vater Silvano (28 Jahre), der Mutter Giovanna (35 Jahre) und aus zwei Söhnen: dem 13jährigen Gianni, der aus einer früheren Beziehung Giovannas stammte, und dem 3jährigen, ehelich geborenen Saro. Saro, der jüngere Sohn, wurde zum Opfer schwerer und wiederholter Mißhandlung durch den Vater während einer kurzen Abwesenheit der Mutter. Diese bemerkte nach ihrer Rückkehr die Verletzung des Jungen und brachte ihn ins Krankenhaus, wo er stationär behandelt werden mußte. Bei dieser Gelegenheit wurde die zuständige Sozialarbeiterin auf den Fall aufmerksam.

Silvanos Herkunftsfamilie bestand aus der jüngeren Schwester Nina (25 Jahre) und dem Vater. Beide arbeiteten in einem Angestelltenverhältnis. Die Mutter war vor drei Jahren, wenige Monate vor der Geburt Saros, gestorben. Silvanos Eltern, die immer in einer konfliktreichen Beziehung gestanden hatten, hatten ungefähr fünf Jahre getrennt gelebt. Zu dieser Zeit hatten sich beide Kinder dafür entschieden, bei der Mutter zu leben. Vor allem Silvano nahm für sie Partei und brach die Beziehung zum Vater plötzlich ab.

Giovannas Herkunftsfamilie lebte in Süditalien, wo auch sie geboren wurde und bis zu ihrem 17. Lebensjahr lebte. Dann beschloß sie, in Mailand Arbeit zu suchen, um den ewigen Streitereien zwischen den Eltern zu entkommen. Giovanna bekam das erste Kind mit 22 Jahren, der Vater des Kindes starb bei einem Unfall noch vor dessen Geburt. Gianni verbrachte also den Großteil seiner ersten sechs Lebensjahre im Süden bei den Großeltern, bis sich Giovanna entschloß – dies gegen den Widerstand ihrer Eltern –, ihn zu sich zu nehmen. In der Zwischenzeit war auch Giovannas jüngerer Bruder Giuseppe (33 Jahre) nach Mailand gezogen, wo er heiratete und mit seiner neuen Familie eine Wohnung neben der der Schwester bewohnte.

Silvano und Giovanna heirateten auf Betreiben Silvanos, jedoch gegen den Rat seiner Eltern, bereits drei Monate nach der ersten Begegnung. Da es keine geeigneten Wohnmöglichkeiten gab, hatten sie keine Alternative zu der engen Wohnung, in der bereits Giovanna und ihr Sohn Gianni gelebt hatten. Weder zur Zeit der Heirat noch nachher erhielt das Paar auch nur die geringste Unterstützung durch die Eltern Silvanos, obwohl diese alles andere als mittellos waren.

Nach der Heirat versuchte Silvano, seine wirtschaftliche Situation zu verbessern, und er investierte sein kleines Kapital in ein Unternehmen, das sehr bald in Konkurs ging. Arbeitslos geworden, wurde er vier Monate lang von der Ehefrau unterhalten, die zu diesem Zeitpunkt bereits schwanger war. Zur Arbeitslosigkeit Silvanos kam der Tod seiner Mutter, ein traumatisches Erlebnis, das ihn in eine depressive Krise stürzte, die ihn veranlaßte, sich von Giovanna zu trennen und einen Selbstmordversuch zu unternehmen. Schließlich kehrte er zu seiner Familie zurück und fand eine neue, feste Anstellung, die jedoch nicht seinen Vorstellungen entsprach.

Vorbesprechung

Die Analyse dieser Familiensituation war Gegenstand einer ausgedehnten Teambesprechung, wobei man versuchte, Hypothesen für die Gründe der Krise und der Mißhandlung des kleinen Saro aufzustellen. Unter den verschiedenen Thesen, die vorgebracht wurden, schien uns die am wahrscheinlichsten, welche die Beziehungen zwischen der Kernfamilie Ruggeri und der Herkunftsfamilie Giovannas in Augenschein nahm.

Wir fragten uns, ob die heftige Reaktion Silvanos nicht mit den abwertenden Äußerungen, die die Ehefrau ständig gegen ihn vorbrachte, sowie mit der Einmischung ihrer Familie zu tun haben könnte. Einige Hinweise auf die Beziehungsgeschichte Giovannas zu ihrer Familie und zu ihrem Bruder, der in der Wohnung nebenan lebte, schienen diese Annahme zu bestätigen. Beispielsweise konnte das Widerstreben ihrer Eltern, ihr ihren Sohn Gianni zurückzugeben, Ausdruck dafür sein, daß sie Giovanna nicht für fähig hielten, in angemessener Weise für das Kind zu sorgen. Und wenn das stimmte, welche Rolle hatte der Bruder Giuseppe gespielt? War er vielleicht mit der Aufgabe betraut worden, die Schwester vor etwaigen Mißgeschicken zu bewahren sowie Vater und Vormund des Kindes zu sein? Es schien sehr wahrscheinlich, daß Giuseppes Umzug nach Mailand und die enge Wohnnachbarschaft mit der Schwester in ihm die Übernahme einer Reihe von Kontrollfunktionen gefördert hat, die auch nach Giovannas Heirat mit Silvano von ihm weiter ausgeübt wurden. Wir beschlossen, in den Gesprächen mit der Familie mit diesem Thema zu beginnen und eventuell nachher die Beziehungen zwischen Silvano und seiner Familie zu analysieren.

Was das *Definitionsverfahren der Kontextmarkierung* betrifft, beschlossen wir, die zuständige Sozialarbeiterin kommen zu lassen, die den Fall dem Vormundschaftsgericht angezeigt hatte. Wie es häufig vorkommt, so bemerkten wir auch hier, daß das Krankenhaus, in dem das Kind stationär behandelt worden war, eine sehr allgemein gehaltene Diagnose erstellt hatte, die nur indirekte Andeutungen einer Mißhandlung enthielt. Die zuständige Sozialarbeiterin hatte jedoch vom Krankenhaus, vom Arzt und von den Erzieherinnen der Kinderkrippe eine Reihe von Informationen erhalten, die die Hypothese ausschlossen, die Verletzungen seien durch Unfall entstanden.

Zweite Phase: Erstes und zweites Gespräch

Bei der Einleitung des ersten Gesprächs erläuterte der Psychotherapeut die Einzelheiten der Gesprächsführung sowie den Gebrauch einer Einwegscheibe und eines Mikrophons; er wies ferner darauf hin, daß ein Supervisor und die mit diesem Fall betraute Sozialarbeiterin hinter der Einwegscheibe Platz nehmen. Er klärte dann – durch Verlesen des Gerichtsbeschlusses – die vom Vormundschaftsgericht gestellte diagnostische Aufgabe, legte sodann die Arbeitsphasen dar sowie die in bestimmten Zeitabständen durchzuführenden Überprüfungsmaßnahmen, die der örtliche Soziale Dienst im Auftrag des Gerichts durchführen sollte. Es folgte der Bericht der Sozialarbeiterin über die Einzelheiten der Mißhandlung. Daraufhin machte man die Eltern nachdrücklich darauf aufmerksam, daß es wichtig sei, zu verstehen, welche Probleme sie in eine so kritische Lage gebracht hätten, daß sich Zornausbruch und Gewalttätigkeit des Vaters am kleinen Saro entluden. Nachdem die zuständige Sozialarbeiterin gegangen war, nahm der Psychologe das Gespräch mit der Familie wieder auf und beobachtete dabei, daß die notwendigen Vorbemerkungen zum Gespräch die Atmosphäre keineswegs entspannt hatten.

Das Gespräch mit der gesamten Kernfamilie war durch ein sehr spannungsreiches Klima gekennzeichnet. Silvano erschien sehr ängstlich. Die Ehefrau, von den beiden Kindern eng umklammert, antwortete einsilbig und war ständig darauf bedacht, die Vorfälle von Mißhandlung herunterzuspielen.
Silvano versuchte anfänglich, sein Recht auf Intimsphäre zu verteidigen, dann sich und seine Familie als Opfer der Institutionen und der Gesellschaft darzustellen und schließlich sich dadurch zu rechtfertigen, daß er sich auf die schlechte finanzielle Lage und die schwierige Wohnsituation berief: All dies im Wechsel zwischen aggressiver Übersteigerung und Opferhaltung. Diesem Strom unnützer Worte war nur zu entnehmen, daß Silvano sehr enttäuscht darüber war, daß sein Vater und seine Schwester ihn so verächtlich behandelten und kaum bereit waren, ihm zu helfen. Dieses Thema erschien uns sehr wichtig, aber im Augenblick erschöpfte es sich in Andeutungen und Widersprüchen. Übrigens hatte Giovanna nur wenig Gelegenheit, sich zu Wort zu mel-

den, da der Ehemann als Hauptdarsteller auftrat: er antwortete sogar auf die an die Ehefrau gerichteten Fragen, indem er mit ausgeklügelten und verschleiernden Worten nochmals erklärte, was sie – seines Erachtens – uns nicht deutlich zu erklären imstande war. Es war offenkundig, daß er sie in eine untergeordnete Position, in kulturelle Unterlegenheit abdrängen wollte. Der Therapeut richtete sich daher entschieden an die Frau und bat sie, den Hergang der Ereignisse vor und nach der Heirat zu schildern.

Man erfuhr dadurch, daß Silvano beschlossen hatte, gegen das Anraten der Eltern zu heiraten, um zu beweisen, daß er ein richtiger Mann sei, der nicht nur die Last der Verantwortung für eine Frau, sondern auch für ein Kind, das nicht seines war, auf sich zu nehmen vermochte. In der Eile, die Eheschließung zu vollziehen, und in der Überzeugung, die Dankbarkeit Giovannas und ihrer Familie zu ernten, hatte Silvano die – ihm unbegreifliche – Feindseligkeit, die ihm von den Eltern Giovannas und von ihrem Bruder entgegengebracht wurde, kaum beachtet. In Übereinstimmung mit der in der Vorbesprechung geäußerten Annahme stellte sich heraus, daß Giuseppe, Giovannas Bruder, als Sprachrohr der im Süden lebenden Eltern fungierte und über die Ehre der Schwester wachte, die zu jener Zeit den Verlobten nur heimlich treffen konnte. Weder die Heirat noch die Geburt des Kindes änderten etwas an der Rolle einer Respektsperson, die Giuseppe innerhalb der Familie Ruggeri innehatte. Er gewährte wiederholt Rat, Hilfe und Unterstützung bei Schwierigkeiten und Ehekonflikten.

Silvano seinerseits hatte stets ein zwiespältiges Verhältnis zum Schwager, der in ihm Gefühle von Wut, Bewunderung, Angst und Neid hervorrief. Weder konnte er sich ihm offen widersetzen noch ihm auf einer partnerschaftlichen Ebene begegnen.

Diese Informationen reichten aus, um zu verstehen, welche enorme Bedeutung der komplexen Beziehung beider Ehepartner zu Giuseppe im Rahmen der Mißhandlungsdynamik zukam. Wir beschlossen, dieses Thema vorläufig nicht zu vertiefen, es aber beim nächsten Gespräch in Giuseppes Gegenwart wiederaufzugreifen. Wir baten also das Paar – insbesondere Giovanna –, Giuseppe zu übermitteln, daß wir ihn um seine Mitarbeit ersuchten, und ihm zu sagen, daß er auf jeden Fall eine schriftliche Einladung von unserem Zentrum erhalten werde. Die Frau versicherte spontan die Mitarbeit des Bruders; Silvano zeigte sich hingegen perplex, nervös und unzufrieden über diese Entscheidung und versuchte, sich ihr mit tausend Vorwänden zu widersetzen. Schließlich rang er sich zu der Äußerung durch, in letzter Zeit zeige sich der Schwager ihm gegenüber feindselig wegen der Anzeige beim Vormundschaftsgericht und der Entfernung der Kinder von der Familie und er nehme jede Gelegenheit wahr, ihn öffentlich als schlechten Vater und untauglichen Ehemann zu diffamieren. Wir bestanden darauf, daß die Anwesenheit Giuseppes nötig sei, und schlossen damit die erste Sitzung ab, ohne die Bedeutung der

Kritik am Schwager näher zu erörtern, denn dies hätte notgedrungen das Klima der zweiten Sitzung negativ beeinflußt.

An dem Tag, der für die zweite Sitzung festgesetzt war, teilte Silvano telefonisch mit, daß es dem Schwager nicht möglich sei zu kommen, und er verlangte nachdrücklich, daß die Sitzung aber trotzdem stattfinden solle. Wir unsererseits hatten dagegen keine Bedenken, das Treffen auf einen Tag zu verschieben, der Giuseppes Anwesenheit garantierte. Und dieses Treffen erwies sich dann auch als besonders aufschlußreich und ließ uns das familiäre Spiel zumindest ansatzweise verstehen. Wenn man Giovanna und ihren Bruder Giuseppe betrachtete, hatte man den Eindruck einer Paarbeziehung, von der Silvano ausgeschlossen war. Die Geschwister saßen nebeneinander, kicherten und sprachen miteinander und warfen sich verständnisvolle Blicke zu. Giuseppe war keineswegs durch die Anwesenheit des Schwagers eingeschüchtert, er fühlte sich vielmehr im vermeintlichen Bündnis mit der Schwester stark und war davon überzeugt, daß diese einzig und allein dahin beeinflußt werden könne, daß sie sich von ihrem Ehemann trennen solle; und er bot sich ausdrücklich als Pflegevater für die Neffen an. Silvano lief vor Wut rot an, protestierte schüchtern und schaute seine Frau fragend an. Er schien jedoch durch den Schwager allzu eingeschüchtert und allzusehr im Ungewissen darüber zu sein, was die Ehefrau dachte, als daß er den Mut aufgebracht hätte, eine entschiedene Position einzunehmen. Giovanna erstarrte hingegen in stummer Verblüffung. Es zeigte sich somit, daß Giuseppe in Wirklichkeit Sprachrohr der Forderungen seiner Eltern war, die sich darauf freuten, neuerdings für Gianni sorgen zu dürfen, der eine unschließbare Lücke in ihrem Leben hinterlassen hatte.

Was das Schicksal des kleinen Saro betraf, gab es keine festen Pläne. Giuseppe glaubte, das Kind bei sich behalten zu können; seine Frau hätte sich dazu allerdings noch nicht deutlich geäußert.

Ein Großteil der Sitzung wurde damit verbracht, die Forderung der Großeltern zu analysieren, um dadurch eine klare Stellungnahme Giovannas zu bewirken, die – provozierend – als ihrem jüngeren Bruder und ihren Eltern hörig dargestellt wurde. Diese neue Beschreibung erzielte die gewünschte Wirkung. Giovanna fand schließlich den Mut, sich offen gegen die Trennung auszusprechen und den Wunsch zu äußern, die Beziehung zum Ehemann auf neuer Grundlage fortzusetzen. Auch Silvano, der noch immer ein zwiespältiges Verhältnis zu seinem Schwager hatte, schien durch die mutige Parteinahme seiner Frau an Sicherheit zu gewinnen.

Am Ende der Sitzung wurde mit Nachdruck darauf hingewiesen, daß mit dem Ehepaar gearbeitet werden müsse, um zu prüfen, ob sie zusammenbleiben und die Kinder in angemessener Weise versorgen könnten. Giuseppe schien enttäuscht und verärgert über den »Verrat« der Schwester, die ihm ihren Ehemann vorgezogen hatte, aber er mußte ihre Entscheidungen akzeptieren.

Er tat dies, nicht ohne eine subtile Mißachtung für Silvano als Mann und Vater zum Ausdruck zu bringen.

Dritte Phase: abschließende diagnostische Gespräche

In den drei darauf folgenden diagnostischen Gesprächen wurde beschlossen, die Aufmerksamkeit auf die Entwicklung der Beziehungen zwischen den Ehepartnern sowie zwischen diesen und Giuseppes Familie zu konzentrieren, ohne jedoch zu vergessen, welche enorme Bedeutung der persönlichen und familiären Problematik zukam, deren Träger Silvano war. Die Entscheidung, einen Aspekt des Problems hervorzuheben und den anderen zu vernachlässigen, entsprang unserer Einschätzung, zuerst jene Konflikte beseitigen zu müssen, die besondere Dringlichkeit und Aktualität aufwiesen und die mit der Dynamik der Mißhandlung in direktem Zusammenhang standen.

Selbstverständlich hatte Silvano einen weitaus größeren Anteil an der Inszenierung dieses komplexen Familien-»Spiels« als seine Frau; dies allein schon deshalb, weil er persönlich für den Akt der Mißhandlung verantwortlich war. Aber es schien uns genauso offenkundig, daß zu den bereits bestehenden persönlichen Problemen bestimmte auslösende Faktoren hinzukamen. Unsere diagnostische Entscheidung ging also dahin, die Bedeutung dieser Faktoren zu gewichten, ihre Konsistenz zu überprüfen und die Veränderungsmöglichkeiten einzuschätzen, um dann gegebenenfalls in einer zweiten, stärker therapeutisch ausgerichteten Phase zu analysieren, wie das Aufeinandertreffen der persönlichen Problematiken Silvanos und Giovannas zu den Schwierigkeiten in der Paarbeziehung und in der Beziehung zu den Kindern geführt hat.

Wir richteten also unser Augenmerk auf zeitlich näherliegende Ereignisse, insbesondere auf diejenigen, die mit der beiderseitigen Entscheidung zu heiraten in Zusammenhang standen, sowie auf Giuseppes Rolle und diejenige der Herkunftsfamilien.

In diesen Sitzungen erschien uns das Ehepaar konsensfähiger. Silvano hatte sichtlich seine überhebliche Verhaltensweisen aufgegeben, die darin bestanden hatten, mit gelehrten Worten die Darstellungen seiner Frau zu wiederholen. Giovanna war ihrerseits nicht mehr in ihrer Schutzhaltung gegenüber den Kindern festgefahren, sondern wandte sich öfters an den Ehemann, um sich mit ihm zu beraten.

Insgesamt wurde bestätigt, daß in der Familie Ruggeri Giuseppes Position immer wichtiger gewesen war als die Silvanos. Dieser hatte anfangs versucht,

79

sich vom Schwager – der älter war als er – väterlich beraten zu lassen, da er in ihm einen entschiedenen, tatkräftigen und fähigen Mann sah. Giuseppe, der bei Gianni immer Vaterstelle vertreten hatte, nahm Silvano gegenüber das gleiche Verhalten an und behandelte ihn ebenfalls wie einen Sohn. Tatsächlich wurden in der Familie Ruggeri alle wichtigen Entscheidungen – ob sie nun die Kinder oder die Haushaltsführung betrafen – von Anfang an von Giovanna und Giuseppe getroffen, ohne daß Silvano es gewagt hätte, sich dem unmißverständlich zu widersetzen. Giuseppe hatte hingegen nie sehr viel von seinem Schwager gehalten, und zwar nicht nur deshalb, weil er jünger war als er, sondern auch wegen seiner mangelnden Initiative in wirtschaftlichen Dingen und weil er sich bei Gianni keine Autorität verschaffen konnte, der ihn eher als Gleichaltrigen denn als Vater behandelte. Silvano hatte daher versucht, sich wenigstens wirtschaftlich auf dieselbe Ebene zu stellen wie der Schwager und stieg in ein risikoreiches Geschäft ein, das sich jedoch sehr bald als wenig erfolgversprechend erwies. Zur selben Zeit merkte das Ehepaar, daß ein Kind unterwegs war, und fast gleichzeitig wurde bei Silvanos Mutter ein Karzinom diagnostiziert, das sehr bald ihren Tod zur Folge hatte. Für Silvano war der Tod der Mutter, die er für seine einzige Verbündete in der Herkunftsfamilie hielt, ein äußerst harter Schicksalsschlag, der ihn so sehr traf, daß er seine Frau und seine Arbeit vernachlässigte.

So begannen die Meinungsverschiedenheiten mit Giovanna, die sich vom Ehemann verlassen und schutzlos fühlte und sich daher noch mehr an den Bruder wandte, den sie bei ihren Auseinandersetzungen mit Silvano zu Hilfe holte. Der kleine Saro wurde mitten in dieses Klima familärer Spannungen hineingeboren. Anläßlich seiner Geburt versuchte Silvano, den Kontakt zu Vater und Schwester wiederaufzunehmen, er beanspruchte ihre Hilfe, er forderte das Recht, finanziell von ihnen unterstützt zu werden, er bat die Schwester, ihm die große Wohnung abzutreten, in der sie allein wohnte, aber er wurde nur abgewiesen. Der Vater, der Silvano gegenüber immer feindselig eingestellt war, da er Verbündeter seiner Frau gewesen war und aktiven Anteil an ihrer Entscheidung hatte, sich von ihm, dem Ehemann, zu trennen, weigerte sich nicht nur zu helfen, sondern wollte nicht einmal Giovanna sehen und den Enkel kennenlernen.

Die Schwester war zwar bereit, Silvano aufzunehmen, wenn er in einer akuten Konfliktsituation mit seiner Ehefrau war, aber sie gewährte ihm nicht die Hilfe, die er verlangte, sondern spornte ihn vielmehr an, aktiver zu sein, so daß er sich als Taugenichts empfand. Während er den hilflosen Versuch machte, seine Probleme dadurch zu lösen, daß er bemüht war, das Mitleid seiner Familie zu wecken, vergaß er seine Frau und den kleinen Sohn Saro. Als er endlich beschloß, eine feste Arbeit anzunehmen, empfand er ein Gefühl der Wut, Feindseligkeit und Rachegefühl für Vater und Schwester; ihnen gegenüber zeigte er sich weiter unzufrieden, hilflos und finanziell unterstützungsbedürftig. In der Überzeugung, trotz allem versucht zu haben, die eigene Familie zu unterstützen, und in der Meinung, daß er durch die neu angenommene Arbeit Achtung verdiene, wandte er sich mit der Erwartung an Ehefrau und Schwager, von ihnen Anerkennung zu erhalten. Er stellte aber überrascht fest, daß nicht nur übersehen wurde, welche Opfer er brachte, sondern daß sich in der Zwischenzeit auch die Solidarität zwischen den Geschwistern verstärkt hatte. Giovanna hatte bereits jedes Vertrauen in den Ehemann verloren und holte bei jeder geringsten Schwierigkeit den Bruder zu Hilfe. Giuseppe eilte seinerseits auch ungerufen herbei, sobald er in der Nebenwohnung das Ehepaar lautstark diskutieren hörte. Er machte dem Schwager Vorhaltungen und wurde ihm gegenüber sogar handgreiflich.

Silvano, der sich seiner Position der Schwäche, des mangelnden Vertrauens seitens der Ehefrau und der geringen Achtung, die er bei Gianni in seiner Funktion als Vater genoß, bewußt war, begann, seinen Schwager zu hassen, wobei er gleichzeitig Angst und Ohnmacht verspürte. Er wagte es nicht, ihn offen herauszufordern, er trat nicht seinen Vorwürfen entgegen, sondern er versuchte vielmehr, seine Gunst zu erlangen. Aber in Wirklichkeit litt er unter ihm und verlangte, daß sich Giovanna von ihm distanzieren und ihm Hausverbot erteilen solle.

Es ist verständlich, daß diese unterschiedlichen Strategien, die nach Giovannas und Silvanos Meinung jeweils ihre Probleme hätten lösen sollen, das Gegenteil bewirkten und den Paarkonflikt nur noch verschärften.

Der schwerwiegende Vorfall der Mißhandlung des kleinen Saro fiel in eine Phase, in der diese Dynamik durch extreme Spannung gekennzeichnet war. Silvano hatte gesehen, wie der Schwager in Anwesenheit einer Reihe von Freunden die Hand auf Giovannas Schulter legte, auf Saro hinwies und frech sagte: »Schaut her, wie hübsch unser Kind ist!« Silvano brachte nicht den Mut auf, sich gegen den Schwager und die Ehefrau aufzulehnen, die übrigens die Äußerungen des Bruders zu billigen schien. Der Streit, der daraus entsprang, führte – wie üblich – dazu, daß Giovanna in die Wohnung des Bruders flüchtete, während der kleine Saro, der durch das Geschrei aufgewacht war, zu weinen anfing. In einem rückhaltlosen Wutanfall schlug Silvano auf den Sohn mit solcher Wildheit ein, daß dieser danach voller blutunterlaufener Flecken war.

Diagnostisches Ergebnis

Nach Abschluß dieser Sitzungen waren einige Veränderungen eingetreten, wodurch sich eine neue Paarbeziehung abzeichnete. Daß Giuseppe von der Bühne abtrat, war natürlich nicht die wundersame Wirkung einer einzigen Sitzung. Nachdem die beiden Ehepartner das Problem erst einmal erkannt hatten, brauchten sie Zeit, um zu sehen, welch negative Wirkung Giuseppes ständige Einmischung auf sie hatte und wie schwierig es für Giovanna war, den Bruder auf Distanz zu halten und vor allem dem Ehemann bei den Kindern Achtung und Wertschätzung zu verschaffen. Auch Silvano brauchte Zeit, bis er schließlich fähig wurde, dem Schwager in eindeutiger Weise zu begegnen und sich als Ehemann und Vater darzustellen.

Die Bereitschaft der Ehepartner, ihre Problematik zu verstehen und vor allem Verhaltensweisen zur Abgrenzung und zum Schutz der eigenen Familie zu entwickeln, lieferten uns ausreichende Elemente, um das Gutachten mit einer positiven Prognose abschließen zu können.

Der Abschluß der Diagnose fiel zeitlich mit dem ersten Ergebnisbericht zusammen, der in Zusammenarbeit mit den Dienststellen erstellt wurde, die mit der Überwachungsfunktion betraut waren. Darin wurde bei den Besuchen im Zentrum eine deutliche Verbesserung der Paarbeziehung und eine größere Gelassenheit im Umgang mit den Kindern festgestellt. Aufgrund dieser übereinstimmenden Beobachtungen wurde der Diagnostiktest erstellt, in dem wir einerseits darstellten, was unseres Erachtens die Mißhandlungsdynamik ausmachte, und in dem wir andererseits alle Probleme hervorhoben, die noch nicht aufgearbeitet waren und eine therapeutische Behandlung erforderlich machten. Die Diagnose und die Planung des weiteren Vorgehens wurden dem Vormundschaftsrichter unterbreitet. Es wurde vorgeschlagen, die Kinder teilweise in die Familie wiedereinzugliedern. Dabei sollte aber die elterliche Sorge entzogen bleiben, und der zuständige Soziale Dienst sollte eine Kontrollfunktion über die ihm anvertrauten Minderjährigen ausüben.

Wenn die Prognose positiv ist

Ein Bewertungsansatz wie der eben dargestellte versucht, über die einfache Beschreibung der Phänomene hinauszugehen und den folgenden beiden Erfordernissen zu entsprechen: einmal die Gründe für den Einsatz von Gewalt zu beleuchten und zum anderen *prognostische Indikatoren* hinsichtlich der Veränderungsfähigkeit der Familie zu liefern. Diese Indikatoren leiten sich – wie beschrieben – aus den Bewegungen und Veränderungen ab, die die Familie innerhalb ihrer Struktur vornimmt.

Diese ersten Veränderungen führen natürlich nicht allein zur Auflösung so problematischer Knoten, jedoch erlauben sie die Einleitung einer therapeutischen Arbeit, die in der Folge die bereits behandelten Themen wiederaufgreifen wird, um sie gründlicher zu betrachten und in ihren weniger offenkundigen Aspekten und Implikationen zu erfassen. Jede Familiensituation ist natürlich einmalig – nicht nur, was ihre Charakteristiken betrifft, sondern auch hinsichtlich der Zeit, die benötigt wird, um Veränderungen herbeizuführen. Bei der diagnostischen Bewertung und prognostischen Beurteilung muß auch dieses Element berücksichtigt werden, damit eine Planung erfolgen kann, die den Interessen der Minderjährigen wirklich entgegenkommt.

Auf der Ebene institutioneller Intervention erfordert eine positive Prognose eine Reihe von Maßnahmen, die die Position der Familie in ihrer Beziehung zum Sozialen Dienst und zum Vormundschaftsgericht verändern helfen. Konkret heißt dies, daß dem Gericht ein erster Bericht vorgelegt wird, der die Wurzeln der Krise und die Entwicklung der Beziehungen innerhalb der Familie darstellt. Andererseits wird dieser Bericht aber auch die Elemente der Veränderung herausstellen, die die Prognose unterstützen; und schließlich soll er einen Planungsvorschlag enthalten, der auf die spezifische Familiensituation abgestimmt ist. Liegt eine positive Prognose vor, so sieht der zentrale Punkt dieses Vorschlags oft die schrittweise Wiederannäherung zwischen Eltern und Kindern vor, manchmal sogar die Wiedereingliederung letzterer in die Familie. Das Konzept der positiven Prognose verlangt nämlich, daß die Familie die Fähigkeit zurückgewinnt, sich in angemessener Weise um die Kinder zu kümmern. Im wesentlichen heißt dies, daß sich zwischen den Ehepartnern ein gewisses Elternbündnis sowie eine Beziehung des gegenseitigen Vertrauens gebildet hat, was die unabdingbare Voraussetzung dafür ist, daß die Probleme mit den Kindern in angemessener Weise bewältigt werden.

Der Zeitraum, der nötig ist, bevor die Kinder wieder in die Familie eingegliedert werden können, ist allerdings unterschiedlich lang, da er von der Dauer der therapeutischen Behandlung abhängt. In denjenigen Fällen, in welchen eine lange Entwicklungszeit für die Familie vorgesehen wird (d. h. zwei bis drei Jahre), und in Risikosituationen, wo es angebracht erscheint, das Kind länger von der Familie fernzuhalten, stellt sich das Problem der Fremdunterbringung des Kindes, da ja nicht nur sein Schutz, sondern auch eine gesunde psychische und physische Entwicklung garantiert werden soll. Eine nicht immer einfache Lösung, die jedoch – bei richtiger Handhabung – beste Ergebnisse erzielt, ist die der Pflegefamilie. Angesichts einer positiven Prognose kann die Ursprungsfamilie diese Lösung durchaus akzeptieren, da sie für sie nichts Bedrohliches hat; andererseits wird die Pflegefamilie von Anfang an darauf hingewiesen, daß für sie keine Möglichkeiten der Adoption bestehen (Cirillo, 1988). Dabei kann es durchaus vorkommen, daß die Ursprungsfamilie durch den gesunden Wettbewerb dazu angespornt wird, alles zu tun, um die Kinder bald wieder bei sich zu haben.

Man kann aber auch dann von positiver Prognose sprechen, wenn der Konflikt und die familiären Schwierigkeiten mit der Entscheidung der Eltern enden, sich zu trennen, sofern dies für die Kinder in nicht allzu traumatischer Weise vor sich geht. In diesen Fällen kann der Konfliktknoten, in dem sich die Ehepartner in einem endlosen Spiel verbissen gegeneinander reiben, dadurch gelöst werden, daß die Eheleute entweder gemeinsam oder – was häufiger vorkommt – auf Betreiben eines der Partner beschließen, die ehelichen Bande zu lösen. In diesen Fällen beginnt die therapeutische Arbeit damit, herauszufinden, welcher der Partner die nötigen Mittel und Möglichkeiten hat, für die Kinder zu sorgen, und über welche Fähigkeiten beide Eltern verfügen, um so zusammenzuarbeiten, daß die Kinder ein positives Bild des jeweiligen Ex-Partners bewahren können.

Was tun, wenn die Prognose negativ ist?

Die Dynamik, die die Mißhandlung bewirkt, kann jedoch auch zu einer negativen Diagnose führen, die dann erstellt wird, wenn die Familie als nicht geeignet angesehen werden kann, für die Kinder zu sorgen. Dabei handelt es sich im wesentlichen um zwei Situationstypen: zum einen kann es vorkommen, daß bereits in der diagnostischen Phase jedes Zeichen positiver Veränderung in der Familie ausgeblieben ist, und zum anderen kann sich herausstellen, daß die Diagnose und folglich auch die Prognose unzutreffend waren und Gewaltakte oder Zeichen elterlicher Unfähigkeit während der therapeutischen Behandlung erneut auftreten.

Im ersten Fall kann das Fehlen eines Anzeichens der Veränderung viele Gründe haben. Die negative Prognose kann in einer ablehnenden Haltung der Familie gegenüber dem Kind bestehen, einer Haltung, welche die Familie nicht offen eingestehen kann oder zu äußern wagt. In diesem Fall geht es darum, mit der Kernfamilie und mit dem Kind zu arbeiten – sofern dies sein Alter erlaubt –, so daß die versteckte Ablehnung offen zugegeben werden kann und jede Uneindeutigkeit beseitigt wird. Die Herausarbeitung der Ursachen, die der Ablehnung zugrundeliegen, kann allzu große Schuldgefühle, Trauer und andere negative Folgen abmildern. In diesen Fällen ist es nötig, daß sich Eltern und Kinder – vorübergehend oder für immer – so trennen können, daß sie ein so wenig negatives Bild voneinander bewahren, wie dies nur irgend möglich ist.

Außerdem gibt es Situationen mit negativer Prognose – aber hier sollte man lieber von Nicht-Behandlungsfähigkeit sprechen – die dadurch entstehen, daß bei der Markierung des therapeutischen Kontexts Fehler gemacht worden sind.

Ein typisches Beispiel dafür war eine Anzeige beim Vormundschaftsgericht, die Teil eines Gutachtens war, das die Unfähigkeit einer Mutter bestätigte, ihre sechs Kinder zwischen acht und sechzehn Jahren zu versorgen. Der Gerichtsbeschluß, der die Trennung der Kinder von der Mutter vorsah, wurde jedoch nur bei den vier jüngeren Geschwistern ausgeführt, während die zwei älteren, die drogenabhängig und kriminell waren, wiederholt aus den sie aufnehmenden Einrichtungen ausbrachen. Diese Institutionen waren nicht fähig, geeignete Maßnahmen zu ergreifen, um die Ausbrüche zu verhindern. So ließ man die beiden schließlich bei ihrer Mutter zu Hause, von wo sie nicht mehr weggehen wollten. Dieser Sachlage gegenüber verhielt sich der Soziale Dienst gleichgültig, und das Gericht zeigte sich machtlos.

In dieser Situation war es unmöglich, der Mutter zu helfen, Autorität über die Kinder zu gewinnen, da sich selbst die Institutionen als unfähig erwiesen hatten, diese Jugendlichen unter Kontrolle zu bekommen. Mit anderen Worten: Die Mutter hatte leichtes Spiel, über die Schwierigkeiten mit den größeren Kindern zu klagen, sich als Opfer ihrer Übergriffe darzustellen, sie mit Worten zu verteufeln und jede Verantwortung von sich zu weisen. Dabei versteckte sie ihren eigenen Anteil an deren Verhalten hinter dem Schild der Unfähigkeit der Behörden, von denen sie wiederholt verlangt hatte, sie sollten ihr nur die zwei älteren Kinder wegnehmen.

Last but not least muß gesagt werden, daß auch Fehler des Diagnostikers, seine persönlichen Grenzen sowie eine Unvereinbarkeit zwischen ihm und dem speziellen Familientyp eine positive Veränderung vereiteln können. Wenn dies rechtzeitig wahrgenommen wird, können spezielle Supervisionsmodalitäten ausgearbeitet oder Strategien entwickelt werden, die es ermöglichen, daß ein anderer Kollege die betreffende Familie übernimmt.

Die Fälle des zweiten Typs – jene, bei denen es zu neuen Gewaltakten während der therapeutischen Behandlung kommt – sind natürlich schmerzhafter und sowohl für die Familie als auch für die Therapeuten schwerer zu bewältigen.

Hier der typische Fall zweier junger Drogenabhängiger, Eltern eines schwerkranken, einjährigen Kindes, das sie stark verwahrlosen ließen und das daher auf Betreiben des Vormundschaftsgerichts in einer kleinen Einrichtung untergebracht wurde.

Im Laufe der Diagnose hatte der Wunsch, das Kind wiederzubekommen, die Eltern nicht nur dazu veranlaßt, ihre Drogenabhängigkeit aufzugeben, sondern auch dazu geführt, daß sie sich von ihren Herkunftsfamilien wirtschaftlich unabhängig machten und eine eigene Wohnung bezogen. Die Besuche beim Kind waren regelmäßig und verliefen pädagogisch angemessen, so daß insgesamt ein positiver Verlauf vorauszusehen war. Diese Entwicklung, die über ungefähr acht Monate anhielt, veranlaßte die Therapeuten zur Ausarbeitung eines Programms, das die Eltern stärker in die Verantwortung für das Kind einbezog. Das Vormundschaftsgericht nahm von den Entwicklungen Kenntnis und erließ einen Beschluß, in dem eine therapeutische Behandlung vorgeschrieben und den Eltern die Erlaubnis erteilt wurde, das Kind an den Wochenenden sowie an bestimmten Nachmittagen zu sich zu nehmen.

Parallel zu dieser Verantwortungsübernahme verhielt sich das Paar wieder ablehnend und verschlossen während der therapeutischen Sitzungen, mißachtete die Regelungen und Zeitpläne der Einrichtung, in der das Kind untergebracht war, und vernachlässigte wieder das Kind, das eine Reihe von Symptomen wie Angst, Schlaf- und Appetitlosigkeit zu entwickeln begann.

In einer dramatischen Sitzung, in der diese Elemente analysiert wurden, gab das Ehepaar zu, trotz der Anhänglichkeit an das Kind wieder drogenabhängig zu sein. In dieser Situation war es nötig, den Erpressungsversuchen und Forderungen der Eltern zu widerstehen und ihnen klarzumachen, daß das Wohl des Kindes eindeutig Vorrang genießt und daß es eine kontinuierliche Betreuung in einer stabilen und ruhigen Atmosphäre benötigt, die ihm nur in einer Adoptivfamilie zuteil werden kann.

In den Fällen mit negativer Prognose müssen für die minderjährigen Kinder Alternativlösungen zur Ursprungsfamilie gefunden werden. Im allgemeinen bemühen wir uns darum, zu vermeiden, daß eine negative Prognose darauf hinausläuft, daß wir unsere Verantwortung abgeben. Dies heißt, daß überall da, wo es möglich ist, darauf hingearbeitet wird, daß sich die Eltern der eigenen Schwierigkeiten bewußt werden und gleichzeitig den Kindern das Recht einräumen, außerhalb der Familie versorgt und betreut zu werden. Wenn es Verwandte gibt, die sich bereit erklären, die Kinder aufzunehmen, wird unser Zentrum oft vom Gericht beauftragt, zu prüfen, ob dieser Weg das Problem tatsächlich lösen kann. Aus verständlichen Gründen ist es für die Familie weniger bedrohlich, wenn vorgeschlagen wird, die Kinder den Verwandten anzuvertrauen, oder wenn sie in einer Einrichtung untergebracht werden, die es den Eltern ermöglicht, zumindest begrenzte Kontakte zu den Kindern zu pflegen.

Hingegen ist es unmöglich, die Hilfestellung für die Eltern mit dem Schutz der minderjährigen Kinder in Einklang zu bringen, wenn sich als Alternative die Adoption anbietet. Diese oft unvermeidbare Maßnahme kann bewirken, daß unser Kontakt zur Familie abbricht, denn in ihren Augen tragen wir die Mitverantwortung für eine so drastische Entscheidung. Diese wird jedoch in keinem Fall ohne das Wissen der Eltern getroffen, die – so unfähig sie in ihrer Rolle auch sein mögen – es verdienen, daß ihre Würde gewahrt und ihr Recht respektiert wird, über die sie betreffenden Entscheidungen informiert zu sein.

IV
TYPISCHE SPIELE IN DEN
MISSHANDELNDEN FAMILIEN

Ihre Besonderheiten

Unsere klinische Arbeit der letzten Jahre versetzt uns in die Lage, eine Typologie von Familien mit Mißhandlungsproblemen zu entwerfen. Diese Klassifizierung ist natürlich nicht erschöpfend, wir glauben jedoch, daß unsere Beobachtungen den Kollegen einen Anreiz bieten können, selber Erklärungshypothesen über die spezifischen Spiele aufzustellen, die sie in mißhandelnden Familien vorfinden.

Die Familientherapeuten, die die von Selvini Palazzoli et al. (1988) ausgearbeiteten Rekonstruktionen von Spielen psychotischer Familien kennen, werden feststellen, daß die Spieler, die wir hier beschreiben werden, in vielerlei Hinsicht jenen ziemlich ähnlich sind. Das hat insofern mit den Beobachtern zu tun, als wir bei unseren Beschreibungen die Darstellung der Spiele psychotischer Familien zugrunde gelegt und somit die Modelle zum Teil kopiert haben. Jedoch sind wir der Meinung, daß gewisse präzise Übereinstimmungen zwischen den Spielen der einen und denen der anderen Gruppe nicht nur von der Betrachtungsweise des Beobachters abhängen. Einige entscheidende Phänomene wie das Vorhandensein starker Bindungen an die Herkunftsfamilie oder das Einbeziehen des Kindes in den Ehekonflikt sind Faktoren, die hier wie dort in ähnlicher Weise in Erscheinung treten.

Fraglich sind für uns daher nicht so sehr die Gemeinsamkeiten, sondern die Unterschiede zwischen den beiden Familientypen: Im einen Fall produziert das Kind ein psychiatrisches Symptom, und im anderen Fall tritt ein Mißhandlungsphänomen auf. Es ist uns nämlich noch nicht klar, durch welche Faktorenkonstellation die von uns beobachteten Familien dazu veranlaßt werden, aus dem reichhaltigen Repertoire der im Verhaltensarsenal des Menschen abrufbaren Reaktionen gerade jene der Kindesmißhandlung auszuwählen.

Einer dieser Faktoren ist sicher der Lernkontext. Wie in der Einleitung bereits erwähnt, wird in der Literatur der sogenannte »Wiederholungszyklus des Mißbrauchs« hervorgehoben. Das heißt: Wer als Kind mißhandelt worden ist, wird als Erwachsener mit einer größeren Wahrscheinlichkeit bei seinen Kindern wieder Gewalt anwenden (Cirillo & Di Blasio, 1988). Neben diesem Faktor, der den individuellen Bereich betrifft (und aus intrapsychischer Sicht wären weitere hinzuzufügen wie eine triebgesteuerte, unreife Persönlichkeit, eine delinquente Struktur etc.), werden zur Erklärung von Mißhandlungen oft soziokulturelle Faktoren angeführt, und zwar insbesondere erhöhter Druck durch Randgruppenstellung, Arbeitslosigkeit, Obdachlosigkeit oder Unterbringung in ungeeigneten Unterkünften, materielles Elend oder kultureller Notstand, wobei die Möglichkeit, Konflikte durch Verbalisierung zu beseitigen, nur in eingeschränktem Maß zur Verfügung steht.

Zum Vorhandensein einer oder beider Arten von Faktoren – der individuellen und der sozialen – tritt auf familiärer Ebene ein drittes Element hinzu: die spezifische Evidenz des Spiels in der mißhandelnden Familie. Dieses Spiel, das in der psychotischen Familie verdeckt und nicht greifbar ist, springt hier jedem Fachkundigen ins Auge. In der psychotischen Familie ist der Ehekonflikt selten offenkundig, und wenn er es ist, so nur in bezug auf Aspekte, die zur Tarnung dienen, während die beiden Partner über die wesentlichen Punkte des Paarkonflikts nicht offen sprechen. Das fällt – extrem ausgedrückt – unter das Phänomen des »stallo« (dt.: Pattsituation), das Selvini Palazzoli an der Wurzel aller psychotischen Spiele entdeckt hat.

Anders in der mißhandelnden Familie. Hier explodiert der Ehekonflikt in heftiger und offenkundiger Weise und erfaßt oft unmittelbar die Lebenssphären der beiden Konfliktpersonen.

Um es nochmals deutlicher zu sagen: Im psychotischen Spiel wird der vorhandene Komplex von Bündnissen und Verbindungen fast völlig verdeckt und verleugnet; Verführung und Aufstachelung sind Verhaltensweisen, die beide Elternteile gegenüber den Kindern über subtile Analogiebotschaften praktizieren, wobei diese, zumindest zum Teil, selbst den Akteuren unbewußt bleiben. Im Falle der mißhandelnden Familie sind die Parteien meist genau definiert und werden auf provozierende und geradezu schamlose Weise sichtbar gemacht, bis sich das Energiepotential eines Elternteils an dem Kind entlädt, das dem anderen Lager angehört. Beispielhaft dafür ist die Inzestdynamik, die in der mißhandelnden Familie in mehr oder weniger vollständiger Form ausagiert wird, wobei beide Elternteile Stillschweigen bewahren und manchmal auch die ganze Familie zum Komplizen wird. Hingegen beschränkt sich dieselbe Dynamik bei Familien mit psychotischem Beziehungsmuster, wie beispielsweise in den Fällen von Anorexie, auf eine nur angedeutete Intimität.

Dies vorausgeschickt, wollen wir nun eine Typologie der mißhandelnden Familien entwickeln, wobei wir zwischen Familien unterscheiden, in denen die Rolle des mißhandelten Kindes so unbedeutend ist, daß diese – einfachheitshalber – außer acht gelassen werden kann, und solchen, bei denen die Kinder einen aktiven Anteil an der Aufrechterhaltung des Spiels haben, das mit der Mißhandlung in Zusammenhang steht.

Zur ersten Kategorie gehören solche Familien, in denen sich der Elternteil, der das Kind oder die Kinder mißhandelt – oder auch vernachlässigt – als generell unfähig darstellt, die Nachkommenschaft – die meist aus einem oder mehreren sehr kleinen Kindern besteht – aufzuziehen und zu versorgen. Spiele dieser Art können unter dem Stichwort *Erziehungsunvermögen als Botschaft* zusammengefaßt werden.

Unter die zweite Kategorie fallen hingegen Familien, in denen das Opfer der Mißhandlung oder Verwahrlosung eines der Kinder ist – in seltenen Fällen sind es auch zwei –, während die anderen nicht davon betroffen sind. In dieser Familiengruppe sind die Kinder meist älter als zwei Jahre und sie verstärken, wie wir sehen werden, mit ihrem Verhalten jene Mechanismen, die zur Entladung der Gewalt führen. Die hier anzutreffenden familiären Spiele sind zweifellos dem Typus *Sündenbock* zuzuordnen.

Erziehungsunvermögen als Botschaft

Wenn wir die erste Kategorie von Spielen analysieren, können wir der Mißhandlung die Funktion eines Appells an den Partner zuschreiben, der sich gegenüber dem mißhandelnden Elternteil desinteressiert zeigt.[1]

Aus Wut auf den Partner das Kind verprügeln

Wir können den Empfänger dieser Botschaft vor allem im andern Elternteil erkennen. Diese Möglichkeit wurde bereits in Kapitel I besprochen. Wir haben hinsichtlich einiger mißhandelnder Eltern, die sich bei uns spontan gemeldet haben, erwähnt, daß ihr Scheitern an der elterlichen Aufgabe als ein gegen den Partner gerichteter Vorwurf zu verstehen ist. In diesen Fällen kann der mißhandelnde Elternteil natürlich sowohl der Vater

---

1 Die Strategie, durch Nichterfüllung der elterlichen Aufgaben die Aufmerksamkeit eines Familienmitglieds auf sich zu lenken, ist in Problemfamilien sehr verbreitet (vgl. Cirillo, 1986b).

als auch die Mutter sein, und die beiden können zusammen oder getrennt leben.

Um jedoch das Spiel, das wir aufzeigen wollen, deutlicher zu machen, empfiehlt es sich, eine extreme Situation auszuwählen, die unserem soziokulturellen Kontext entspricht. Wir nehmen also an, daß der mißhandelnde Elternteil die Mutter ist, daß der Vater vor einiger Zeit die Familie verlassen hat und daß er seine Pflichten gegenüber dem Kind vernachlässigt (auf diesen Punkt beziehen sich die Klagen der verlassenen Frau), während er gleichzeitig gegenüber den verzweifelten Protesten der Partnerin, welche die Trennung absolut nicht wollte, taub zu sein schien. In solchen Fällen wird dieses Element immer von der Frau verschwiegen, die – meist aus Stolz – darauf besteht, daß das, was sie dem Verräter nicht verzeihe, *einzig und allein* die Tatsache sei, daß er seinen Verpflichtungen nicht nachkomme.

Die Kindesmißhandlung ist daher Ausdruck eines komplexen Gewirrs widerstreitender Gefühle der Mutter: Einerseits haßt sie das Kind, das ihr durch den Treuebruch wie ein unhandliches Bündel zugeschoben wurde, während »er« sich davon befreit hat und jetzt das Leben genießen kann. Wahrscheinlich hat sie damals das Kind gewünscht und danach auch intensiv geliebt, da es die Frucht einer glücklichen Beziehung war, jetzt fühlt sie sich von ihm aber in unerträglicher Weise erdrückt. Auf der anderen Seite versucht sie manchmal auf pedantische Weise, »es ihm (d. h. dem Ex-Partner) zu zeigen«, indem sie das Kind mit zwanghafter Perfektion betreut, um »ihm« zu verstehen zu geben, daß er absolut nicht gebraucht wird und daß ihm niemand eine Träne nachweint. Aber sobald sich die Mutter der ungeheuren Aufgabe, ein Kind allein großzuziehen, nicht gewachsen sieht, wird dieses sofort zum »Klotz am Bein«, den ihr der Partner zugeschoben hat, als er sie verließ. Wenn dann das Kind mehr oder weniger schwer mißhandelt wird, so richtet sich der Gewaltausbruch gegen dieses, da es nicht freundlich auf ihre umsorgende Liebe reagiert und damit Ursache ihres existentiellen Scheiterns ist, gleichzeitig aber auch eine Kette darstellt, die sie fesselt: Als solche ist das Kind (unbewußtes) Instrument des Verräters, der sich aus dem Staub gemacht hat, die einstige Partnerin aber durch das Kind weiterhin nicht frei gibt.

In weniger ausgeprägten Fällen ist die Kindesmißhandlung des einen Partners die Reaktion darauf, daß der andere Partner ihn zwar nicht verlassen, sich jedoch emotional zurückgezogen hat und dem Wunsch nach Zärtlichkeit, Nähe und Verbundenheit nicht entspricht. In diesem Fall kann der Verräter die Partnerin durch Fixiertheit auf seine Arbeit vernachlässigen. In den beiden Familien, die wir in Kapitel I (S. 31 ff und S. 34 f) beschrieben haben, wurde die Flucht in die Arbeit als besonders ungerecht empfunden, weil sie den Partner (in einem Fall die Frau, im andern Fall den Mann) zwang, das ganze Gewicht der Rehabilitation eines behinderten Kindes alleine zu tragen – eine Aufgabe, die lange gewissenhaft erfüllt wurde; trotzdem wurde das Kind hin und wieder kräftig geschlagen.

Statt durch Fixiertheit auf die Arbeit kann der Verrat durch einen anderen Partner ausgeübt werden, wie das folgende Beispiel zeigt:

> In der Familie, die uns zur Erstellung eines Guthabens zugewiesen wurde, hatte der junge Vater die 18 Monate alte Tochter brutal geschlagen; dabei hatte er sein erstes Kind – einen Sohn, der damals bereits sechs Jahre alt war – geduldig und zärtlich großgezogen.
>
> Wir fanden also heraus, daß der junge Mann, als er noch verlobt war, von seinem künftigen Schwiegervater gewarnt worden war, das Mädchen, das er heiraten wolle, sei nicht in der Lage, Mutterpflichten zu übernehmen. Die junge Frau, die immer für leicht retardiert gehalten wurde, war tatsächlich unter der schützenden Hand des Vaters aufgewachsen. Der junge Mann hatte gehofft, daß es ihm – zuerst durch die Ehe und dann durch das erste und das zweite Kind – gelingen werde, sich an die Stelle des Schwiegervaters zu setzen, jedoch mußte er immer wieder feststellen, daß die Ehefrau weiterhin zum Vater lief, um von ihm Rat und Hilfe zu bekommen, während er sich nach seiner Arbeit allein zu Hause um die Kinder kümmern mußte.
>
> Eine weitere Provokation der Frau – sie hatte heimlich Geld aus seiner Lohntüte entwendet, um es dem Vater-Rivalen zu geben – löste den Wutausbruch des Mannes aus, dessen Opfer die kleine Tochter wurde: Sie verkörperte nämlich das fatale Scheitern seines insbesondere über die Kinder unternommenen Versuchs, die Frau dem Vater zu entreißen und sie endlich an sich zu binden.

Wenn der Appell an die Mutter gerichtet ist

Öfter jedoch ist der Adressat dieser Mitteilung, d.h. einer Boschaft vom Typ: »Ich bin nicht in der Lage, meine Kinder zu erziehen«, nicht der Ehepartner, sondern der eigene Vater oder die eigene Mutter.

In dieser Situation ist die Mißhandlung oft chronisch und nicht augenfällig (geschweige denn so offensichtlich wie in den vorausgegangenen Fällen), sie zeigt sich vielmehr in Form von schwerer Verwahrlosung und Vernachlässigung.

Ein Beispiel soll den häufigsten Fall illustrieren. Wie wir sehen werden, handelt es sich hier um einen der wenigen Fälle, in denen wir mit Familien zu tun haben, die sich unaufgefordert bei uns melden. Nach den obigen

Ausführungen muß die Selbstanzeige auch hier als eine Art »Vorladung« eines Dritten gesehen werden.

Mariella wendet sich hilfesuchend an unser Zentrum. Sie lebt mit ihren beiden Kindern Sarah (20 Monate) und Omar (6 Monate). Ihr nordafrikanischer Freund sitzt wegen Drogenhandels im Gefängnis. Mariella lebt bei der alten Großmutter (väterlicherseits), die sich um Omar kümmert, während sie ihrer Arbeit nachgeht. Sie ist Buchhalterin und hat einen befristeten Arbeitsvertrag. Sarah wird in die Kinderkrippe gebracht. Mit ihr hat Mariella Probleme, und sie hat gemerkt, daß sie mit der Tochter sehr ungeduldig ist. Sie schlägt sie oft heftig, wenn diese nicht gehorcht oder sich schmutzig macht. Mariella ist selbst darüber entsetzt und möchte verstehen, warum sie Sarah, die sie doch so liebt, in dieser Weise mißhandelt. Sie bittet um Hilfe, damit sie sich ändern kann.

Eine kleine Untersuchung des Falls erlaubt die Feststellung, daß Mariella das »schwarze Schaf« in ihrer Familie ist, in der die beiden jüngeren Brüder fest integriert sind. Ihre noch jungen Eltern führen seit ihrer frühen Kindheit eine Bar, und daher wurde sie als Kind von der Großmutter (väterlicherseits) aufgezogen, die bei der Familie wohnte.

Nun wird eine erweiterte Sitzung vereinbart, an der neben Mariella und den Kindern auch ihre Eltern und die Großmutter teilnehmen. Während der Sitzung tritt auch deutlich eine aus der Kindheit herrührende Animosität Mariellas gegenüber ihrer Mutter zutage, die sich wenig um sie gekümmert hat. Diese Animosität wird noch dadurch genährt, daß die Großmutter, der Mariella sehr verbunden ist, nicht mit Kritik an der Schwiegertochter spart und ihr vorhält, daß sie die unterhaltsame Arbeit in der Bar ihrer Häuslichkeit und den Kindern vorgezogen habe.

Mit 16 Jahren war Mariella erstmals von zu Hause weggelaufen, wiederholte daraufhin ihre Fluchtversuche immer wieder und geriet in die Drogenszene – ohne jedoch tatsächlich abhängig zu werden. Sie hatte mehrere Liebesbeziehungen, die alle unglücklich endeten, und lebte für kurze Zeit als Prostituierte. Eine gewisse Stabilität gewann sie durch den Vater ihrer Kinder. Als dieser ins Gefängnis kam, zog sie zu ihrer Großmutter, die bereits einige Jahre zuvor aus der Wohnung des Sohnes ausgezogen war, da es zu Reibereien mit der Schwiegertochter gekommen war.

Mariella informierte ihre Eltern regelmäßig über all ihre Schwierigkeiten, und zwar meist indirekt über ihren ihr altersmäßig näherstehenden Bruder. Die Eltern machten sich wohl Sorgen, aber – nach Mariellas Ansicht – nur nach außen hin; das erste Mal, als sie von zu Hause weggelaufen war, warteten sie eine Woche, bevor sie die Polizei verständigten.

Im obigen Beispiel kann man die Mißhandlung der Tochter als eines der Signale verstehen, die die junge Frau an ihre eigene Mutter sendet. Es ist, als ob Mariella ihre Mutter mithineinziehen, ihre Erinnerung wachrufen und sie dafür bestrafen wolle, daß sie sie als Kind vernachlässigt hat. Und es scheint, daß der Wunsch, dieses Signal zu verstärken, Mariella zu ihrer Selbstanzeige bewogen hat.

Wenn eine Mutter ihr Erziehungsunvermögen an den Tag legt, in der Hoffnung, daß sich die eigene Mutter um die Kinder kümmert, so rechnet sie meist damit, eine Art Schadensersatz dafür zu bekommen, daß sich die Mutter wenig um sie gekümmert hat. Dieses Verhalten ist jedoch in jedem Fall zum Scheitern verurteilt: Weigert sich die Großmutter, sich um das Enkelkind zu kümmern, wächst die Frustration der Mutter, die dann die Wut an ihrem Kind ausläßt, weil es ihr nicht die Zuwendung der eigenen Mutter zu verschaffen vermochte. Wenn hingegen die Großmutter dem Appell Folge leistet, wird die Mutter sehr bald merken, daß ihr diese Wiedergutmachung über eine dritte Person absolut keine Befriedigung verschafft, zumal die zwischen ihrer Mutter und ihrem Kind entstehende Beziehung sie tendenziell ausschließt und sie sich dadurch sowohl ihrer als auch seiner Liebe beraubt sieht.

Das kommt leider häufig vor, zum Beispiel bei Kindern drogenabhängiger Frauen: die Mutter erlebt, fast ohne Ausnahme, einen Zusammenbruch, wenn ihr Kind in die Obhut ihrer Mutter gegeben wird (was sie vielleicht selbst gewünscht hat und vom Vormundschaftsgericht nur sanktioniert worden ist) und in der Großmutter eine Liebe zum Enkel erwacht, die die junge Mutter ihrer Erinnerung nach nie von ihr bekommen hat. Es ist so, als ob die Großmutter fühlte, daß ihr das Enkelkind eine zweite Chance böte, sich als Mutter zu verwirklichen, nachdem sie das erste Mal gescheitert ist. Und es scheint, daß sie die Tochter, die ihr Scheitern verkörpert, emotional oder auch physisch fernhalten will, um sich ganz dem neuen Kind zu widmen.

Wir haben diese Kasuistik ganz von der weiblichen Seite aus betrachtet, weil wir aufgrund unserer Erfahrung herausgefunden haben, daß die Demonstration von Erziehungsunvermögen ein typisches Verhalten einer jungen Mutter ist, die einen Appell an ihre eigene Mutter richten möchte. Dieses Phänomen tritt häufig in Familienkonstellationen auf, in denen der Vater der jungen Frau entweder abwesend ist oder eine unbedeutende Rolle spielt oder jedenfalls sowohl der Tochter als auch der Ehepartnerin wenig Unterstützung bietet.

Meist besteht der Hauptvorwurf, den die Tochter an die Mutter richtet, darin, daß sie ihrer Heirat zugestimmt hat – so als ob sie sich an den Erstbesten weggegeben fühlte, obwohl sie ihn selbst unbedingt haben wollte! Man kann also rekonstruieren, daß die Tochter die Erwartung hatte, die Mutter

würde ihrem erklärten Wunsch, eine offensichtlich nicht glückliche Ehe einzugehen – vielleicht ist dies die extremste Form von Protest im Kampf mit
der Mutter –, ein deutliches Nein entgegensetzen. Damit würde die Mutter
nämlich ihre Absicht bekunden, die Tochter noch bei sich zu behalten und
somit jene Beziehung unter Beweis stellen, an deren Vorhandensein die
Tochter bis jetzt gezweifelt hat.

Wenn die Tochter jedoch entdeckt, daß die Mutter nach einem eher for-
malen Widerstand letztlich in ihre Wahl einwilligt, so wird dies zu einem
weiteren Beweis dafür, daß die Mutter es nicht erwarten kann, sich bei der
erstbesten Gelegenheit der unbequemen und aufmüpfigen Tochter zu entledigen. Wenn dann die Ehe aufgrund der Partnerwahl mit allen vorherseh-
baren Enttäuschungen scheitert, kann es vorkommen, daß die junge Frau Unfähigkeit manifestiert, für ihre Kinder zu sorgen. Damit will sie bewirken,
daß sich ihre Mutter – zumindest aus Mitleid mit den Enkeln – bereit erklärt, sie wieder bei sich aufzunehmen. Wenn dann die Mutter ablehnt und
der Tochter davon abrät, sich von ihrem Ehemann zu trennen – den sie zuvor immer kritisiert hat –, so wird der Soziale Dienst hinzugezogen, damit
er sich um die Kinder kümmert. Wenn die Sozialhelfer dem nachkommen,
ohne zu merken, was hinter der Bitte um Hilfe steckt, und ohne zu verstehen, daß sie nur die Großmutter ersetzen, schaffen sie die Voraussetzungen
dafür, daß die Hilfeleistung (Pflegschaft, Internat, häusliche Unterstützung
etc.), die ursprünglich nur vorübergehend erbracht werden sollte, zu einer
ständigen Intervention wird.

Eines der Kinder ist der Liebling,
die anderen werden vernachlässigt

Ein dritter (wenn auch ungewöhnlicher) Empfänger für die Botschaft, die
Erziehungsaufgabe nicht erfüllen zu können, kann auch eines der Kinder
sein. Meist ist es das erstgeborene, da sich dieses auf dreiste Weise zwischen
die Ehepartner geschoben hat, während die anderen sozusagen außer Ge-
fecht sind.

Ein besonders typisches Beispiel ist die Familie, die wir Scalici nennen. Die
Eheleute hatten mit 15 Jahren geheiratet, nachdem sie von zu Hause weggelaufen waren, was für ein bestimmtes soziokulturelles Umfeld Süditaliens ein typisches Verhalten ist. Bald nach ihrer Heirat hatten sie ihr erstes Kind, Vincenzo, bekommen. Das darauf folgende Mädchen Anna war einige Tage nach
ihrer Geburt gestorben, so daß zwischen der nächsten Tochter Rosaria und
Vincenzo ein Altersunterschied von vier Jahren lag. Zwei Jahre später war Giu-

seppe zur Welt gekommen und ein Jahr darauf Antonio. Zu diesem Zeitpunkt brachte der Umzug der Familie nach Mailand einen Bruch in das traditionelle Rollenverständnis von Mann und Frau, wie es in der süditalienischen Kultur üblich war. Dort war der Mann für den Broterwerb und die Frau für Kinder und Haushalt zuständig. Nun hatten beide Ehepartner Arbeit gefunden, er als Hilfsarbeiter und sie als Putzfrau in einer Reinigungsfirma. Sie hatten unterschiedliche Arbeitszeiten und teilten sich die Arbeit zu Hause auf.

An diesem Punkt entzündeten sich nun die ersten Konflikte, da der Ehemann keine »Frauenarbeit« übernehmen wollte und auf die Freiräume, die die Ehefrau außerhalb des Hauses hatte, eifersüchtig reagierte. Sie, die inzwischen 25 Jahre alt war, stützte sich mehr und mehr auf den nun neunjährigen Vincenzo, bei dem sie ihre Klagen über den Ehemann ablud. Dieser fühlte sich immer mehr ausgeschlossen und verfiel dem Alkohol, was wieder das Band zwischen Mutter und Sohn verstärkte. Der Ehemann war frustriert und unfähig, seiner gegen seinen Sohn gerichteten Eifersucht klar Ausdruck zu verleihen. So blieb ihm nichts anderes übrig, als seine Ehefrau zwei weitere Male zu schwängern. Die Frau reagierte mit Ablehnung auf die zwei unerwünschten Schwangerschaften und versuchte vergeblich, die zweite abzubrechen, ohne jedoch ihre Erwerbstätigkeit aufzugeben, zumal der Ehemann immer mehr trank und immer weniger arbeitete. Er und die Tochter Rosaria mußten sich daher um die vier kleineren Kinder kümmern. Sie bildeten nun ihrerseits ein Paar, das ein Gegengewicht zur Verbindung zwischen der Ehefrau und Vincenzo darstellte. Während jedoch die Mutter-Sohn-Verbindung von einer starken Anziehungskraft geleitet war, war jene zwischen Vater und Tochter nur durch Groll, Eifersucht und Neid auf die beiden anderen entstanden. In diesem Klima kam es zum Inzest zwischen dem Vater und Rosaria, wie wir noch später sehen werden.

Die symbolische Ehe zwischen der Mutter und Vincenzo wurde durch eine Mitteilung verfestigt, die die Ehefrau vom Arzt erhielt und nur an Vincenzo weiterleitete. Das Familienoberhaupt (so das Einwohnermeldeamt!) leide an Leberzirrhose und habe nur mehr eine begrenzte Lebenserwartung.

In der Zwischenzeit wuchsen Giuseppe, Antonio und die zwei kleinen Geschwister ohne angemessene Fürsorge und Pflege auf. Sie wurden von der Mutter vernachlässigt, die ihrem Ehemann grollte, weil er trank, gewalttätig war, nicht arbeitete und nichts anderes im Sinne hatte als sie zu schwängern. Ebenso vernachlässigt wurden die Kinder vom Vater, der seine Arbeit verloren hatte, sich in seiner Rolle als Hausmann gedemütigt fühlte und die Beleidigungen seiner Ehefrau in Alkohol zu ertränken suchte.

Vincenzo und vor allem Rosaria taten, was sie konnten, aber das äußerst diffizile Gleichgewicht kam plötzlich ins Wanken, als der 16jährige Vincenzo eine Freundin namens Anna fand. Die Mutter erschrak bei dem Gedanken, sie würde ihren Sohn als Stütze verlieren, und versuchte daher, das Mädchen in die Familie einzubeziehen. Sie nahm sie mit offenen Armen wie eine Reinkarnation der verstorbenen Tochter auf, deren Namen sie – wie zufällig – trug.

Anna, die ihrerseits aus einer zerrütteten Familie kam, freute sich über diese Aufnahme und versuchte, sich ihrer würdig zu erweisen, indem sie Rosaria bei der Versorgung der jüngeren Geschwister half. Der Vater war durchaus zufrieden, daß ihn nun jemand von den häuslichen Pflichten entband. Unzufrieden war einzig und allein Rosaria, die sich ihrer – wenn auch unsicheren – Identität als Vizemutter (und stellvertretende Ehefrau des Vaters) beraubt sah. Natürlich wurde es Anna bald leid, das »Dienstmädchen« in einer fremden Familie zu spielen, sie äußerte Vincenzo gegenüber Kritik an der künftigen Schwiegermutter und zwang den Freund, zwischen ihr und seiner Familie zu wählen.

Die Helfer des Sozialen Dienstes hatten bis jetzt die Familie unterstützt, indem sie dort halfen, wo die größten Defizite lagen (Nichterfüllung der Schulpflicht, mangelnde ärztliche Versorgung, Impfungen etc.), sie mußten nun aber feststellen, daß die Lage der Familie immer katastrophaler wurde. Rosaria, die die siebte Klasse ohne jeden Erfolg wiederholte, kam in einem Zustand von zunehmender Niedergeschlagenheit und Konzentrationsschwäche zur Schule; bei Giuseppe und Antonio kam es zu einem nur unregelmäßigen Schulbesuch, denn die beiden entbehrten jeder Orientierung und Ordnungsstruktur, und die Kleinen, die den Kindergarten besuchten, waren schmutzig, unterernährt und in einem schlechten Gesundheitszustand. Diese Feststellungen seitens des Sozialen Dienstes trafen aber bei den Eltern auf eine Wand: sie stritten alles ab. Schließlich traf Vincenzo seine Entscheidung und wandte sich, in Begleitung von Anna, an die Helfer des Sozialen Dienstes, um die Vernachlässigung der Geschwister durch die Eltern anzuzeigen.

Wie man sieht, ist die Verwahrlosung in dieser Familie ein Symptom, das im Sinne eines Spiels zu verstehen ist, das über die Grenzen der Kernfamilie nicht hinausgeht: die Großeltern waren bereits tot, und die verschiedenen Onkel und Tanten, die in Süditalien lebten, traten kaum in Erscheinung. Die Therapeuten, die in der Folge die Familie begleiteten, hatten den Eindruck, daß es sich hier ganz deutlich um ein Spiel mit vier Spielern handelte (Vater, Mutter, Vincenzo und Rosaria), das durch das Auftreten von Anna gestört wurde. Hingegen waren Giuseppe, Antonio und die beiden kleinen Geschwister – daß sie nicht beim Namen genannt wurden, ist kein Zufall! – den Spielern, d.h. ihren Familienangehörigen, existentiell gar nicht bewußt geworden.

Die Arbeit mit der Familie begann damit, daß die Kinder – mit Ausnahme des bereits volljährigen Vincenzo – aus der Familie herausgenommen wurden. Die ersten diagnostischen Sitzungen, in denen das oben beschriebene Spiel aufgedeckt wurde, mußten sich mit der heftigen Reaktion Rosarias auseinandersetzen, die aus der Einrichtung, in der sie lebte, ausgebrochen war und dann in der Erziehungsanstalt, in die man sie daraufhin verbracht hatte, eine Trennungskrise durchmachte. Nach der therapeutischen Arbeit am Thema der Ver wicklung Vincenzos in die eheliche Beziehung der Eltern war es möglich, diesen zu empfehlen, sich von ihrem ältesten Sohn zu trennen. Vincenzo, der auf seine Einberufung zum Militärdienst wartete, konnte für einige Wochen zu Annas Familie ziehen. Aufgrund dieser Maßnahme beruhigte sich Rosaria unverzüglich. Ein glücklicher Umstand erleichterte fortan die Behandlung der Familie: Die Therapeuten beschlossen, Herrn Scalici klarzumachen, daß sein Zustand klinisch außerordentlich bedenklich war. Dieser ließ darauf sofort vom Alkohol ab und erholte sich physisch und psychisch, so daß sich seine Lebenserwartung verbesserte.

Nur durch den Sozialen Dienst, der zu Hause und in der Schule eine genaue und den Umständen angemessene Kontrolle über die Versorgung und Entwicklung der Kinder durchzuführen in der Lage war, konnten alle Kinder außer Vincenzo, nach nur vier Monaten der Fremdunterbringung wieder in die Familie integriert werden.

Die Therapie wurde zu dem Zeitpunkt als abgeschlossen betrachtet, als es den Eltern und Therapeuten gelang, Vincenzo und die arme Anna – die für das Ehepaar zur Inkarnation des Teufels geworden war – nicht mehr als zentrales Thema der Sitzung zu behandeln und statt dessen auch über Rosaria und die vier anderen zu sprechen, die nun – in den Sitzungen und gleichzeitig auch zu Hause – ihr eigenes Gesicht bekamen und so zum ersten Mal unterscheidbar wurden.

Diesen Individuationsprozeß der Kinder unterstützte auch die Pflegefamilie, die die zwei Kleinen aufgenommen hatte. Die Bemühungen der Pflegefamilie brachten einen gesunden Wettbewerb um den »Besitz« der Kinder in Gang, die von diesem Zeitpunkt an einen Wert darstellten, den es zu erringen galt, und nicht eine Last, die man zu tragen hatte.

Die Mißhandlung des Sündenbocks

Wir kommen nun zur zweiten Kategorie der für Mißhandlungssituationen typischen Spiele, und zwar zu jenen Fällen, in denen der Mißhandelte selbst aktiv an der Aufrechterhaltung des pathogenen Spiels mitwirkt.

Es ist allerdings auch bei der ersten Kategorie (Erziehungsunvermögen als Botschaft) so, daß das Kind nicht ausschließlich als Empfänger von Mitteilungen anderer und nur als mißbrauchtes Opfer gesehen werden kann. Betrachten wir nochmals die beiden in Kapitel I geschilderten Fälle, die wir auf S. 90 ff wiederaufgegriffen haben: hier wird ein kleiner Behinderter zum Objekt der Mißhandlung durch den Elternteil, der an der emotionalen Gleichgültigkeit des Partners leidet. Zweifelsohne waren die betreffenden beiden Kinder (von denen das eine kein Einzelkind war) durch einen Faktor gekennzeichnet, der sie zur Mißhandlung prädestinierte: die Behinderung. Die Fachliteratur über Mißbrauch äußert sich zu diesem Punkt durchaus eindeutig (Camblin, 1982; Kienbergen & Diamond, 1985). Von einem systemischen Ansatz aus betrachtet, ist auch die Behinderung eine Mitteilung, auf die die anderen Mitglieder der Familie reagieren müssen (Cirillo & Sorrentino, 1986; Sorrentino, 1987). Daher wird das Kind nicht nur als Rezipient, sondern auch als Emittent von Mitteilungen betrachtet. Als solche sind die in der Behinderung begründete Andersartigkeit sowie die Notwendigkeit der damit verbundenen Rehabilitationsmaßnahmen zu sehen. Das bedeutet jedoch noch nicht, daß das Kind als »Stratege« zu betrachten wäre, d.h. daß es aus einer Anzahl von möglichen Botschaften einige auswählt und gezielt aussendet, wie dies in der zweiten Kategorie von Spielen der Fall ist, die wir unter dem Typus »Sündenbock« zusammenfassen.

Das schwarze Schaf

Sehr oft unterhält das Kind, das die Sündenbockrolle übernimmt und daher als einziges oder jedenfalls am stärksten mißhandelt wird, eine Beziehung zu einem entfernteren Familienmitglied. Manchmal ist nur einer der beiden Partner sein leiblicher Vater oder seine leibliche Mutter, und es hat für eine gewisse Zeit bei den Großeltern gelebt. Hier ein typisches Beispiel:

Der neunjährige Matteo kommt mit einer blutigen Narbe am Kopf und blutunterlaufenen Flecken am Körper in die Schule. Er wird sofort aus der Familie herausgenommen, in der er mit seinem Vater, der Lebensgefährtin des Vaters und deren zwei Töchtern (2 und 5 Jahre) lebt. Wie im Märchen scheint die böse Stiefmutter die eigenen beiden Töchter zu lieben und den Stiefsohn zu schlagen, der nur bei der Großmutter (väterlicherseits) Trost und Hilfe findet. Die Wirklichkeit ist natürlich viel komplexer.

Matteos Vater, Luigi, lebte solange alleine mit seiner verwitweten Mutter, bis er eines Tages ein Mädchen mit dem Namen Ornella nach Hause brachte, die von ihm schwanger war. Sie war sehr hübsch und freizügig, ganz im Unterschied zu Luigi, der eher schüchtern und unbeholfen wirkte. Luigis Mutter war gegen die »Wiedergutmachungsehe«, weil sie der Meinung war, Ornella versuche, Luigi das Kind eines anderen unterzuschieben. Die Heirat fand dennoch statt, und das junge Paar wohnte sodann mit dem neugeborenen Matteo bei Luigis Mutter, die ihnen zwei Zimmer abtrat. Die Ehe scheiterte natürlich innerhalb eines Jahres an den Reibereien zwischen Schwiegermutter und Schwiegertochter, wobei die unentschiedene Haltung Luigis die Situation noch verschärfte. Ornella verschwand und kam eine Woche später zurück, um das Kind abzuholen. Sie sagte, sie lebe jetzt anderswo. Die Großmutter weigerte sich, ihr das Enkelkind zu geben. Ornella gab nach und kam hin und wieder, um den Kleinen zu besuchen; sie war in Begleitung von Männern, die der Großmutter Angst machen sollten. Aber eines Tages wurde sie von ihr schlecht behandelt, und von da an ließ sie sich nicht mehr blicken.

Drei Jahre später nahm Luigi eine Beziehung zu Sandra auf. Sie war eine starke, zielbewußte Frau. Er zog zu ihr in ihr Dorf, das einige Kilometer von der Wohnung seiner Mutter entfernt liegt. Diese war auch gegen diese zweite Beziehung des Sohnes. Jedenfalls gab sie deutlich zu verstehen, daß sie Matteo nie »hergeben« werde. Auch Sandra gab vorerst nach und konzentrierte sich darauf, ihre Beziehung zu Luigi zu festigen und ihn dem Einfluß seiner Mutter zu entziehen. Nach der Geburt der ersten Tochter unternahm Sandra einen neuen Vorstoß und teilte Luigi mit, daß sie Matteo haben möchte: nur so sah sie sich von allen Seiten legitimiert, d.h. gegenüber Ornella (die immer noch die legale Ehefrau war, die Luigi hin und wieder auf der Straße traf) wie auch gegenüber der Großmutter des Kindes. Luigi war unentschlossen, er fragte den vierjährigen (!) Matteo, was er wolle; dieser konnte sich aber nicht eindeutig äußern. Ein mit Mühe errungener Kompromiß bestand darin, daß Matteo einige Jahre lang die Ferien bei der jungen Familie verbrachte. Nach der Geburt der zweiten Tochter setzte sich Sandra endlich durch, und der siebenjährige Matteo lebte fortan – mehr oder weniger ständig – bei Vater und Stiefmutter. Die Großmutter war inzwischen alt geworden und leistete nur mehr symbolischen Widerstand, zumal das Kind sehr lebhaft war und ihr zu schaffen machte.

Es versteht sich jedoch, daß Matteo mit ziemlich gemischten Gefühlen von der Großmutter wegzog. Vor allem fühlte er sich ihr gegenüber schuldig, weil er sie verließ. Und darüber hinaus hatte sie ihn vor der Stiefmutter mit dem Hinweis gewarnt, daß er »dort« schlecht behandelt und gegenüber den Schwestern benachteiligt würde. Andererseits war er ganz fasziniert von der Idee, in einer »richtigen« Familie zu leben, hatte aber auch gleichzeitig Angst davor.

Luigi, der dem Sohn Sicherheit bieten und seine Eingliederung in die Familie unterstützen sollte, war seinerseits nicht bereit, es sich mit seiner Mutter ganz zu verderben und sich ganz an die Lebensgefährtin zu binden. Er übergab das Kind zwar Sandra, ließ aber keine Gelegenheit aus, sich zwischen die beiden zu stellen, so als ob er fürchtete, Sandra würde mit Matteo zu hart verfahren. Dieser hingegen verstand es, sofort die beiden Elternteile gegeneinander auszuspielen. Wenn ihn Sandra rügte oder bestrafte, so deckte und verteidigte Luigi ihn sofort, und, als wolle er ihn für das Unglück entschädigen, das er ihm bereitet hatte, versprach er ihm einige Ferientage bei der Großmutter. Die Großmutter schürte natürlich das Feuer. Von ihr fühlte sich Matteo getröstet und gestützt, aber durch sie war er auch aus dem Vaterhaus ausgeschlossen und verbannt.

In den folgenden zwei Jahren wurde Matteo immer ungestümer. Selbst die Großmutter erklärte, daß sie sich nicht mehr um ihn kümmern wolle, während sie gleichzeitig händeringend klagte, daß man »dies« aus dem guten Kind gemacht habe! Zu diesem Zeitpunkt kam es zur Mißhandlung. Es war Sandras verzweifelter Versuch, Autorität über das Kind zu gewinnen und den Mann zu schlagen, der ihr dabei keine Unterstützung bot.

Auf die Herausnahme Matteos aus der Familie – er wurde in unser Kinderwohnheim aufgenommen – folgte die Arbeit mit der Familie. In den diagnostischen Sitzungen – zur ersten wurde auch die Großmutter eingeladen – gelang es, das eben beschriebene Spiel zu rekonstruieren. Dadurch konnte dem Richter gegenüber die familiäre Krise recht detailliert dargestellt und schließlich der Vorschlag unterbreitet werden, Matteo (nach drei Monaten Aufenthalt im Kinderwohnheim) wieder nach Hause gehen zu lassen und gleichzeitig eine richtige Familientherapie in die Wege zu leiten.

Die therapeutische Arbeit konzentrierte sich auf Luigis Widerstand dagegen, sich »in Sandras Hände zu begeben«, sowie auf Sandras Bindungen an ihre eigene Familie – die weitaus undurchsichtiger waren als die offenkundige Abhängigkeit Luigis von seiner Mutter. Ein halbes Jahr später wurde die Therapie abgeschlossen, nachdem Luigi die Scheidung von Ornella eingereicht und somit den ersten Schritt in Richtung auf eine Eheschließung mit Sandra getan hatte.

Angesichts eines sehr positiven Berichts des Sozialen Dienstes, die Matteos Entwicklung aufmerksam verfolgten, konnte der Richter ein Jahr nach Beendigung der Therapie offiziell die Akte schließen; dies geschah im Rahmen einer abschließenden Sitzung, an der Luigi, Sandra, die örtlich zuständige Sozialarbeiterin sowie ein Psychologe unseres Zentrums teilnahmen.

Dieses Beispiel verdeutlicht, wie das Spiel, das die Mißhandlung provoziert, auch vom Kind in Gang gehalten wird. Das bedeutet natürlich nicht, daß das Kind Komplize der Mißhandlung ist: es ist und bleibt immer Opfer. Dennoch ist es zu diesem nicht zuletzt durch seine eigenen Verhaltensweisen geworden, die teilweise unbewußt und teilweise durch verständliche Motive gesteuert wurden, die jedoch auf jeden Fall unzweckmäßig waren, da sie das vom Kind angestrebte Ergebnis nicht erzielten. Angestachelt von der Großmutter, hörte Matteo nicht auf, zu betonen, daß er »anders« sei, und er entzog sich damit auf jede erdenkliche Weise den Bemühungen der Stiefmutter, ihn wie ihr eigenes Kind zu behandeln. Schließlich hatte er eine andere »Mutti« (die übrigens viel schöner war als diese, und er wußte, daß er ihr wie aus dem Gesicht geschnitten war!), und außerdem hatte seine Großmutter bei ihm Mutterstelle vertreten und nicht diese fremde Frau, mit der sein Vater nun lebte!

Man kann sich gut vorstellen, daß sich das Spiel ganz anders hätte entwikkeln können, wenn sich Matteo von der »neuen Mutti« hätte erobern lassen. Er hätte sich beispielsweise wie ein armes Waisenkind, das seine Mutter nie gekannt hat, verhalten und mit den Stiefschwestern um Sandras Aufmerksamkeit wetteifern können. Dazu hätte er aber eines Vaters bedurft, der ihn nicht dazu benutzte, um auf zwei Hochzeiten tanzen zu können und sich dadurch einen Sicherheitsabstand sowohl zur Mutter als auch zur Partnerin zu erhalten, zumal er vor beiden einen heiligen Schrecken zu haben schien. Das zeigt, wie die Strategien jedes einzelnen Mitspielers in ein Knäuel von Wechselwirkungen verwickelt sind, wobei die Verhaltensweisen von Matteo in ihrer Wirkung nicht unterschätzt werden dürfen.

Die Prophezeiung des Inzests

Das Spiel des »schwarzen Schafs« wird in verschiedenen Varianten gespielt; die bedeutungsschwerste stellen jene Fälle dar, in denen ein Stiefvater und eine Stieftochter unausweichlich von einer Inzestprophezeiung gegenseitig angezogen werden, wobei alle – die Betroffene inbegriffen – alles dazu beitragen, damit diese Prophezeiung eintritt.

Eine Frau mit dem Namen Barbara kommt zur Sozialarbeiterin und führt widerstrebend und nur in Form von Anspielungen, die sie dann immer wieder dementiert, darüber Klage, daß ihr Mann und ihre 14jährige Tochter Annarosa eine krankhafte Beziehung unterhielten. Sie habe dies nach ihrer Rückkehr aus dem Krankenhaus festgestellt, in dem sie eine Schwangerschaftsunterbrechung habe vornehmen lassen. Barbara bittet darum, daß Annarosa in ein Internat kommt – was denn auch geschieht –, und unser Sozialer Dienst wird beauftragt, die familiäre Situation insgesamt zu untersuchen.

Zur ersten Sitzung werden Annarosa, ihre Mutter Barbara (die nur 14 Jahre älter ist als ihre Tochter), Barbaras Mann Ugo (der mit der Heirat die damals zweijährige Annarosa adoptiert hat) sowie die fünf weiteren Kinder des Paares eingeladen. Die Herkunftsfamilien von Barbara und Ugo sind zwar durchaus von Bedeutung, sie werden aber nicht aufgefordert zu kommen, weil sie zu weit weg wohnen und durch gesundheitliche Probleme bzw. häusliche Verpflichtungen verhindert sind.

In mühevoller Arbeit wird Barbaras dramatische Geschichte ans Tageslicht gebracht: Sie wurde mit neun Jahren zur Arbeit geschickt und mit dreizehn von ihrem »Arbeitgeber« geschwängert. Vierzig Tage nach der Entbindung wurde sie wieder an die alte Arbeitsstelle geschickt, während die Mutter das Baby versorgte. Gegen den Verführer wurde keine Anzeige erstattet, dieser verkehrte vielmehr weiterhin im Hause von Barbaras Eltern. Als Barbara einen

Mann aus ihrem Dorf mit Namen Ugo heiratete, gab die Großmutter das kleine Mädchen nicht her, obwohl Ugo ihm bereits seinen Namen gegeben hatte. So wuchs Annarosa in der Überzeugung auf, Barbara sei ihre Schwester. Erst als Annarosa neun Jahre alt war, zog sie zu ihren Eltern und den Geschwistern (von denen inzwischen drei geboren waren), weit weg von dem Dorf, in dem sie bisher gelebt hatte.

Als Barbara Annarosa zu sich nahm, traf sie eine Entscheidung, von deren Richtigkeit sie nicht vollends überzeugt war. Einerseits wollte sie diese Tochter nicht gegenüber den andern Kindern benachteiligen – schließlich zog sie die anderen ja auch selber auf –, andererseits fürchtete sie, Ugo werde sie nicht gern haben, weil sie nicht seine eigene Tochter war. Aber es bohrten in ihr noch viel geheimere Ängste, hervorgerufen durch die Anspielungen ihrer Mutter auf das, was passieren kann, wenn man »das Heu neben das Feuer legt«.

Ugo tat alles, um Annarosa zu helfen und somit seiner Frau zu zeigen, daß er keinen Unterschied zwischen ihrer Tochter und seinen eigenen Kindern machte. Er war ein fröhlicher Mann, der gerne scherzte und in seiner knapp bemessenen Freizeit die Kinder auf die Knie nahm und mit ihnen spielte. Barbara war froh, daß sie die Kinder für kurze Zeit los war, nachdem sie sich den ganzen Tag mit ihnen beschäftigt hatte. Annarosa, die in einem reinen Frauenhaushalt aufgewachsen war (der zudem durch physische und psychische Probleme der beiden Schwestern Barbaras belastet war), fühlte sich vom »Vater«, den sie praktisch nicht kannte, angezogen.

Unmerklich veränderte sich die Atmosphäre im Laufe eines Jahres. Während Annarosa tagsüber unwirsch auf die Mutter reagierte, die verlangte, daß sie im Haushalt und bei der Versorgung der Kinder mithalf (es war inzwischen ein weiteres geboren), war sie am Abend wie ausgewechselt und lachte ungehemmt mit dem Vater. Barbara begann, eifersüchtig zu werden, und sie dachte immer öfter an die Worte der Mutter, die ihr nie ganz aus dem Sinn geraten waren. Sie wurde immer widerspenstiger und zeigte ihre schlechte Laune gegenüber der Tochter und dem Mann; ihm machte sie dunkle Vorwürfe. Recht schnell entwickelte sich Annarosa zur dritten Erwachsenen in der Familie, und als noch nicht einmal Dreizehnjährige redete sie mit, wenn es um die Finanzlage der Familie ging. Diese war – nicht zuletzt durch die Geburt eines sechsten Kindes – ziemlich katastrophal.

Wahrscheinlich suchte Barbara in der sexuellen Intimität mit Ugo und in den ständigen Schwangerschaften ein Zeichen für ihre privilegierte Beziehung zu ihrem Mann, die sie von der Tochter unterschied. Gleichzeitig wollte sie aber den Mann »auf die Probe stellen«. Wenn Annarosa über die Kälte (die Wohnung war ohne Heizung) und Bauchschmerzen klagte, überließ sie ihr ihren Platz im Ehebett und legte sich auf das Sofa in der Küche. Nach und nach trumpfte Annarosa immer mehr auf, wurde immer dreister und lebte ihren jugendlichen Überschwang ungehemmt aus. Gleichzeitig isolierte sich Barbara immer mehr, sie vernachlässigte die Kinder und stand oft lange weinend am Herd. Als sie wieder schwanger wurde, beschloß sie abzutreiben. Ugo zeigte sich gleichgültig und begleitete seine Frau nicht einmal ins Krankenhaus. Als sie wieder zurückkam, fand sie die Wohnung in größter Unordnung vor, ihre Tochter saß auf den Knien des Vaters und spielte mit ihm und einer Freundin Karten. Barbara spähte ihnen nach, als sie gemeinsam mit dem Auto wegfuhren, und sie überraschte Ugo, als er mit seinen Händen Annarosa unter den Rock faßte.

Wenn Barbara der Sozialarbeiterin dies mitteilte, so war das für den Schutz des Mädchens zwar absolut nötig, gewann aber für Barbara darüber hinaus die Bedeutung eines Racheaktes gegenüber dem Ehemann.

Bei der Arbeit mit der Familie war es außerordentlich schwierig, die Strategien Ugos im familiären Spiel herauszufinden, während es relativ leicht war, die Rollen Barbaras, Annarosas sowie die der Großmutter zu beleuchten. Die Fassade, die Ugo zur Schau stellte, war die der ruhigen Naivität eines Menschen, der sich immer nach den anderen richtet und dabei immer das Spiel verliert: Barbara sei immer widerborstiger und unbegreiflicher geworden und habe oft ohne Grund geweint; Annarosa hingegen sei immer liebevoll und fröhlich gewesen und habe ihn offenbar über den schwierigen Charakter seiner Frau hinwegtrösten wollen. Er habe jedoch »nie etwas Schlechtes« mit ihr getan. Nur sehr mühsam gelang es, die andere Seite der Medaille aufzudecken: den Groll Ugos gegen Barbara, die ihn nie Vater des Mädchens sein ließ, weil es nicht seine Tochter war, sowie seinen Unmut über die beherrschende Rolle, die sich Annarosa herausnahm, ohne daß er sich dagegen durchzusetzen vermochte. Die Vorhaltungen Barbaras gegenüber dem Ehemann («du verteidigst mich nicht, wenn mich Annarosa beleidigt«) wurden schließlich von Ugo an die Ehefrau zurückgegeben («du läßt es zu, daß mir das Mädchen auf dem Kopf herumtrampelt«). Nach und nach wurde den beiden Partnern klar, daß sie beide dazu beigetragen hatten, Annarosa zur »eigentlichen« Frau des Hauses zu machen, indem sie es ihr ermöglichten, gleichzeitig Vater und Mutter zu provozieren, ohne daß sie mit klaren Signalen an die Stelle der Tochter verwiesen wurde. Der Richter schlug dann vor, daß Annarosa am Wochenende vom Internat nach Hause kommen solle, damit eine Neuverteilung der Rollen in der Familie ausprobiert werden konnte.

Die therapeutische Begleitung des Paares wird weiter fortgesetzt. Sie hat die Eingliederung Annarosas in die Gruppe der Kinder zum Ziel. Das dabei verwendete therapeutische Mittel besteht darin, den Eltern klarzumachen, daß sie beide in gleichem Maße dafür verantwortlich sind, daß die Tochter dieses Trauma erleben mußte. Das schließt aber nicht aus, daß ein wesentlicher Teil der Therapie in Zukunft darauf verwendet werden muß, Ugo einer radikalen Selbstkritik zu öffnen. Damit er sich sowohl mit der Frau als auch mit der

Tochter wirklich aussöhnen kann, muß er das Bewußtsein dafür entwickeln (und eingestehen), daß er die psychische und physische Integrität Annarosas verletzt und die Ehe gefährdet hat, was viel schwerwiegender ist als die von Barbara inszenierten Provokationen.[2]

Die Berufsrisiken des »Strafverteidigers«

Eine weitere Familienkonstellation, in der der Mißbrauch durch die aktive Rolle des Kindes unterstützt wird, ergibt sich dann, wenn die Ehepartner in einen heftigen, ausweglos erscheinenden Konflikt verstrickt sind, der die Kinder zur Parteinahme auffordert, wobei diese sich dann auf die Seite des Elternteils stellen, der ihnen schwächer erscheint. Die Parteinahme des Kindes für den als Opfer wahrgenommenen Elternteil – in Wahrheit ist auch er Provokateur, nur auf verdecktere Weise – hat oft zur Folge, daß sich die Aggressivität des vermeintlich stärkeren Elternteils auf das Kind richtet und in einer Mißhandlung entlädt. Hier die Beschreibung eines ganz typischen Falls:

Agata erscheint mit Sohn Claudio und bittet eine Ordensschwester, die als Familienhelferin in einer Schlafstadt arbeitet, um Hilfe. Sie erzählt ihr, daß ihr Mann Nicola sie heftig schlägt, weil sie sich gegen die homosexuelle Beziehung ihres Mannes zu einem Zwanzigjährigen wehrt, den Nicola in die Wohnung aufnehmen möchte. Weinend erzählt sie, daß ihr Mann mehrfach wegen Diebstahl, Hehlerei und Ausstellung ungedeckter Schecks verurteilt war. Er verlor daher seine Arbeit und verbringt nun seine Zeit im Café und im Spielsalon. Sie arbeitet an einigen Tagen als Haushaltshilfe und bezieht über die Sozialarbeiterin eine finanzielle Unterstützung. Außer Claudio hat sie auch noch eine Tochter, Rosalba, die jetzt, während ihres Besuchs bei uns, von der Großtante,

---

2 In diesem Buch wollen wir auf den Inzest nicht weiter eingehen. Mit diesem Thema und den diesbezüglichen Erfahrungen des CBM befaßt sich eine Arbeit von Marinella Malacrea und Alessandro Vassalli befassen, die vor kurzem erschienen ist. Wir möchten in diesem Zusammenhang lediglich darauf hinweisen, daß die dem Inzest zugrunde liegenden Spiele einen ganz spezifischen Charakter aufweisen (vgl. die Darstellung einer Typologie von Inzestfamilien bei Cirillo, Di Blasio, Malacrea & Vassalli, 1990). Diese Analyse beschränkt sich, der Einfachheit halber, auf die Triade Vater – Mutter – Tochter. Um den aktiven Anteil der Tochter am Spiel hervorzuheben (was bei unserer linearen Denkweise schwierig ist, da wir immer das Opfer vom Täter getrennt sehen), haben wir diese Spiele von der Rolle der Tochter her beleuchtet. So sind wir Inzestfamilien mit einer »sich erbarmenden«, einer »faszinierten« oder einer »verräterischen« Tochter begegnet. Eine scharfsinnige Analyse der inzestuösen Triade findet sich in den Arbeiten von Furniss (1983, 1984a, 1984b), in denen auch wertvolle praktische Hinweise enthalten sind.

die in der Nähe wohnt, beaufsichtigt wird. Das größere Kind – Claudio ist zehn Jahre alt – hat Agata mitgebracht, weil es sie versteht und ihr hilft. Deshalb ist der Vater auch oft gegen den Sohn aufgebracht und schlägt das Kind, wenn es sie verteidigen will.

Am folgenden Tag geht die Schwester mit der Frau zur Sozialarbeiterin, die die Angelegenheit dem Vormundschaftsgericht zur Kenntnis bringt. Bei der Vorladung durch den Richter widerruft Agata alles. Einige Zeit später erstattet aber die Schule eine Anzeige, weil Claudio blaue Flecken aufweist, die eindeutig von Schlägen herrühren. Der Richter beschließt daher, eine Untersuchung zu veranlassen, zu deren Durchführung auch unser Zentrum herangezogen wird.

Nach Überwindung unzähliger Schwierigkeiten gelingt es uns, auf der Grundlage der Familiengeschichte den spezifischen Charakter der Provokationen zwischen Mann und Frau zu erkennen und von den Rollenzuteilungen »Opfer« und »Täter«, wie Claudio sie natürlich vornimmt, Abstand zu gewinnen.

Agata stammt aus Süditalien und lernte Nicola in Mailand kennen, wo sie nach einem Zerwürfnis mit der Mutter bei einer Tante zu Besuch war. Ihr Vater war bereits seit vielen Jahren im Gefängnis. Nicola war in einem Internat aufgewachsen, wo er eine gewisse Bildung erhalten hatte, und lebte seit einigen Jahren allein. Die beiden heirateten, aber eine Woche nach der Hochzeit raffte Agata die spärlichen gemeinsamen Ersparnisse zusammen und kehrte zu ihrer Mutter zurück, ohne ihren Mann zu informieren. Dieser fuhr daraufhin zu ihr; sie verlangte, er solle in ihr Dorf ziehen, in die Nähe ihrer Familie. Er willigte widerstrebend ein, aber nach einigen Jahren kehrte er in den Norden Italiens zurück, um Arbeit zu suchen. Agata erklärte sich einverstanden mitzukommen, aber sie ließ den kleinen Claudio »als Pfand« bei ihrer Mutter. Dieses Hin und Her zog sich über Jahre hin: bei jeder sich bietenden Gelegenheit fuhr Agata zu ihrer Mutter, und es bedurfte mühevollen Zuredens, um sie dazu zu bewegen, zu ihm zurückzukehren. Und in Mailand zeigte Agata deutlich ihre Anhänglichkeit gegenüber der Tante, so daß sie auch diese für Nicola zur Rivalin machte. Er reagierte seinerseits mit weitaus massiveren Provokationen: Probleme mit der Polizei, Arbeitslosigkeit, Schläge und schließlich Verrat durch Homosexualität. Es versteht sich, daß diese Verhaltensweisen Nicolas dazu führten, daß sich Agata immer mehr zu ihrer Mutter flüchtete. Und eben durch ihr Unglück eroberte sie sich einen Platz in deren Herz, während sie sich als Kind gegenüber ihren Geschwistern von ihr vernachlässigt gefühlt hatte. Verständlich ist auch, daß diese Fluchtversuche Agatas Nicola immer wütender machten und immer mehr zu Reaktionen herausforderten.

Den Kindern – Claudio und Rosalba – entgeht der Teufelskreis dieser Wechselwirkungen. Für sie ist es viel leichter, das Unrecht des Vaters zu erkennen, das offenkundiger ist und ständig von den mütterlichen Klagen unterstrichen wird, als das schuldhafte Verhalten der Mutter. Außerdem mögen sie Groß-mutter und Großtante sehr gerne, da die beiden Frauen sich intensiv um sie be-mühen. Claudios Position als Junge und als Erstgeborener – der überdies sehr intelligent und sensibel ist – macht ihn mit großer Wahrscheinlichkeit zum Kandidaten für die Rolle des Verteidigers seiner Mutter und somit zum Rivalen des Vaters. Agata zieht ihn unaufhörlich in ihre Ehekonflikte hinein, und der Junge tröstet sie bereitwillig, während sich Rosalba hinter ihrem Status als jün-gere Tochter verschanzt und für niemanden Partei ergreift; sehr oft bleibt sie auch bei der Tante, um dort zu spielen.

Sobald das Spiel aufgedeckt und vom Gericht der Auftrag erteilt sein wird, es aufzubrechen, wird das Therapieziel darin bestehen, vor allem Claudio von seiner pathogenen Rolle innerhalb der Partnerbeziehung zu entbinden.

Die Eheleute sollen in der gemeinsamen elterlichen Aufgabe, die sie an Clau-dio zu erfüllen haben, vereint werden. Sie sind mit der Tatsache zu konfrontie-ren, daß eine schwere Hypothek auf der Zukunft des Sohnes lastet, dessen frühreife Intelligenz sie so forciert hatten. Der Junge, der in die absurde Rolle eines dritten Erwachsenen in der Familie eingeklemmt war, entwickelte näm-lich auch außerhalb seines Zuhause die Allüren eines Erwachsenen, so daß er für Mitschüler und Lehrer unerträglich wurde. Außerdem hat er gelernt, seine schwierige Lage auszunutzen: um seinen Schulpflichten zu entgehen, stellt er sich als Opfer dar und trägt seine traurige Familiensituation zur Schau. Wenn es gelingt, die Eltern zur Mithilfe zugunsten von Claudio zu gewinnen, so kann indirekt am darunter liegenden Ehekonflikt gearbeitet werden.

An dieser Stelle ist darauf hinzuweisen, daß sich die Konfliktbehandlung nicht darauf beschränken darf, herauszufinden, welche die Frustrationsmo-tive des jeweiligen Partners sind. Die Aufmerksamkeit der Therapeuten muß sich auch auf die Art der Verhaltensweisen richten, die beide anneh-men. Im eben beschriebenen Fall sind dies verdeckte Manipulation und Passivität bei Agata, Gewaltanwendung und Kriminalität bei Nicola. Die Wurzeln der jeweiligen Verhaltensstrategien müssen sowohl im jeweiligen Lernkontext als auch im Spiel der wechselseitigen Beeinflussung aufgespürt werden. Es ist offenkundig, daß in diesem Fall das Aufeinandertreffen der spezifischen Interaktionsweisen der beiden Partner nicht gegenseitig korri-gierend, sondern gegenseitig verstärkend gewirkt hat.

Der Verteidiger des Abwesenden

Eine häufige Variante des Spiels, in dem sich das Kind auf die Seite des ihm schwächer erscheinenden Elternteils stellt, tritt dann auf, wenn die Eltern getrennt leben. Aus der Literatur wissen wir, daß Kindesmißbrauch in Familien mit einem alleinerziehenden Elternteil – meist der Mutter – häufiger vorkommt (Sack, Mason & Higgins, 1985). Eine dyadische Betrachtungsweise des Phänomens sieht den Grund zum einen in der Überlastung und im Druck, denen die Frau bei der alleinigen Erfüllung der elterlichen Aufgaben ausgesetzt ist, zum anderen in der durch ihre Vereinsamung bedingten Traurigkeit und schließlich in der fehlenden Unterstützung in Situationen größter Anspannung.

Dennoch ist es notwendig, *immer das Beobachtungsfeld so weit auszudehnen, daß auch der Dritte erfaßt wird*, d.h. der Vater; dies allein schon deshalb, damit ausgeschlossen werden kann, daß er eine aktive Rolle im Spiel einnimmt. Dieselbe Erweiterung des Beobachtungsfelds, die uns in den Fällen von »Erziehungsunvermögen als Botschaft« einen »Verräter« erkennen ließ, der das Leben genießt und sich nicht um die Kinder kümmert, die er gezeugt hat, kann uns helfen, eine ganz neue Beziehungskonstellation ans Licht zu bringen.

Oft treffen wir auf einen Vater, der – direkt oder indirekt über die Großmutter oder die Tante der Kinder – den Kontakt zu den Kindern aufrechterhält, so daß diese seine erbarmungswürdigen Lebensumstände kennenlernen. Er kann sogar manchmal in objektiv schlechten Wohnverhältnissen leben (Männerwohnheim, gemietetes Zimmer, eigene Werkstatt), aber er ist in jedem Fall derjenige, der die eheliche Wohnung verlassen mußte. In den Augen des Kindes erscheint er oft als der, der von der Mutter »von zu Hause weggejagt« wurde. In einer Atmosphäre gegenseitiger Anschuldigungen – wie sie für eine konfliktbehaftete Trennung typisch ist – wird der Vater seine Ex-Frau als »die Böse« darstellen, die ihn daran hindert, mit dem Kind zusammenzusein, es zu sehen, mit ihm zu essen, ihm einen Gute-Nacht-Kuß zu geben etc. Auf diese Weise wird das Kind einerseits voll Mitleid sein für den einsamen, verlassenen Vater und andererseits voll Ressentiments gegen die Mutter, die ihm die väterliche Nähe geraubt hat.

Natürlich entgeht es dem Kind auch in dieser Situation vollkommen, daß der Vater provoziert: Jahrelang in einem öffentlichen Wohnheim zu leben, anstatt sich eine Wohnung zu suchen, zu trinken, um zu »vergessen« und sich über die mißliche Lage hinwegzutrösten, sind Verhaltensweisen, die bei der Ex-Frau Mitleid und/oder Schuldgefühle auslösen sollen. Andere Verhaltensweisen wie die Beziehung zu einer offensichtlich ungeeigneten Partnerin (zu einer viel älteren oder mittellosen Frau oder auch zu einer Prostituierten) können ein zweifaches Ziel verfolgen: Zum einen sollen sie die Ehefrau eifersüchtig machen, und gleichzeitig sollen sie ihr zeigen, wie »tief er gesunken ist« – durch ihre Schuld.

Außerdem trägt beim Kind getrennter Eltern die klassische Zeiteinteilung (der Alltag mit der Mutter und die Freizeit mit dem Vater) dazu bei, daß es den Vater als gut und großzügig idealisiert, während es die Mutter fordernd, ungeduldig und autoritär erlebt.

In diesem Rahmen ist es fast unausweichlich, daß das Kind der Mutter den Gehorsam verweigert, was wieder zur Folge haben kann, daß sie das Kind mißhandelt. Das Kind lebt mit der Mutter, ist aber voll Groll gegen sie, da es um den »verlorenen« Vater trauert, der ihm leidtut und auf dessen Seite es sich voll und ganz stellt. Außerdem wird es jedesmal, wenn es ihn sieht, gegen die Mutter aufgestachelt – auch wenn das nicht explizit geschieht.

Diese leidet inzwischen unter der Last der Opfer, die sie infolge der Alleinversorgung des Kindes erbringt, sie erinnert sich schmerzlich an das Unrecht, das sie durch den Ex-Mann erlitten hat – er hat ihr nie bei der Erziehung des Kindes geholfen – und das sie möglicherweise immer noch erleidet, wenn er seinen Unterhaltspflichten nicht nachkommt. Und dies kommt ebenfalls häufig vor. Der Ungehorsam und das provozierende Verhalten des Kindes, sein ständiges Eintreten für den Vater, der das Kind zu sich kommen läßt, obwohl die Mutter seine Einmischung zu unterbinden versucht, erscheinen dieser daher als unverdienter und bitterer Verrat. Daraus resultiert die Mißhandlung, nachdem die Frau Opfer der Depression (und vielleicht auch des Alkoholismus) geworden ist.

Es versteht sich, daß eine derartige Situation nicht allein durch Hilfestellungen für die Mutter angegangen werden kann. Vielmehr muß das Spiel in seiner ganzen Komplexität rekonstruiert und auch dem Vater des Kindes mit aller Deutlichkeit aufgezeigt werden. Dies mit dem Ziel, den Mann dazu zu veranlassen, mit dem Aufhetzen und Verführen aufzuhören, da ja sein Spiel jetzt von allen durchschaut ist. Andererseits soll das Kind dazu gebracht werden, die schwierige Situation, in der sich die Mutter befindet, nach und nach zu verstehen, damit es sich nicht mehr unbewußt als Werkzeug für die väterlichen Strategien zur Verfügung stellt.

Das Kind im Mißhandlungsablauf

Die bis jetzt erfolgte Beschreibung der Spiele läßt zwar ihre Komplexität und Dynamik erkennen, sie entwirft aber vielleicht ein allzu statisches Bild von Position der einzelnen Akteure. Man könnte fälschlicherweise folgern, daß die Rolle jedes einzelnen Spielers heute dieselbe ist, die sie in der Vergangenheit war.

Es ist in Wirklichkeit so, daß die Zeitspanne, die wir ausloten können, solange wir eine Familie begleiten, weitaus kürzer ist als der Zeitraum, in dem sich das Beziehungsknäuel gebildet hat, das jetzt zu einem Spiel geworden ist. Was wir nicht direkt beobachten können, versuchen wir, durch Aussagen der Protagonisten oder anderer Verwandter zu rekonstruieren. Letztere werden eben auch deshalb zu den Sitzungen hinzugezogen, damit sie Fakten ans Tageslicht bringen, die das Gedächtnis der Protagonisten auf eine sehr persönlich gefärbte Weise wiedergibt; außerdem erinnern sie oft Vorkommnisse, die die Protagonisten lieber dem Vergessen anheimfallen ließen.

Die Rekonstruktion ist aber auch für die Gegenwart von Belang, wenn sie die Erklärung dessen, was zur Zeit vor sich geht, ergänzt und das gegenwärtige Spiel beschreiben hilft, so daß auch die Vergangenheit dazu beiträgt, mit ihrem relevanten Anteil die Komplexität der Verstrickung aufzuzeigen. So kann also durch unsere Beschreibung der Eindruck eines Spiels entstehen, das immer gleich, ein für allemal festgelegt und nach Regeln sowie Organisationsparametern strukturiert ist, die heute genauso gelten wie in der Vergangenheit. Wir wissen jedoch, daß sich eine Gruppe nach dem Prinzip von »Versuch und Irrtum« organisiert und daß es dadurch nach und nach – manchmal mehr nach Diskontinuitätskriterien als nach Kontinuitätskriterien – zu jenen unglücklichen Beziehungsverflechtungen kommt, die wir beobachten. Bei der Beschreibung dieser Phänomene ist es nicht immer möglich, den Ablauf der Ereignisse (*Längsschnitt*) und das, was gegenwärtig vor sich geht (*Querschnitt*), gleichzeitig darzustellen.

Deshalb möchten wir die Beschreibung der Spiele erweitern und einige Überlegungen anstellen, die insbesondere die Position des Kindes innerhalb des die Mißhandlung generierenden Prozesses betreffen. Diese Bemerkungen, die eher als Anregungen für vertiefende Studien zu verstehen sind und nicht als gesicherte und endgültige Erkenntnisse, gehen von einer diachronischen Betrachtungsweise aus, die den Ablauf und die Phasen beleuchtet, in denen der Mißbrauch Gestalt annimmt.[3] Wir richten uns dabei nach einem Bezugsschema, das Selvini Palazzoli et al. (1988) – in komplexerer Form – für die Analyse der psychotischen Spiele entwickelt haben, wobei sie von einem Prozeß in sechs Phasen ausgehen. In Analogie zu diesem Modell und aufgrund unserer Beobachtungen haben wir einige typische Phasen festge-

---

3 Die in diesem Teil enthaltenen Überlegungen stellen eine überarbeitete Fassung eines Vortrags mit dem Titel »Emotional reactions in abused children« dar, den Paola Di Blasio 1986 auf dem 21. Internationalen Kongreß für angewandte Psychologie in Jerusalem gehalten hat.

stellt, die die Dynamik der mißhandelnden Familie kennzeichnen. Unser Augenmerk beschränkt sich auf Fälle mit physischer Gewaltanwendung, weil wir nur in diesem Bereich eine ausreichende Anzahl von Fällen beobachtet haben, um eine Verallgemeinerung vorzunehmen. Es wäre unzulässig, diese Verallgemeinerungen auf Situationen von Verwahrlosung und von sexuellem Mißbrauch zu übertragen, da diese Fälle andere Entwicklungsphasen kennen, die sich nur zum Teil mit den Abläufen decken, die die physische Mißhandlung kennzeichnen.

Erste Phase: Der Partnerkonflikt

Die Familie, in der es zur Kindesmißhandlung kommen wird, weist in der ersten Phase einen expliziten Ehekonflikt auf, wobei die Partner ständig und systematisch in Opposition zueinander stehen. Es ist ein Konflikt ohne erkennbaren Ausweg, der gekennzeichnet ist durch Brüche von mehr oder weniger kurzer Dauer, durch ständige Androhungen von Trennung und durch darauf folgende Aussöhnungen. Wir haben es hier mit einer Paarbeziehung zu tun, die ständigen Schwankungen unterliegt, wobei das Paar weder in der Lage ist zusammenzubleiben noch sich zu trennen.

Man könnte meinen, daß finanzielle Probleme der Familie, die wirtschaftliche Abhängigkeit eines der Partner (meist der Frau) oder die Schwierigkeit, Wohnraum zu finden, die Beendigung einer unglücklichen Beziehung weitgehend verhindern. Wir wissen jedoch, daß diese Faktoren, so wichtig sie auch sein mögen, kein Motiv für die Fortsetzung der Beziehung darstellen und auch nicht die realen Ursachen des Konflikts sind, wenn sie auch – da man sie objektiv feststellen kann – als Vorwand benutzt werden, um das Nichtherbeiführen einer Veränderung zu rechtfertigen. Der Konflikt hält hingegen an, weil jeder Partner den anderen ändern möchte, und erwartet, daß der andere in irgendeiner Weise nachgibt.

In einer solchen Situation erstarren die Partner in zwei verschiedenen Rollen, wobei es so aussieht, als ob dem einen ständig die Entscheidungen des anderen auferlegt würden, während der andere seine Überlegenheit und Macht auszuspielen scheint. Es bilden sich also zwei Positionen heraus: die des – allem Anschein nach – passiven Opfers und die des anscheinend aktiven Täters. Um es ganz klar zu sagen: wenn wir von Opfer sprechen, verstehen wir – in Übereinstimmung mit Selvini Palazzoli et al. (1988) – eine nur scheinbar nicht aktive Position, denn in Wirklichkeit spielt diese Person die Rolle eines »passiven Provokateurs«. Mit dem Begriff »Täter« beziehen wir uns auf jene Position, die in der Beziehung die überlegene zu sein

111

scheint, da der Träger dieser Rolle die sichtbaren Verhaltensweisen der aktiven Provokation annimmt.[4]

Das Kind ist in dieser Situation noch Zuschauer des Konflikts, es bringt sein Unbehagen hin und wieder durch Ängste und Reizbarkeit zum Ausdruck.

---

4 Das muß an dieser Stelle deutlich gemacht werden, da wir es hier mit einem Paarkonflikt zu tun haben, der in seiner ersten Phase, auch wenn das Kind noch nicht mißhandelt wird, zur Gewaltanwendung eines Partners gegenüber dem anderen führen kann. Diese Verhaltensweisen werden von der Gesellschaft zu Recht verurteilt und, in schweren Fällen, vom Gesetz unter Strafe gestellt. Es ist auch berechtigt, daß für das Opfer physischer Gewalt Partei ergriffen wird, da es sich in dieser Situation nicht verteidigen kann. Wir wollen die Richtigkeit dieser Einschätzung keineswegs in Frage stellen. Wenn wir jedoch das Problem aus psychologischer Sicht verstehen und über die Vereinfachungen des gesunden Menschenverstands hinausgehen wollen, können wir nicht darauf verzichten, die emotionalen Beweggründe dessen zu analysieren, der benachteiligt und untergeordnet ist. Aufgrund unserer Beobachtungen ergibt sich, daß der in dieser Position befindliche Partner glaubt, der andere Partner sei daran schuld, daß es ihm an Selbständigkeit und Handlungsspielraum fehlt. Aufgrund dieser Überzeugung will er stets das Verhalten des anderen ändern, und zwar nicht offen, sondern mit Hilfe verschiedener Strategien wie Boykott, passive Resistenz, Schuldzuweisung und Opferhaltung. Diese Strategien verstärken jedoch die aggressiven und gewalttätigen Verhaltensweisen, die das Opfer beseitigen möchte. Das Scheitern dieser Strategien bewirkt nicht nur Entmutigung, sondern verstärkt auch das Gefühl der Ohnmacht, die blinde Wut und den Wunsch nach Rache und Vergeltung. Diese Gefühle rufen Reaktionen passiver Provokation hervor.

Es sollte aus diesem Zusammenhang klar werden, daß der Begriff »passiver Provokateur« (und folglich auch der Begriff »aktiver Provokateur«) keine Bewertung und Schuldzuweisung beinhaltet, sondern die Manifestation einer Position innerhalb der spezifischen Dynamik des familiären Spiels darstellt, das Gegenstand unserer Betrachtung ist. Natürlich ist nicht in jeder Paarbeziehung der Ehemann aggressiv und die Ehefrau untergeordnet und scheinbar passiv. In unserer Kasuistik gibt es durchaus auch – wenn auch selten – Paarbeziehungen, in denen die Ehefrau zu dominieren scheint: Sie hat einen motivierenden Beruf, verdient entsprechend und hat soziale Beziehungen. Mit ihrem Verhalten macht sie den Ehemann eifersüchtig, wütend und besitzergreifend. In diesem Fall ist der Ehemann »das Opfer« oder, besser gesagt, »der passive Provokateur«: Er ist unfähig, angemessen zu reagieren und sich zu ändern; er ist ständig vom Verhalten der Partnerin enttäuscht, und es ist ihm nicht möglich, aus eigenem Antrieb zu handeln; in seinem Innersten ist er fest dazu entschlossen, die Oberhand über seine Partnerin zu gewinnen, und daher stachelt er das Kind gegen sie auf, um ihr zu beweisen, daß sie als Mutter gescheitert sei.

112

Zweite Phase: Die Parteinahme der Kinder

Wenn der Konflikt andauert, sind in seiner zweiten Phase die Kinder zum Mitspielen und zur Parteinahme für einen Elternteil aufgefordert. Die Kinder, die die Komplexität und den Kreislauf der Paarbeziehung nicht durchschauen, stellen sich meist auf die Seite des Elternteils, den sie für schwach halten und als Opfer des anderen wahrnehmen. Mit Empathie nähern sie sich tröstend dem Elternteil, der in für sie verständlicher Weise zum Ausdruck bringen kann, daß er unglücklich ist und leidet. Diese Art von emotionaler Beteiligung ist bereits bei drei- bis vierjährigen Kindern zu beobachten. Wir wissen überdies aufgrund der Empathie-Forschung, daß auch kleinere Kinder Unzufriedenheit und Leiden anderer in irgendeiner Form zu lindern versuchen, um sich so selbst vom Schmerz fernzuhalten.

Die Arbeiten von Radke-Yarrow und Zahn-Waxler (1976), Rheingold, Hay und West (1976), Sagi und Hoffman (1976), Hoffman (1979, 1982) sowie von Hinchey und Gavelek (1982) widerlegen das Stereotyp des gegenüber Signalen und Äußerungen von Schmerz unempfindlichen Kindes; sie heben vielmehr hervor, daß sich bereits in den ersten zwei Lebensjahren jene empathischen Fähigkeiten herauszubilden beginnen, die Vorläufer eines altruistischen Verhaltens sind und es ermöglichen, Schmerz und Unbehagen eines anderen zu erkennen, sie aufgrund einer Art emotionalen »Ansteckung« zu teilen sowie mit Aufmerksamkeit darauf zu reagieren und schließlich Verhaltensweisen zu entwickeln, die den Schmerz lindern sollen. In unserem Fall wird die Bereitschaft des Kindes, sich einem Elternteil zu nähern, um ihn zu trösten, bereitwillig angenommen: ohne es zu merken, fördert er diesen Rollentausch. Wie De Lozier (1982) und Masson (1981) hervorheben, tut er das aufgrund einer ähnlichen Erfahrung, da er in seiner Kindheit selbst Trostspender für einen Elternteil gewesen ist. Der Erwachsene sucht also Unterstützung, Trost und Stärkung beim Kind, er vertraut ihm seine Enttäuschungen in der Ehe an, er teilt ihm seine Unzufriedenheit mit dem Partner mit und erwartet vom Kind, daß es sich mit ihm verbündet. Damit wird die Grundlage für einen Beziehungstyp gelegt, der durch eine mehr oder weniger explizite Koalition zwischen Mitgliedern von zwei verschiedenen Generationen – Elternteil und Kind – gegen einen Dritten – den anderen Elternteil – gekennzeichnet ist.[5] Wenn sich natürlich der Paarkonflikt

---

5 Der Begriff der Koalition gehört zum Erklärungsinventarium der Familientherapeuten, seitdem Haley (1963, 1969) in der »verleugneten Koalition« eine für die sogenannten »perversen Dreiecke« typische Beziehungsform erkannt hat. Die darauf folgenden therapeutischen Be-

durch positive Veränderungen löst, so werden wahrscheinlich die beschriebenen Phänomene nach und nach verschwinden, ohne daß die Koalition sich als Struktur verfestigt. Auch wenn sich der Konflikt nicht durch Versöhnung beilegen läßt, können durch Veränderung andere Lösungen herbeigeführt werden. Beispielsweise kann einer der Partner schließlich die Bereitschaft entwickeln, sich vom anderen zu trennen, wenn er überzeugt ist, daß er mit der Unterstützung des Kindes rechnen kann, um mit ihm eine solide affektive Beziehung aufzubauen.

In anderen Fällen wird hingegen das Bündnis mit dem Kind dazu benutzt, Pseudotrennungen hervorzurufen, um eine andere Form der Partnerbeziehung auszuhandeln, wobei das Kind als Tauschobjekt benutzt wird. Beispielsweise teilt die Ehefrau dem Kind mit, daß der Ehemann ihr gegenüber gewalttätig ist; sie bittet das Kind um seine Hilfe und erklärt, sie wolle sich vom Partner trennen – dies in der Hoffnung, daß dieser sein Verhalten ändert. Im besten Fall kann diese Strategie die Familienregeln neu festlegen helfen. Meist bleibt es jedoch nur bei einer Drohung, der keine echte Entscheidung zugrunde liegt, dem Partner klare Bedingungen zu stellen. Die Versöhnung geht in diesen Fällen blitzartig vor sich, die vom Partner vorgebrachten Vorwürfe werden zurückgenommen, und die Bereitschaft, zuzugeben, daß es irgendwelche Probleme gibt, versandet. Dieses Verhalten kann sich mehrmals wiederholen und hat zur Folge, daß sich am Spiel nichts ändert.

Dritte Phase: Die aktive Beteiligung des Kindes am Bündnis

Es kann zu einer dritten Phase kommen, in der das Kind, das bereits für einen Elternteil Partei ergriffen hat, die eigene Feindseligkeit gegenüber dem anderen Elternteil auszuspielen beginnt. Bei den mehr oder weniger häufigen Auseinandersetzungen ist es nun nicht mehr bloßer Zuschauer, sondern Verteidiger des einen Elternteils gegen den anderen. Es äußert offen seine Gefühle von Angst, Zorn, Groll, Haß und nimmt gleichzeitig Oppositionshaltungen ein. Dazu gehören Weigerungen, zu essen, am Morgen aufzustehen, sich zu waschen, sich anzuziehen, schlafen zu gehen, den Fernseher

---

obachtungen bestätigten diesen Interpretationsansatz und ergänzten ihn durch einige Differenzierungen wie z.B. die Unterscheidung zwischen der einfachen und der überkreuzten Koalition. Das Konzept wurde von der Therapeutengruppe um Selvini Palazzoli auch auf die institutionelle Ebene übertragen, um zu zeigen, daß eine solche Beziehungsform auch zwischen dem Therapeuten und den Klienten entstehen kann (Di Blasio, 1981).

auszuschalten oder die Schulaufgaben zu machen. In dieser Phase sind derlei Widerstände im wesentlichen nur gegen einen Elternteil gerichtet.

Diese Konstellation emotionaler und verhaltensmäßiger Reaktionen ist also selektiv, sofern sie sich spezifisch gegen jenen Elternteil richtet, den wir als »aktiven Provokateur« bezeichnet haben und der in den Augen des Kindes dominierend und übermächtig ist. Wir können feststellen, daß das Kind durch die Signale, die es vom »Opfer« erhält, aktiv aufgefordert wird, Wut und Aggressivität zum Ausdruck zu bringen.

Die Aufforderung fällt beim Kind auf fruchtbaren Boden, da es bereits negative Gefühle gegenüber dem autoritären, strengen und reizbaren Verhalten des »aktiven Provokateurs« entwickelt hat. Dieses Verhalten hat es in der direkten Beziehung zu ihm auch persönlich erfahren.

Außerhalb der Familie zeigt das Kind erhöhte Reizbarkeit, Angst und Konzentrationsschwäche, aber es reagiert nicht mit Zorn und Aggressivität.

Dauert der Konflikt an, nimmt das Kind meist eine kontinuierlich aggressive Reaktionsweise an, die es in der Folge auch außerhalb der Familie an den Tag legt.

Vierte Phase: Umleitung des Konflikts auf Erziehungsprobleme

In der vierten und letzten Pase – man könnte sie als Phase der Konfliktumleitung bezeichnen – wird das familiäre Spiel komplexer, da das Kind seinerseits eine Position einnimmt, die aktiv auf die Mißhandlung hinführt.

Was passiert üblicherweise? Es zeigt sich, daß die Eltern nicht in der Lage sind, die emotionalen und verhaltensmäßigen Reaktionen des Kindes in direktem Zusammenhang mit ihrem Paarkonflikt zu sehen. Sie betrachten Wut und Aggression als Zeichen von Auflehnung, Bosheit und Ungehorsam, die drastische Strafen verdienen. Die Reaktionen des Kindes werden von den Eltern dazu benutzt, sich gegenseitig Unwissen und Unfähigkeit vorzuwerfen.

Der Paarkonflikt wird auf Erziehungsprobleme umgeleitet, die Eltern nehmen stereotype Rollen ein. Beim Versuch, das Verhalten des Kindes unter Kontrolle zu bringen, wird der eine Elternteil überaus permissiv, der andere extrem autoritär. Der Wettkampf wird als Provokation ausgetragen: es geht darum zu beweisen, der bessere Elternteil zu sein; dabei werden die Erziehungsmethoden des Partners fast automatisch abgewertet. In dieser Lage sieht sich das Kind verraten und hat das frustrierende Gefühl, ein Spielball in der Auseinandersetzung der Eltern zu sein. Und schließlich kommt das

Kind dazu, beide Eltern zu verachten. Seine Reaktionen von Wut, Feindseligkeit und Aggression bringt es nun beiden entgegen. Auf diese Weise wird es mit seinem Verhalten gleichzeitig zum Opfer und zum Herausforderer von Gewalt. Es wird so zu einem aktiven Partner bei der Fortsetzung des Spiels, das die Mißhandlung hervorruft.

Kognitive Entwicklung des Kindes und Wahrnehmung des Ehekonflikts

Wir möchten gerne besser verstehen lernen, welche Faktoren von Reifung und Erfahrung zur Stabilisierung der emotionalen Reaktionen des Kindes beitragen. Unsere Beobachtungen zeigen, daß das 6. und 7. Lebensjahr eine besonders kritische Phase darstellt, in der das Kind eine aktiv aggressive Rolle zu spielen beginnt, und zwar zuerst innerhalb der Familie und dann außerhalb von ihr. Wir wollen versuchen, diese Veränderung zu erklären, indem wir die bisher gemachten Bemerkungen durch einige Betrachtungen über die kindliche Entwicklung von kognitiven und sittlichen Fähigkeiten ergänzen.

Wir wissen aus den klassischen Studien von Piaget (1947) und aus den Arbeiten von Kohlberg (1976), daß Kinder unter 6 Jahren dem Gehorsam und der Einhaltung von Regeln schon allein deshalb einen großen Wert beimessen, weil diese Regeln sich auf die Autorität der Erwachsenen gründen. Sie halten also die von der Autorität vorgeschriebenen Normen ebenso für gerecht wie die ihnen Strafe ersparenden Verhaltensweisen.

In der beschriebenen Familienkonstellation wird sich das Kind dieses Alters nicht gegen den Elternteil auflehnen, der Übergriffe vornimmt, und zwar deshalb nicht, weil es zum einen Angst vor Strafe hat, und zum anderen, weil es unfähig ist, nach den Kriterien von gerecht und ungerecht persönliche Urteile zu fällen. Das Kind fühlt sich vielmehr affektiv jener Person nahe, die es als Opfer wahrnimmt. Es entwickelt Haßgefühle gegenüber dem andern Elternteil und sieht sich in der Rolle eines Rächers, der das Talionsprinzip praktiziert und Gleiches mit Gleichem vergilt.

Im Alter von 6 bis 7 Jahren bilden sich Beurteilungskriterien heraus, die auf einem Konzept der gerechten Verteilung beruhen; aber es entwickelt sich auch und vor allem die Fähigkeit, die Handlungsmotive der anderen zu beurteilen und sich in die Rolle des anderen zu versetzen *(role taking)*. Dies alles bringt eine neue Sicht der familiären Beziehungen mit sich. Das Kind reagiert nun nicht mehr nur empathisch auf das Leiden des »Opfers«, sondern versucht auch, dessen Handlungsmotive zu verstehen und zu deuten. Der Wunsch nach Rache und Vergeltung, der das »Opfer« beherrscht, wird vom Kind als gerechtfertigtes Bedürfnis empfunden, sich gegen den Partner aufzulehnen. Das Kind kann natürlich weder auf der Ebene der Logik noch auf der Beziehungsebene die Wechselwirkungen erfassen, die in der Beziehung der Eltern untereinander bestehen. Seine Lesart richtet sich nach einem einfachen und linearen Schema, aufgrund dessen offenkundig falsche Verhaltensweisen bestraft werden müssen – auch wenn es einen Erwachsenen trifft –, damit Gerechtigkeit und Gleichheit wiederhergestellt werden. Es lehnt sich also auf, um den Schuldigen zu bestrafen, und erwartet Dankbarkeit von demjenigen oder derjenigen, den oder die es zu verteidigen glaubt. Werden diese Erwartungen enttäuscht, verschärft sich der Konflikt zwischen den Eltern, und wird das Verhalten des Kindes daraufhin auch von dem Elternteil mißbilligt, dem es sich affektiv näher fühlt, so ist das für das Kind wie ein Verrat und ein ungerechter Angriff auf seine Person. Es reagiert mit weiterer Auflehnung, die es nun im eigenen Namen sowohl innerhalb der Familie als auch außerhalb praktiziert. Zur Verdeutlichung haben wir in Tabelle 2 die Reaktionen des Kindes im Verlauf des familiären Spiels dargestellt.

Tabelle 2: Entwicklung des familiären Spiels und Rolle des Kindes

Phasen des familiären Spiels	Reaktionen des Kindes
Phase 1: Ehekonflikt	Angst, Reizbarkeit
Phase 2: Parteinahme der Kinder	Angst, Furcht, Empathie
Phase 3: aktive Bündnisbildung	Wut, Aggressivität
Phase 4: Konfliktumleitung auf Erziehungsprobleme	Wut, Aggressivität, Feindseligkeit auch außerhalb d. Familie

Die Verlassenheitsgefühle des
mißhandelnden Elternteils

Bis jetzt haben wir versucht, uns in die Lage des Kindes zu versetzen und das Gewirr seiner Gefühle zu analysieren, die es dazu veranlassen, in den Ring zu steigen, d.h. seine passive Haltung aufzugeben und seinerseits zum äußerst aggressiven Symptomträger zu werden.

Wenn wir uns jetzt in die Lage des mißhandelnden Elternteils versetzen und eine der Triebfedern analysieren, die ihn zur Gewaltanwendung gegenüber dem Kind treiben – ein Verhalten, das sich sowohl von der verbalen Unterdrückung als auch von der (gelegentlichen oder systematischen) Gewaltanwendung gegenüber dem erwachsenen Partner unterscheidet –, so entdecken wir als Ursache Angst vor Verlust und Verlassenwerden. Psychoanalytisch ausgerichtete Studien weisen nachdrücklich darauf hin, daß die mißhandelnden Eltern auf Trennung mit Angst und Wut reagieren (De Lozier, 1982). Die von Bowlby ausgearbeitete Hypothese, die auf einem psychoanalytischen Modell beruht, das stark von der Ethologie beeinflußt ist, geht von der Erklärung der funktionalen Wut aus, um daraus die dysfunktionale abzuleiten. Nach Ansicht dieses angelsächsischen Autors ist die Wut, wenn sie am rechten Ort und zur rechten Zeit zum Ausbruch kommt, ein angemessenes Verhalten, um ganz bestimmte und lebenswichtige Beziehungen (beispielsweise zum Sexualpartner, zu den Eltern und zu den Kindern) aufrechtzuerhalten und zu schützen. »Ein Großteil der unangemessenen Gewalt in der Familie«, schreibt Bowlby 1984, »ist nichts anderes als eine verdrehte und unverhältnismäßige Variante eines potentiell funktionalen Verhaltens der Anhänglichkeit einerseits und der Fürsorge andererseits.« Demnach wäre die Gewalt gegenüber dem Kind eine unangemessene Art und Weise, Wut und Ärger auszudrücken, deren Ursache letztlich die Angst vor Trennung und Verlust ist. Wie Bowlby schreibt, haben Beobachtungen an diesen Eltern gezeigt, daß sie »auf jede Art von Trennungssituation – auch auf die unbedeutendste und gewöhnlichste – äußerst sensibel reagieren«. Und dies nicht nur, wie man meinen möchte, weil diese Personen tatsächlich Erfahrungen der Trennung von ihrer Familie gemacht haben, sondern auch, weil man ihnen wiederholt gedroht hatte, von den eigenen Eltern verlassen zu werden. Für Bowlby ist dies ein Zeichen dafür, daß »die wiederholten Androhungen des Verlassenwerdens mindestens ebenso pathogen sind wie tatsächliche Trennungen«.

Wenn wir diese Hinweise im Rahmen unseres Konzepts der familiären

Spiele verwenden, können wir feststellen, daß der mißhandelnde Elternteil nicht nur aufgrund der gemachten Erfahrungen mit Wut, Angst und Haß reagiert, sondern auch deshalb, weil er unbewußt wahrnimmt, daß er aus dem Bündnis ausgeschlossen ist, das sich zwischen dem Partner und seinem Kind gebildet hat. Es ist eine undeutliche und undefinierte Wahrnehmung, wie dies typisch ist für ein Bündnis zwischen den Generationen, das nie klar aufgedeckt werden kann. Was der ausgeschlossene Partner wahrnimmt, erfährt er nur über indirekte Signale, d.h. über das Verhalten des Kindes. Die Feindseligkeit, die Auflehnung, die Aggression, die das Kind ihm entgegenbringt – während der andere Partner nichts zu dessen Mäßigung unternimmt – sind Zeichen eines Abgewiesenwerdens, einer Trennung und eines Verlustes, und sie sind gleichzeitig ein Signal dafür, daß ein Bündnis und ein Einverständnis existiert, von dem sich dieser Partner ausgeschlossen fühlt – und das macht ihn wütend!

Wenn der Prozeß chronisch wird

Wie wir gesehen haben, sind die Reaktionen des Kindes (Gaensbauer & Sands, 1979; Martin & Rodeheffer, 1980) die im gegebenen familiären Umfeld einzig und allein möglichen und sinnvollen Verhaltensweisen. Daher wird das Kind dazu übergehen, sie auch außerhalb der Familie als Strategien anzuwenden.

Wir haben wiederholt darauf hingewiesen, daß bei Mißhandlungsfällen die therapeutische Intervention die Position aller Beteiligten am familiären Spiel verändern muß, wenn sie erfolgreich sein will. Alle Familienmitglieder – auch das Kind – sind in gleicher Weise Gefangene eines dysfunktionalen Spiels, in dem sie zwangsläufig eine aktive Rolle innehaben. Klinische Interventionen an einem Familienmitglied sind meist einseitig und bleiben daher, insbesondere in der Anfangsphase der Problembewältigung, ohne Wirkung.

Wir konnten feststellen, daß in Fällen akuter Mißhandlung die Reaktionen des Kindes – unabhängig von seinem Alter – noch nicht fest strukturiert sind und sich daher bei Veränderung des familiären Spiels ebenfalls verändern lassen. Es versteht sich, daß die Herausbildung eines festen Systems emotionaler Verhaltensweisen einen Lernkontext benötigt, der sich über eine gewisse Zeitspanne erstreckt. Der akute Vorfall einer Mißhandlung reicht allein nicht aus, um beim Kind die komplexe Gefühls- und Verhaltensstörung hervorzurufen, die wir oben beschrieben haben. In Fällen chronischer und wiederholter Mißhandlung gibt es die Möglichkeit, durch Therapie Heilung zu bewirken, sofern das familiäre Spiel noch nicht die vierte Phase erreicht hat. Wenn sich hingegen die familiären Beziehungen bereits in diese Richtung entwickelt haben, reicht Familientherapie allein oft nicht mehr aus. Um die Gefühls- und Verhaltensreaktionen des Kindes zu verändern, ist es nötig, gleichzeitig auf seine verschiedenen Lebensbereiche (Schule, Kameraden, Verwandtschaftsbeziehungen etc.) einzuwirken und es in einer Einzeltherapie psychotherapeutisch zu begleiten.

V

THERAPIE IM ZWANGSKONTEXT

Zwischen Therapie und Kontrolle

Der Kernpunkt der Arbeit bei nicht freiwilligen Therapien ist und bleibt das schwierige Verhältnis von Hilfe und Kontrolle. Das Problem ist wiederholt erörtert worden, unter anderem auch in Arbeiten, die unserem theoretischen Ansatz nahestehen (Mastropolo, Pesenti, Rizzo Pina & Daglio, 1985; Bianchi & Rangone, 1985). Der Lösungsversuch, der sich dabei meist anbietet, ist eine klare Trennung zwischen dem therapeutischen und dem Kontrollkontext.

In den ersten Jahren unserer Arbeit sind wir auch nach diesem Prinzip vorgegangen. Funktionsträger zweier verschiedener Institutionen übten die beiden unterschiedlichen Funktionen unabhängig voneinander aus: die Psychologen unseres Zentrums die Therapie und der Bezirkssozialarbeiter die Kontrolle. Die Abstimmung zwischen den beiden Tätigkeiten erfolgte nur in Einzelfällen. Sie bestand vorwiegend in einem unregelmäßigen und in großen Abständen stattfindenden Informationsaustausch sowie in einem einseitigen Bemühen des Sozialarbeiters oder der Sozialarbeiterin, den Klienten ihre Therapieverpflichtung klarzumachen.

Im Laufe der Zeit ist uns immer deutlicher geworden, daß die beiden Aufgaben – Therapie und Kontrolle – die zwei Seiten einer Medaille sind und daß *beide in den größeren Zusammenhang von Maßnahmen zu stellen sind, die den Schutz des Kindes zum Ziel haben.*[1] Nur durch eine derartige Begleitung wird die Familie – die nicht freiwillig Hilfe in Anspruch nimmt – verantwortlich betreut, wie wir bereits in Kapitel III dargestellt haben. Mit einer Familie, die verleugnet und minimalisiert, können wir nur dann sinnvoll arbeiten, wenn wir Hinweise über die Nöte und die Mißhandlungen des Kindes sowie über die ihm drohenden Gefahren erhalten. Nur durch regelmäßigen Kontakt mit den Personen, die die Kontrollfunktion ausüben, verfügen die Therapeuten über konkrete Anhaltspunkte, um herauszufinden, ob das

---

1 Auf unserem langen Weg zu dieser Erkenntnis haben uns die scharfsinnigen Beobachtungen ermutigt, die im Buch von Crivellé et al. (1987) enthalten sind. Auch diese Arbeit kritisiert das bisher geltende Prinzip, daß die Rolle des Therapeuten mit der einer Autoritätsperson unvereinbar sei.

Problem weiterhin besteht oder ob eine positive Veränderung eingetreten ist, die auch Bestand hat. Das Therapeutenteam kann nämlich nicht damit rechnen, daß die Familie in der Weise mitarbeitet, daß sie selbst die bestehenden Probleme vorbringt. Beispielsweise wird sie kaum erzählen, welche Schwierigkeiten zwischen den einzelnen Sitzungen aufgetreten sind. Daher müssen die Therapeuten auf die sorgfältige Ermittlungsarbeit eines Teams vertrauen, das mit der Durchführung der Kontrolle beauftragt ist.

Daraus ergibt sich, daß eine Aufspaltung zwischen Therapie und Kontrolle in zwei voneinander völlig unabhängige Bereiche unseres Erachtens nicht nur künstlich, sondern auch zum Mißerfolg verurteilt ist. Wie sollen sich die Therapeuten verhalten, wenn die Klienten die Therapie abbrechen? Mit welchem Material sollen sie arbeiten, wenn die Familie erklärt, alle Probleme hätten sich auf wunderbare Weise gelöst? Welchen Sinn würde es noch machen, sich gegenüber dem Gericht hinter dem Berufsgeheimnis zu verschanzen und nur formale Kriterien (wie z.B. die Einhaltung der Behandlungstermine) weiterzuleiten, wenn die Arbeit direkt für das Gericht gemacht wird und in der gesamten diagnostischen Phase den Charakter einer Untersuchung und eines Gutachtens annimmt?

In jüngster Zeit haben wir daher eine andere Vorgehensweise ausgearbeitet und bereits konkret umgesetzt. Die erste Sitzung dient vor allem dazu, den Kontext implizit und explizit zu definieren. Bei diesem Termin lernt die Familie neben dem Team, das mit der Diagnose und eventuell auch mit der Therapie beauftragt ist, auch den örtlichen Sozialen Dienst kennen, dem die Kontrollfunktion zukommt. Der zuständige Sozialarbeiter referiert die Fakten, die zur Anzeige geführt haben. Dann wird der Gerichtsbeschluß verlesen, der die Familie verpflichtet, sich einer psychologischen Begutachtung an unserem Zentrum zu unterziehen, dies bei gleichzeitiger Fremdunterbringung der Kinder durch den Sozialen Dienst. Daraufhin verfolgt der Sozialarbeiter den verbleibenden Teil der Sitzung hinter der Einwegscheibe, wobei er gegebenenfalls ergänzend eingreift, wenn der Psychologe, zusammen mit der Familie, das Problem zu rekonstruieren versucht. Normalerweise nimmt der Sozialarbeiter an den folgenden Sitzungen nicht teil, er informiert aber die Kollegen des Zentrums vor jeder Sitzung in einem ausführlichen Telefongespräch über Begegnungen mit beiden Eltern oder einem Elternteil, über Nachrichten von den Kindern, die er von den betreffenden Einrichtungen oder Pflegefamilien erhalten hat, über Verhaltensweisen von Verwandten, über Kontakte mit dem Richter usw. Das diagnostisch-therapeutische Team informiert seinerseits nach jeder Sitzung den Sozialen Dienst über die in der Sitzung zutage getretenen Elemente und über die den

Klienten erteilten Hinweise. Wenn die telefonische Information nicht ausreicht, werden Treffen zwischen den beiden Funktionsgruppen organisiert.

Unserem Prinzip der doppelten Transparenz folgend ist die Familie über diese enge Zusammenarbeit zwischen den örtlichen Stellen und unserem Zentrum informiert. Dies trägt natürlich dazu bei, zu verhindern, daß ein Gegensatz zwischen dem »bösen« Funktionsträger (nämlich dem Sozialarbeiter, der die Kinder weggenommen hat) und dem »guten« (nämlich dem Therapeuten, der sich dafür einsetzt, daß sie der Familie zurückgegeben werden) konstruiert wird. Dadurch daß der Therapeut ständig und ausdrücklich Informationen nutzt, die ihm der Kollege des örtlichen Dienstes hat zukommen lassen, wird diese Dichotomie überwunden. Allerdings muß der Klient nach und nach die Erfahrung machen, daß der Therapeut diese Informationen nicht zum Zweck der Anklage und der Bestrafung mißbraucht. Nur wenn es erneut zu Mißhandlung oder Verwahrlosung kommt, wird der Richter unverzüglich benachrichtigt, damit er eine weitere Verfügung zum Schutz des Kindes trifft. In allen anderen Fällen arbeitet der Therapeut ausschließlich mit dem Material, das ihm der Soziale Dienst übermittelt. Er versucht, auf diese Weise zu einem umfassenden Verständnis des familiären Spiels zu gelangen – *dies mit dem Ziel, den Klienten dabei zu helfen, dieses Spiel in eine positive Entwicklung überzuführen.* In dem Maße, in dem sich die Klienten des Behandlungsziels bewußt werden, vermindert sich ihr durchaus verständliches Widerstreben, Schwierigkeiten und Probleme, die in der Zwischenzeit aufgetreten sind, mitzuteilen.

Daß der zuständige Sozialarbeiter sich nicht zu einem Polizeiagenten entwickelt, wird dadurch sichergestellt, daß er gegebenenfalls Fürsorgeaufgaben bei den Klienten übernimmt. Er hilft ihnen beispielsweise, die nötigen Schritte zu unternehmen, um eine finanzielle Zuwendung zu erhalten, eine neue Wohnung zu bekommen oder Arbeit zu finden; er erleichtert die Kontakte zu den Schulen, Internaten und Pflegefamilien und zeigt auf diese Weise, daß er die Klienten bei ihrem Bemühen um die Wiedergewinnung des Erziehungsvermögens unterstützend begleitet. Dabei wird der Sozialarbeiter einerseits vom Therapeuten über die von den Eltern erzielten Fortschritte informiert, andererseits ist er es selbst, der diese Fortschritte parallel zum Therapieverlauf stimuliert und konsolidiert.

Die Ergebnisse der diagnostisch-therapeutischen Arbeit und der Kontrolltätigkeit werden dem Gericht übermittelt. Dieses faßt daraufhin die ihm geeignet erscheinenden Beschlüsse. Daraus wird ersichtlich, daß *beides, der Therapiekontext und der Kontrollkontext, dem übergeordneten Kontext des Schutzes von Minderjährigen zuzuordnen ist.*

In unserem Organisationsmodell wird die komplexe Integrationsaufgabe zwischen Familie, diagnostisch-therapeutischem Bereich und Kontrolltätigkeit – eine Aufgabe, die die Kontinuität in der psychosozialen Begleitung sicherstellt – vom Sozialarbeiter unseres Zentrums wahrgenommen. Dieser erstellt nach Abschluß der Vorbereitungsarbeiten die Familienkartei und nimmt, zusammen mit dem supervidierenden Therapeuten, hinter der Einwegscheibe an allen Sitzungen teil. Seine Aufgabe zwischen den Sitzungen ist es, die Erfordernisse, die sich aus dem diagnostisch-therapeutischen Prozeß ergeben, mit den Interessen des Kindes in Einklang zu bringen. Diese werden vom Sozialen Dienst, vom Gericht und von der Einrichtung, in der das Kind lebt (Pflegefamilie, Wohngruppe, Internat) vertreten. Durch die Arbeit des Sozialarbeiters kann eine lückenlose Begleitung der Familie erfolgen; damit werden Flucht- und Manipulationsversuche verhindert, deren Opfer die einzelnen Funktionsträger in Ermangelung gegenseitiger Informationen notgedrungen wären. Der Sozialarbeiter bemüht sich ferner darum, Funktionsstörungen zu vermeiden und zu beheben, die bei einem äußerst komplexen und weit verzweigten Netz von Diensten (Schule, Krankenhaus, Sozialer Dienst, fachärztliche Dienste für Erwachsene und/oder Kinder, Vormundschaftsgericht, Polizei, freiwillige Helfer u. a.) leicht auftreten können.

Wenn eine Integration zwischen Therapie und Kontrolle auch nur unter großen Mühen zu bewerkstelligen und aufrechtzuerhalten ist, so ist sie doch die unerläßliche Voraussetzung für die psychologische Begleitung im Zwangskontext. Wenn man davon ausgeht, daß es sich um zwei komplementäre Funktionen handelt, die gemeinsam an der Rehabilitation der Familie arbeiten, während die Kinder in Obhut genommen werden, dann kann man die Erfahrungen der in Lausanne ansässigen und von Odette Masson geleiteten Unité psycho-médicale et pédagogique besser verstehen, die sowohl Fürsorgestelle als auch Fachinstitut ist. Hier werden die Funktionen von Therapie und Kontrolle nicht nur von derselben Institution ausgeübt, sondern sogar von denselben Personen. Unser Zentrum ist hingegen ein Fachinstitut, das nach einem anderen Modell arbeitet: Wir beschäftigen uns mit Diagnose und Therapie, während der örtliche Soziale Dienst vorwiegend Kontrollaufgaben wahrnimmt. Wie wir jedoch hervorgehoben haben, muß die Ausübung der beiden Funktionen in größtmöglicher gegenseitiger Abstimmung erfolgen. Wir verstehen unsere Arbeit im Sinne eines Pilotprojekts, das grundsätzlich in den jeweiligen Sozialen Dienst integriert werden könnte, wenn dieser bereit ist, die Ausübung beider Funktionen zu übernehmen (Soavi & Vianello, 1990).

Mit Paradoxa kann man nicht arbeiten

Anfang der 80er Jahre, als unser Team mit seiner Arbeit begann, benutzten die Familientherapeuten im Mailänder Raum noch häufig das Paradoxon. Wie man weiß, hatte die paradoxe Intervention der Symptomverschreibung (Selvini Palazzoli, Boscolo, Cecchin & Prata,1975) in der ersten Sitzung unter anderem das Ziel, das Interesse der Familie an der Therapie zu verstärken. Damals nahm man die Position eines »systemischen Purismus« ein, der seinerseits eine Gegenbewegung zu den psychoanalytisch ausgerichteten intrapsychischen Theorien darstellte. Man dachte in globalistischen (oder holistischen) Kategorien, wobei das Vorhandensein von Gruppierungen, Koalitionen und individuellen Verhaltensweisen innerhalb des Systems aus der Betrachtung ausgeklammert wurde. In dieser Perspektive wurde die Therapiewilligkeit als ein Kompromiß zwischen zwei gegenläufigen Tendenzen innerhalb des Systems gesehen: dem Wunsch nach Homöostase und dem Wunsch nach Veränderung. Diese Tendenzen, die ursprünglich als Erklärungsmodi dienten, wurden von den Therapeuten schließlich vergegenständlicht und zu Attributen gemacht, die im System real zur Wirkung kamen; und dabei wurde das System selbst beinahe personifiziert.

Demzufolge vertrat man die Ansicht, daß die Therapiebereitschaft der Familie – eine Verhaltensweise, die scheinbar Veränderungswilligkeit signalisiert – in Wirklichkeit ein auf Homöostase ausgerichtetes Verhalten sei, da sich die Familie durch das Symptom des Indexpatienten in ihrem eigenen Gleichgewicht bedroht sehe. Daher fordere also die Familie *Hilfe zur Veränderung an, um sich nicht verändern zu müssen.* Anders ausgedrückt: sie versuche, das Symptom loszuwerden, um die eigenen Beziehungsmuster unverändert belassen zu können. Angesichts dieser Sichtweise erschien es durchaus logisch, daß sich der Therapeut in der ersten Sitzung auf die vorherrschenden homöostatischen Tendenzen der Familie einging und die Beibehaltung des Symptoms verordnete. Man fürchtete nämlich, daß eine allzu offensichtlich veränderungsorientierte Verschreibung den Widerstand der Familie hervorrufen und ihre Flucht aus der Therapie bewirken würde.

Diese Überlegungen scheinen auf den ersten Blick auch für den Zwangskontext zu gelten. Auch die mißhandelnde Familie setzt der Veränderung einen heftigen Widerstand entgegen (schließlich nimmt sie die Hilfe nicht einmal freiwillig in Anspruch), so daß es strategisch außerordentlich klug erscheinen mag, auf ihre homöostatischen Tendenzen einzugehen. Es ist daher schade, daß es vom Kontext her nicht möglich ist, daß eine gegen Mißhandlung gerichtete Institution eben dieses Symptom verordnet und –

im Interesse des Wohlergehens der Familie – Kinder weiterhin verprügeln läßt!

Eine derartige Intervention liefe begreiflicherweise allen Kontextmarkierungen – Zielsetzung des Zentrums, Mißhandlungen zu verhindern, Auftrag des Gerichts etc. – so sehr zuwider, daß sie nicht nur, wie es in der Intention des Paradoxons liegt, eine Provokation darstellte, sondern auch absurd erscheinen müßte, um nicht zu sagen: schlichtweg kriminell.

Abgesehen davon, daß in diesem Fall die Symptomverschreibung aus den angeführten Gründen unmöglich ist, schließt unser Grundsatz von der beidseitigen Transparenz gegenüber dem Klienten und gegenüber dem Auftraggeber die Anwendung des Paradoxons aus. Unser Anspruch, dem Richter genau zu übermitteln, was sich im Kontakt mit dem Klienten ereignet – dies stellt die Voraussetzung für die Erfüllung unseres Auftrags dar –, macht es unmöglich, irgendeine Maßnahme zu ergreifen, die provokatorischen Zielen dient. Sowohl die paradoxe *Verschreibung* als auch die paradoxe *Vorhersage* als auch die Umdeutung (*reframing*) haben provozierenden Charakter. Alle diese Techniken zerlegen die Familiendynamik in ihre bedeutsamen Elemente und setzen diese neu zusammen. Daher ist der Therapeut darum bemüht, eine für die Familie überraschende, plausible Interpretation der Familiendynamik zu geben, wodurch dem Familiensystem ein neuer Input zugeführt wird.

Bei dieser Art von Intervention stellt sich der Therapeut aber keineswegs die Frage der »Wahrheit« seiner Interpretation. Er folgt vielmehr einer streng konstruktivistischen Epistemologie und wählt eine Interpretation des familiären Geschehens, die die bislang erfolglosen Erklärungsversuche der Familie auf den Kopf stellt.

Dieser konstruktivistische Ansatz steht einem Therapeuten, der dem Gericht ein Gutachten vorzulegen hat, nicht zur Verfügung. Das Gericht will nämlich aus rein positivistischer Perspektive von ihm wissen, was in der Familie die Mißhandlung ausgelöst hat.

Zwischen dem konstruktivistischen Relativismus und dem wissenschaftlich überholten Positivismus hat sich unser Team für den ko-konstruktivistischen Ansatz (Speed, 1984) entschieden. Dabei wird berücksichtigt, daß der Beobachter sowohl das Objekt seiner Beobachtung als auch die eigene Beobachtung beeinflußt. Diese Erkenntnis bewahrt vor der positivistischen Illusion, man könne die Wirklichkeit als solche fotografisch genau abbilden. Wie wir bereits in Kapitel III aufgezeigt haben, verzichteten wir von Anfang an darauf, dem Richter eine Beschreibung darüber zu geben, wie die Familie »wirklich«, unabhängig von uns, funktioniert. Wir beschränken uns vielmehr darauf, darzulegen, wie sie auf unsere Intervention reagiert.

Andererseits entziehen wir uns nicht der uns vom Richter gestellten Aufgabe, mit Hilfe unserer Intervention die spezifischen Faktoren sichtbar werden zu lassen, die die Beziehungen innerhalb der Familie (d. h. das familiäre Spiel) bestimmen und die Mißhandlung bewirken. Dabei gehen wir davon aus, daß das Spiel die unvermeidliche interaktive Organisationsform einer »historisch gewachsenen Gruppe« zu einem bestimmten Zeitpunkt darstellt und somit unabhängig von der Intervention des Therapeuten besteht, von diesem aber weitgehend aufgedeckt und glaubhaft rekonstruiert werden kann.

Selvini Palazzoli und ihre Mitarbeiter haben in dem von uns mehrfach zitierten Buch (1988) ihre eigene Entwicklung in Theorie und Praxis beschrieben: Verzicht auf das Paradoxon, Übergang zu einem ko-konstruktivistischen Ansatz und schließlich Entscheidung für eine multidimensionale Gedankenführung, die über den rein systemischen Purismus hinausgeht. Auf weniger bewußte und mehr intuitive Weise wurde unser Team des CBM durch die Kontextbedingungen dazu veranlaßt, sich von der paradoxen Sichtweise unverzüglich zu distanzieren und sich einer von größerem Vertrauen getragenen Hoffnung hinzugeben, daß man die komplexen Strukturen, die sich hinter dem Phänomen der Mißhandlung verbergen, werde erkennen können.

Die Verschreibungen in den ersten Sitzungen

Bei der zwangsverordneten Behandlung ist die Anwendung paradoxer Techniken genauso auszuschließen wie das Instrument der Verschreibungen. Diese sind das klassische Arbeitsmittel der Familientherapie, die eben deshalb zu den verschreibenden Therapien gezählt wird. Im Zwangskontext hingegen hebt die fehlende Freiwilligkeit des Klienten die Wirkung der Verschreibung auf. Zwar wird durch den Zwang der Kontakt des Klienten mit unserem Zentrum aufrechterhalten, jedoch gibt es keine Möglichkeit, ihn zur Befolgung der Interventionen des Therapeuten zu zwingen. Abgesehen davon, daß der Therapeut nicht das Recht hat, dem Klienten Auflagen zu machen (dieses Recht nimmt der Gerichtsbeschluß für sich in Anspruch), hat der Klient tausend Möglichkeiten, die Anordnungen zu unterlaufen. Noch viel leichter als ein Klient, der sich freiwillig einer Therapie unterzieht, wird einer, dem die Behandlung zwangsverordnet wurde, erklären, er habe ja die Anordnung ausführen wollen, er sei aber von Dritten daran gehindert worden. Er kann auch lügen und sagen, er habe getan, was er in Wirklichkeit nicht getan hat. Er kann die Anordnung so ausführen, daß sie von Vornherein zum Scheitern verurteilt ist, und anderes mehr. Das Team hat natürlich nicht die Möglichkeit, als Gegenmaßnahme die Behandlung zu unterbrechen, was bei einer freiwilligen Therapie angebracht wäre. Bei der Zwangstherapie muß also auf die Verschreibung verzichtet werden – zumindest in der Anfangsphase, wenn die Bereitschaft des Klienten zu echter Mitarbeit noch entwickelt werden muß. Trotzdem kommt es häufig vor, daß unser Team bereits bei den ersten Begegnungen Verschreibungen macht, wohl wissend, daß ihnen nicht Folge geleistet wird. Dabei wird das Ziel verfolgt, die Aufmerksamkeit der Klienten auf einige Problemfelder zu lenken, deren Existenz sie hartnäckig leugnen.

Als Beispiel zitieren wir den auf Seite 60 bis 62 geschilderten Fall Puglisi-Bisceglie. Angesichts der bevorstehenden Weihnachtsfeiertage forderten beide Eltern mit äußerstem Nachdruck, daß die Kinder wieder nach Hause kommen sollten. Das Team hatte den Eindruck, daß die Eltern die Rückkehr der Kinder vor allem deshalb wünschten, weil sie so die Verwandtschaft täuschen und den Eindruck entstehen lassen konnten, die Kinder lebten aufgrund eines freien Entschlusses der Eltern im »Internat«. Als das Therapeutenteam diesen Verdacht äußerte, wiesen ihn die Eltern weit von sich. Andererseits hatten weder der ortszuständige Sozialarbeiter noch die Einrichtung, in der die Kinder lebten, etwas dagegen einzuwenden, daß diese den Weihnachtsfeiertag, vom Morgen bis zum Abend, bei den Eltern verbrachten. Außerdem befürchtete man bei Verweigerung dieser Erlaubnis eine entsprechende Reaktion der Eltern, da sie bereits einmal den jüngeren Sohn nicht in die Einrichtung zurückgebracht hatten.

Daher erklärte sich das Therapeutenteam bereit, diesen Besuch gegenüber dem Richter zu befürworten, vorausgesetzt, daß sich die Eltern darum bemühten, den Kindern zu zeigen, daß sie eine neue, bis jetzt noch nicht vorhandene Kernfamilie gründen wollten. Sie mußten sich daher verpflichten, Weihnachten unter sich, d.h. ohne Verwandte und Freunde, zu verbringen. Die Eltern stimmten zu: er durchaus begeistert, sie unter dem Druck der Umstände. Was passierte wirklich? Frau Bisceglie provozierte ihren Lebensgefährten einige Tage vor Weihnachten damit, daß sie ihm erklärte, wenn ihre Mutter sie zu den Feiertagen einlüde, würde sie ihn und die Kinder in Mailand lassen und nach Süditalien fahren. Darauf folgte, wie zu erwarten war, eine heftige Reaktion von Herrn Puglisi, der seine Frau nun neuerdings verprügelte. Schließlich kam es erneut zu einer Trennung. Natürlich versöhnte man sich »wegen der Kinder« am Weihnachtstag; dies sah aber so aus, daß jeder Elternteil eines der Kinder mitnahm, um bei den jeweiligen eigenen Verwandten einen Besuch abzustatten.

Dieses Verhalten, das in der Sitzung nach den Feiertagen besprochen wurde, gab den Therapeuten Material in die Hand, mit dem sie den Eltern zeigen konnten, daß *beide* (und nicht nur die Frau) der Beziehung zur Herkunftsfamilie mehr Bedeutung beimaßen als der Gründung einer neuen Kernfamilie.

Die erste positive Wirkung einer Verschreibung kann darin bestehen, daß gerade, wenn sie nicht befolgt wird, Problemfelder aufgezeigt werden, deren Vorhandensein bisher hartnäckig geleugnet wurde. Sofern die Klienten nämlich die Verschreibung angenommen haben, können sie nicht sagen, sie hätten es nicht versucht, weil sie keine Lust dazu hatten – damit würden sie sich nämlich über die Autorität des Therapeuten hinwegsetzen. Sie müssen vielmehr zugeben, daß es ihnen Schwierigkeiten bereitete, die Verschreibung in die Tat umzusetzen. Diese »unmöglichen« Verschreibungen strukturalistischer Prägung,[2] durch die die Grenzen der Familie deutlich in Erscheinung treten, sind insbesondere bei Familien aufschlußreich, in denen die Partner nicht miteinander verheiratet sind. Unter unseren Klienten gibt es viele Fälle, in denen die Eltern ohne Trauschein zusammenleben, wobei einer der Partner bereits eine gescheiterte Ehe hinter sich hat. Es kommt dann häufig vor, daß die Mißhandlung in einem Klima uneingestandenen Unbehagens und Grolls jenes Partners hervorgerufen wird, der die Beziehung legalisieren möchte. Meist, aber durchaus nicht immer, ist dies die Frau. Der andere Partner hingegen, stellt diesem Wunsch enorme bürokratische Hindernisse entgegen, die er als Vorwand benutzt.

Hier wäre die Familie von Angela und Calogero anzuführen, die selbst in unserer dramatischen Kasuistik einen Extremfall darstellt. Sie kamen in unser Zentrum, weil die siebenjährige Tochter Carmelina äußerst schwer mißhandelt worden war. Der Schularzt hatte Striemen auf dem ganzen Rücken festgestellt. Carmelina war psychotisch, inkontinent und konnte kaum sprechen. Es war sehr schwierig auszumachen, welcher Elternteil sie geschlagen hatte: beide leugneten hartnäckig, und Calogero drohte der Schuldirektion wiederholt, er werde sich für die Anzeige zu rächen wissen.

Carmelinas Eltern hatten sich kennengelernt, als Calogero gerade von seiner Frau Rosa verlassen worden war, die den gemeinsamen sechsjährigen Sohn Vincenzo mitgenommen hatte. Rosa war damals von einem anderen Mann schwanger, der Calogero zu Tode beleidigt hatte, als er ihn als impotent und

---

2 Die strukturelle Familientherapie geht vor allem auf die Arbeiten von Minuchin zurück, der zu den Pionieren der Familientherapie gehört. Seine Bücher fanden großes Echo in Italien, insbesondere beruft sich die römische Schule von Andolfi auf ihn.

homosexuell abqualifizierte. Gerade zu diesem Zeitpunkt, als Calogero vor Wut schäumte, lernte er Angela kennen. Die Begegnung war für ihn eine Fügung des Schicksals, da Angela im zweiten Monat schwanger war. Das Mädchen war von einem Soldaten verlassen worden, der sich »in klassischer Weise« aus dem Staub machte, als er von ihrer Schwangerschaft erfuhr. So konnte Calogero vor dem Scheidungsrichter dem »Bauch« Rosas die kaum weniger sichtbare Schwangerschaft seiner Verlobten entgegensetzen und sich so von aller Schande reinwaschen. Calogero hatte Angela offensichtlich die Heirat und die Anerkennung ihrer Tochter Maria versprochen. Er versuchte aber dann später, seiner Lebensgefährtin klarzumachen, daß die Anerkennung des Kindes zusammen mit der Heirat erfolgen sollte und daß dies erst nach Auflösung seiner früheren Ehe möglich sei. So blieb Maria ein lediges Kind trotz Calogeros phantasievoller Theorie, daß sie doch auch ein bißchen seine natürliche Tochter sei, da sich der Same nach drei Monaten »mische«. Von dieser Theorie versuchte er sich, Angela und die Verwandtschaft zu überzeugen. Ein Jahr später wurde Carmelina geboren, und bald darauf folgten drei weitere Kinder. Zu diesem Zeitpunkt wurde Maria definitiv den auf dem Land lebenden Eltern Angelas anvertraut. So schien das Konto ausgeglichen: Calogero hatte seinen Sohn Vincenzo verloren, und Angela hatte nun auch auf ihre Tochter verzichtet.

Damit begann aber Angelas Depression immer deutlicher hervorzutreten. Sie wurde sich nach und nach immer stärker bewußt, daß Calogero mit der Beziehung zu ihr ganz bestimmte Ziele verfolgte. Die Zeit verstrich, und Angela wurde nie zur rechtmäßigen Ehefrau; sie blieb die Freundin, die angesichts der treulosen Rosa die Männlichkeit Calogeros gegenüber der ganzen Verwandtschaft unter Beweis stellen sollte. Die Mutter und die Schwestern Calogeros nahmen jede Gelegenheit wahr, um Angela darauf hinzuweisen, daß sie nicht verheiratet sei und daß sie das ja auch nicht verdiene, da sie ein Kind von einem anderen bekommen habe. Außerdem disqualifizierten sie sie als Hausfrau und vor allem als Mutter. Calogero, der zwar ein Großmaul, im Grunde aber ein Feigling war, nahm natürlich Angela gegenüber seiner furchterregenden Mutter keineswegs in Schutz. Vielmehr hätte er dieser gerne seine Kinder übergeben, wenn sie sie nur genommen hätte. Die Mutter machte ihm nämlich immer wieder diesbezügliche Hoffnungen, ohne je konkret zu werden. Es war ebenfalls die Großmutter, die ständig bemerkte, daß Angela mit Carmelina noch ihre Wunder erleben werde. Das Kind sei ja ein lebendiges Beispiel für das Scheitern Angelas als Mutter: es könne nicht richtig sprechen, es sei immer noch nicht sauber, es könne nicht zuhören . . . Ist es da wirklich verwunderlich, wenn Angela schließlich den Tod des Kindes wünschte und nahe daran war, sich selbst zu töten?

Trotz dieser für das Team ausreichend klaren und vollständigen Rekonstruktion wäre die Behandlung dieses Falles beinahe gescheitert, da beide Elternteile leugneten, daß Angela das Kind mit Peitschenhieben mißhandelt hatte. Das Paar erschien nicht mehr zu den Sitzungen, und zwei Jahre lang glaubten wir, jeden Kontakt zur Familie verloren zu haben. Carmelina war nach dem Scheitern in einer Pflegefamilie in einer Spezialeinrichtung untergebracht worden, von der die Eltern nicht in Kenntnis gesetzt wurden. Da diese die diagnostische Arbeit in unserem Zentrum unterbrochen hatten, hatten sie automatisch darauf verzichtet, das Kind zu sehen.

Eines Tages beschloß jedoch Herr Calogero, dessen Mutter weiterhin sein latent vorhandenes Ehrgefühl anzusprechen verstand, sich an einen Anwalt zu wenden. Er wollte nämlich sein Recht einfordern, Informationen über Carmelinas Aufenthaltsort zu bekommen und sie zu besuchen. Der Rechtsanwalt empfahl ihm, beim Richter zu beantragen, daß die diagnostische Arbeit wiederaufgenommen werde. Als die Eltern erneut bei uns erschienen, waren sie mehr denn je in Verteidigungsposition. Herr Calogero sträubte sich dagegen, daß unser Team familiäre Probleme zu Tage zu fördern versuchte, ja er leugnete deren Existenz, noch ehe der Therapeut eine konkrete Äußerung machen konnte. Schließlich drohte er damit, er werde seinen Anwalt zur nächsten Sitzung mitbringen. Er hatte keineswegs erwartet, daß das Team mit großer Erleichterung auf seinen vermeintlichen Einschüchterungsversuch reagieren, ihn ernst nehmen, Kontakt mit dem Anwalt aufnehmen und eine gemeinsame Sitzung vereinbaren würde.

Abgesehen davon, daß der intelligente Rechtsbeistand eine fruchtbare Vermittlerrolle spielte, war seine Anwesenheit auch deshalb besonders nützlich, weil er den Therapeuten die Möglichkeit gab, sich über die Ehesituation Calogeros zu informieren. Warum hatte er nach einer mehr als siebenjährigen Trennung noch nicht die Scheidung erreicht? Warum konnte er Maria nicht adoptieren? Warum durfte er Vincenzo nicht besuchsweise nach Hause nehmen? Der Rechtsanwalt, der weder gewußt hatte, daß Calogero bereits verheiratet war, noch daß es Vincenzo und Maria gab, versprach, die entsprechenden Auskünfte einzuholen. An diesem Punkt schrumpfte Calogero sichtlich in sich zusammen, während Angela in ihrem Stuhl wie ein Hefeteig zu wachsen schien.

Nach dieser Sitzung überhäufte das Team den armen Calogero mit Verschreibungen: er solle an einem Sonntag Vincenzo nach Hause bringen (es hatte sich nämlich herausgestellt, daß ihm dies nicht nur erlaubt war, sondern daß er sich dazu in einer Trennungsvereinbarung sogar verpflichtet hatte); er solle die kleine Maria zur nächsten Sitzung mitbringen, da er sie ja so bald wie möglich zu seiner Tochter machen wolle und sie sich daher an die Familie gewöhnen müsse; und er solle vor allem mit Angela darüber reden, warum er sie nicht heiraten wolle, da die Scheidung – sie war von Rosa und nicht von ihm eingereicht worden – bereits vor zwei Jahren in Kraft getreten war.

Wie wir bereits ausgeführt haben, wußte das Team von vornherein, daß diese Verschreibungen höchstens ansatzweise befolgt würden. Ihre mangelnde

Ausführung machte jedoch dem widerstrebenden Calogero unmißverständlich klar, daß es tatsächlich Probleme gab – und was für welche!

Die Offenlegung des Spiels

Aus dem bis jetzt Beschriebenen geht deutlich hervor, daß wir eine auf die Offenlegung des Spiels zielende Intervention als die wichtigste therapeutische Maßnahme ansehen, von der wir uns auch einen gewissen Erfolg versprechen. Nachdem wir aus den dargelegten Gründen von Anfang an sowohl auf das Paradoxon (und jede andere provozierende Therapieform wie das *reframing*) als auch auf die Verschreibung als verhaltensändernde Maßnahme verzichten mußten, blieb für uns die Offenlegung des Spiels als Interventionsmöglichkeit übrig.

Bis vor kurzem mißtrauten wir anderen pädagogischen Rehabilitationsmethoden, deren sich beispielsweise das bereits mehrfach zitierte Team von Odette Masson bedient. Diese Methoden waren für uns nur ein Notbehelf und sie standen in Widerspruch zu unserer Überzeugung, daß die Familie durchaus in der Lage sei, eine neue Struktur zu finden, vorausgesetzt, sie kann sich von ihren pathogenen Fesseln lösen. Später werden wir noch sehen, daß wir unsere äußerst optimistische Sichtweise nach und nach etwas zurücknehmen mußten.

An dieser Stelle möchten wir verdeutlichen, was wir unter Offenlegung des Spiels verstehen. Es erübrigt sich, Beispiele anzuführen, denn alle Fallbeschreibungen in Kapitel IV können als solche angesehen werden. Natürlich muß eine sprachliche Formulierung gefunden werden, die von den Patienten angenommen werden kann. Dazu gehört auch, daß bei diesen Gesprächen ein angemessenes emotionales Klima herrscht.

Die Intervention der Offenlegung unterscheidet sich grundsätzlich von der psychoanalytischen Interpretation. Bei der Psychoanalyse geht es darum, die Übertragungsbeziehung zwischen Patient und Analytiker zu verstehen. Die Offenlegung des Spiels hingegen erfolgt im Rahmen einer Familiensitzung, wobei jedes Gruppenmitglied mit der Enthüllung von Absichten konfrontiert wird, die bisher durch die eigenen Verhaltensweisen und die der *anderen* verdeckt waren. Unseres Erachtens beruht die potentielle Effizienz der Offenlegung des Spiels im Zwangskontext gerade auf diesem Unterschied. Es versteht sich, daß in einem Zwangskontext sinnvollerweise nichts einem einzelnen Klienten gedeutet und erklärt wird. Wenn sich ein Einzelklient einer therapeutischen Intervention entziehen will, so wird er mit Verweigerung, Verachtung und Herunterspielen der Tatbestände reagieren. In einer Familiensitzung kann derselbe Klient zwar auch diese Haltung einnehmen, er muß aber damit rechnen, daß die anderen Familienmitglieder genauso wie er gehört haben, was der Therapeut über seine Verhaltensweisen gesagt hat. Und es ist keinesfalls sicher, daß sie genauso verweigernd reagieren werden! Jedes Familienmitglied versucht nämlich, eine Enthüllung zu verhindern, wenn etwas Unangenehmes über die eigene Person aufgedeckt werden soll. Hingegen werden unangenehme Enthüllungen über die anderen mit Begeisterung begrüßt, und sei es auch nur, um sich selbst zu entlasten oder zu rechtfertigen. Der Therapeut kann daher von jedem einzelnen Material bekommen, das verschiedene Aspekte seiner Hypothese verifiziert. Das gibt ihm die Möglichkeit, die Formulierung abzuändern, zu ergänzen und zu präzisieren, um so zu einer überzeugenden Rekonstruktion des Spiels zu gelangen.

Außerdem wird sich jedes Familienmitglied – sowohl in der Sitzung als auch nachher zu Hause – so verhalten, daß der Therapeut mit seinen Behauptungen Lügen gestraft wird. Im günstigsten Fall kann die Wechselwirkung dieser Verhaltensänderungen (wenn sie auch ausschließlich reaktiver Natur ist) eine mehr oder weniger stabile Umstrukturierung des Spiels bewirken.

Es versteht sich, daß ein so komplexes Spiel wie dasjenige, welches hinter der Mißhandlung steht, nicht mit einem Mal aufgedeckt und schon gar nicht gestoppt wird. Die Intervention der Offenlegung steht am Ende der diagnostischen Phase und beschränkt sich oft darauf, ein ziemlich allgemeines Bild der Verhaltensweisen der einzelnen Mitglieder zu entwerfen. Wenn sich auch das Team um eine möglichst genaue Rekonstruktion bemüht, ist sie meist noch viel zu vage, um eine tiefgreifende Veränderung bewirken zu können.

Es kann außerdem vorkommen, daß die Spielebene, die aufgedeckt und bearbeitet wird, nur diejenige ist, die man am leichtesten erkennen kann; dies beispielsweise, wenn sich die beiden Partner mit Hilfe eines wichtigen Mitglieds aus der jeweiligen Herkunftsfamilie gegenseitig bekämpfen. Aber diese Spielebene kann sich mit den Jahren abgenutzt haben, so daß gegebenenfalls auf den alten Koalitionspartner verzichtet wird. Und es kommt nicht selten vor, daß sich mit der Zeit durch Einbeziehung der Kinder neue Koalitionen bilden.

Sehen wir uns den Fall eines sehr jungen Paares an, dessen drei Kinder chronisch verwahrlost sind. Eines von ihnen wurde wiederholt vom Vater mißhandelt, während dieser mit seiner Ehefrau im Streit lag. Bei der Offenlegung des

Spiels in der dritten Sitzung führte das Team – auf etwas stereotype Weise – die heftige Auseinandersetzung der Eheleute auf ihre ungelösten Bindungen an ihre jeweiligen Eltern zurück.

Nach dieser Intervention verzichtete der Mann (er war einziger Junge inmitten von vier Schwestern gewesen) endlich auf ein Vorhaben, an dem er bisher, zum Ärger seiner Frau, hartnäckig festgehalten hatte: er hatte nämlich die Absicht gehabt, seine Mutter aus dem Süden zu sich nach Mailand zu holen, um ihr dort eine medizinische Behandlung zukommen zu lassen. Das eigentliche Ziel bestand aber darin, sie dem Zusammenleben mit seinem autoritären Vater zu entziehen. Mit ihm war der Sohn ständig in Konflikt geraten und dabei stets der Unterlegene gewesen.

Gleichzeitig beschloß die Ehefrau auf ebenso unerwartete Weise, die erhaltene Sozialhilfe zur Anschaffung einer Waschmaschine zu verwenden. Dies bedeutete, daß sie darauf verzichtete, zweimal in der Woche ihre Mutter zu besuchen (um ihr die schmutzige Wäsche zu bringen und die gewaschene abzuholen) und sich gleichzeitig bei ihr über den Ehemann zu beklagen. Auf diese Weise hatte die junge Frau nämlich gehofft, wenn schon nicht die Liebe, so doch das Mitleid der Mutter zu bekommen, die ganz ihren Söhnen zugewandt war.

Diese Veränderungen erschienen dem Team prognostisch bedeutsam, zumal der Ehemann nun auch eine feste Arbeit annahm (zum ersten Mal nach zwölfjähriger Ehe!) und die Ehefrau sich aus ihrer Lethargie befreite, von der sie jahrelang befallen war, so daß sie kein Interesse an Haus und Kindern hatte. Jedoch bewirkte die Aufkündigung der alten Koalitionen keineswegs eine Wiederannäherung des Paares. Einig war man sich nur gegenüber dem gemeinsamen Feind, den die offiziellen Stellen verkörperten: die Schule, das Gericht und der Soziale Dienst. Die beiden Ehepartner verstärkten einfach ihre jeweiligen Beziehungen zu den Kindern, sie wählten je eines der größeren Kinder als Ersatzpartner aus und verbündeten sich mit ihm gegen den jeweils anderen Partner. Das war also die neue Spielebene, die nach der diagnostischen Phase aufgedeckt und im Rahmen einer regelrechten Therapie behandelt werden mußte.

Die Festlegung der Therapieebene

Wenn die therapeutischen Möglichkeiten bei zwangsverordneten Behandlungen auch sehr begrenzt sind, so steht uns jedoch neben der Offenlegung des Spiels eine präskriptive Intervention voll und ganz zur Verfügung: die Auswahl der Personen, die zu den Sitzungen eingeladen werden.

Entgegen allem Anschein handelt es sich dabei um eine außerordentlich wichtige Intervention. Deshalb ist die Sache auch sehr heikel, und unser Team entscheidet daher ganz individuell von Fall zu Fall.

Zu Beginn unserer Tätigkeit handhaben wir die Vorladungen nach dem von Selvini Palazzoli erarbeiteten Modell. Dieses sieht vor, daß – von bestimmten Ausnahmen abgesehen – in der ersten Sitzung mit der Kernfamilie und dem einen oder anderen wichtigen Verwandten gearbeitet wird, dann in den nächsten (zwei) Sitzungen mit den Eltern und Kindern und schließlich mit den Eltern allein. Sehr bald bemerkten wir aber, daß die Einhaltung dieses Modells in unserem Kontext nicht sinnvoll ist.

Die Therapeuten in Selvinis Zentrum arbeiten mit einem Kind oder Jugendlichen, der Träger eines schweren Symptoms ist. Dabei werden die Eltern – implizit und explizit – in die Verantwortung für seine Heilung miteinbezogen. Sie fungieren insofern als Therapeuten, als sie durch die Veränderung ihrer Paarbeziehung die Kinder aus der Verstricktheit mit ihnen lösen.

In unserer Kasuistik haben wir es hingegen nicht mit der Pathologie eines Kindes zu tun, sondern mit einem Symptom, das bei einem oder bei beiden Eltern aufgetreten ist: die Kindesmißhandlung. Dieses Symptom wird häufig von weiteren psychiatrischen Symptomen begleitet, z.B. Alkoholismus, Drogenabhängigkeit, Depression und Psychose, und zwar entweder beim mißhandelnden Elternteil oder bei seinem Partner oder auch bei beiden. Schließlich ist in vielen Fällen die Paarbeziehung pathologisch: es gibt einen offenen Bruch, heftige und explosionsartige Konflikte, aber es zeigt sich keine Möglichkeit, eine effektive Trennung – nicht nur auf juristischer Ebene – herbeizuführen.

In allen diesen Fällen bedeutet die Arbeit mit den Eltern nicht, sich mit ihnen zu verbünden, um ihr Kind zu heilen, und ihnen zur Kenntnis zu bringen, daß sie es durch ihre gestörte Paarbeziehung in das Symptom getrieben haben. In unseren Fällen käme dies nämlich einer Wiederholung dessen gleich, was die Familie bereits weiß, daß nämlich die Eltern die eigentlichen Patienten und die echten Kranken sind: sie stehen in einem Konflikt miteinander, sie mißhandeln die Kinder, sie sind psychisch labil und sozial entgleist.

Daher sind in unserem Fall äußerst differenzierte therapeutische Anstrengungen nötig, um die Vorladung ungeeigneter Personen zu vermeiden. Es soll nämlich verhindert werden, daß sich die bereits herausgebildete Meinung darüber, wer der eigentlich Kranke ist, noch verfestigt. Um die richtigen Maßnahmen zu ergreifen, lassen wir uns von dem Grundsatz leiten, *daß die Familie immer auf der Ebene von drei Generationen zu betrachten ist und daß wir von Fall zu Fall entscheiden müssen, auf welcher Generationsebene uns die Arbeit jeweils am zweckmäßigsten erscheint.*

Wir wollen nun einige Beispiele für die verschiedenen Alternativen anführen, wobei zu bemerken ist, daß es auch innerhalb einer bestimmten Therapie sinnvoll sein kann, die Therapieebene zu wechseln (z.B. Großfamilie, Kernfamilie, Elternpaar und dann wieder Kernfamilie usw.).

Sitzungen im Wechsel mit beiden Herkunftsfamilien

Ein grundlegendes therapeutisches Ziel besteht darin, das Elternpaar von der Bindung an die Herkunftsfamilie zu befreien. Man muß jedoch hervorheben, daß die Klientel der familientherapeutischen Zentren meist aus einem Familientypus besteht, der stark an die eigene Familie gebunden ist (Minuchin, 1974). Daher wird sich der Therapeut oft mit der Notwendigkeit konfrontiert sehen, eine Abgrenzung gegenüber der Herkunftsfamilie herbeizuführen. Es handelt sich in der Mehrzahl der Fälle um Großfamilien, die zusammen einen Gewerbebetrieb oder ein kommerzielles Unternehmen führen, zusammen in einem Familienbesitz oder in benachbarten Wohnungen leben, Ferien und Feste zusammen verbringen, häufig miteinander telefonieren usw.

Dagegen sind viele der Familien, die in eine örtliche Beratungsstelle wie die unsere kommen, dem Typus der sogenannten »losgelösten« Familien (Minuchin, 1974) zuzurechnen, deren Desintegrationsprozesse dazu geführt haben, daß die Mitglieder der Herkunftsfamilie nur mehr sporadische Kontakte untereinander pflegen. Oft sind die mißhandelnden oder verwahrlosenden Eltern in einem Internat aufgewachsen, oder ihre Eltern wohnen weit weg, sie leben vielleicht getrennt, und es bestehen kaum Kontakte zu ihnen. Vielleicht gibt es manchmal eine Klage, daß ein Bruder von den Eltern bevorzugt behandelt wird oder ihre Wertschätzung genießt, während man selbst nie um seine Meinung gefragt wird.

Die intensive Arbeit mit diesem zweiten Familientyp hat uns dazu veranlaßt, Minuchins Unterscheidung zwischen »verstrickten« und »losgelösten« Familien fallen zu lassen, weil sie zu deskriptiv ist, um differenzierte Entscheidungen für die praktische Arbeit herbeizuführen. Wir haben oft festgestellt, daß gerade defizitäre Bindungen schwer zu lösen sind. Extrem seltenen Kontakten zur Herkunftsfamilie steht meist ein schmerzhaftes Bedauern, ein dumpfer und unausgesprochener Groll gegenüber. Dies heißt, daß hier ein emotionaler Aufwand getrieben wird, der bei weitem jenen übersteigt, den die beiden Ehepartner (oder einer von ihnen) in die Paarbeziehung investieren.

Gerade bei den scheinbar »losgelösten« Familien müssen wir versuchen, die unsichtbaren Bindungen zur Großfamilie entwickeln zu helfen, da sie andernfalls die Entstehung einer echten Paarbeziehung verhindern.

Aufgrund dieses klaren Therapieziels haben wir davon Abstand genommen, von der ersten Sitzung an Mitglieder der Großfamilie einzubeziehen. In einem so unüblichen und komplexen Kontext wie in dem der zwangsverordneten Diagnose erscheint es uns sinnvoller, als Gesprächspartner vorerst die Eltern vorzusehen und ihnen Ziele und Methoden unserer Arbeit zu erklären sowie die Gegenwart der Kinder dazu zu nutzen, ihnen – und indirekt allen – weitere Elemente zur Klärung des Kontexts zu liefern.

Die Sitzungen auf die Herkunftsfamilien auszudehnen, erscheint erst dann sinnvoll, wenn es gelungen ist, den Eltern eine gewisse Sicherheit zu vermitteln. Ihnen wird nämlich zugesagt, daß sich der Therapeut bemühen werde, herauszufinden, ob es eine Möglichkeit gibt, die Kinder wieder in die Familie zurückzuführen, und daß er ihnen dabei helfen werde, dieses Ziel zu erreichen.

Als wir noch die Kontextklärungssitzungen in Gegenwart eines wichtigen Verwandten durchführten, stellten wir fest, daß die Eltern auf die Therapeuten meist weitaus aggressiver reagierten, weil sie ihr eigenes Elternbild vor der Großfamilie verteidigen mußten. Diese Großfamilie hatte sie ja oft unterschwellig kritisiert. Im diagnostischen Prozeß stellen sich die Verwandten hingegen auf die Seite ihres Familienangehörigen, damit dieser die Kinder nicht verliert. Das stachelt die Eltern und ihre Verwandten gemeinsam gegen die Therapeuten auf. Dieser übermäßige Widerstand macht es praktisch unmöglich, die Analyse der Beziehungen innerhalb der Herkunftsfamilie mit Hilfe der anwesenden Verwandten zu vertiefen. Wenn die Eltern hingegen zur zweiten Sitzung kommen und sich schon weniger bedroht fühlen, weil ihnen bewußt geworden ist, daß ihnen aus dem Diagnosekontext Hilfe erwachsen kann, so versetzen sie auch ihre Verwandten weniger leicht in Panik.

Daher schlagen wir am Ende der ersten Sitzung möglichst zwei, zeitlich nicht zu weit auseinander liegende Termine mit jeweils einem Verwandten der beiden Partner vor.[3] Nicht selten sind die Partner überrascht, daß die Therapeuten ihre Verwandten kennenlernen möchten, insbesondere wenn

---

3 Wir haben auffallende Ähnlichkeiten zwischen unserer Praxis und dem Paartherapiemodell von Canevaro (1988) festgestellt. Allerdings gibt es auch bedeutende Unterschiede: Beispielsweise schließt Canevaro aus den Familiensitzungen den nicht blutsverwandten Ehepartner aus, außerdem verpflichtet er sich, die Inhalte der Familiensitzung gegenüber der jeweils anderen Großfamilie geheim zu halten.

sie nur sehr sporadische Kontakte zu ihnen haben. Sehr oft behaupten sie, es werde sehr schwierig sein, ihre Verwandten zur Mitarbeit zu bewegen, oder sie weigern sich stolz, sie zur Teilnahme an der Sitzung aufzufordern. Gleichzeitig zeigen sie sich aber überraschend bereitwillig, die Telefonnummer der Mutter oder der Schwester anzugeben, mit der sie, wie sie behaupten, nie ein Telefongespräch führen. Sie wissen jedoch die Nummer auswendig, oder sie verwahren sie auf einem sorgfältig gefalteten Zettelchen in der Brieftasche. Sie sind also gespalten zwischen der Hoffnung, daß es unserer Sozialarbeiterin gelingen möge, den unwilligen Verwandten zur Teilnahme zu bewegen, und der Angst, die Schwierigkeiten, die sie mit den Behörden haben, könnten ihnen jenen letzten Rest an Achtung rauben, den sie noch bei ihren Verwandten genießen. In anderen Fällen wollen sie bereits im voraus wissen, daß sie von ihren eigenen Eltern weder Hilfe noch Schutz zu erwarten haben, dafür aber Kritik und Vorwürfe. Oder sie schämen sich, den Verwandten ihren sozialen Abstieg vor Augen zu führen: Alkoholismus, Prostitution usw.

Wenn es gelingt, diese Widerstände zu überwinden (von denen sich der Therapeut allzu leicht entmutigen läßt), erweist sich die Sitzung mit der erweiterten Familie oft als äußerst aufschlußreich. Das Ziel der Sitzung besteht darin, allen Beteiligten bewußt zu machen, daß die nicht gelösten Bindungen eines der Partner an seine Herkunftsfamilie nicht nur in der Vergangenheit, sondern auch in der Gegenwart wirksam sind und das Funktionieren der Kernfamilie schwer behindern. Das Material, das dabei zum Vorschein kommt, kann vor allem für den anderen Partner aufschlußreich sein.

Betrachten wir den Fall eines Mannes, den wir Augusto Valliani nennen. Als sehr junger Mann heiratete er eine gleichaltrige Frau namens Loredana, die bereits ledige Mutter eines zweijährigen Sohnes war. Loredana war in einem Internat aufgewachsen und hatte spärliche, aber turbulente Kontakte zu ihrer Mutter und deren verschiedenen Lebensgefährten gehabt.

Als Augusto Loredana kennenlernte, hatte sie ihren Jungen bereits einer Amme anvertraut, der sie sehr verbunden war. Nach fünfjähriger Ehe und der Geburt zweier Töchter konnte Augusto nicht verstehen, warum Loredana ihren Sohn immer noch bei der Amme lassen wollte – auf die er äußerst eifersüchtig war –, anstatt das Kind in die Familie zu holen. Loredana behauptete, der Ehemann und ihr Sohn würden sich absolut nicht vertragen. Dennoch war sie es, die das Kind nach einer der vielen Ehestreitigkeiten mißhandelte.

In der Sitzung, an der auch Loredanas Mutter teilnahm, gelang es dem Therapeuten, aufzuzeigen, daß Loredanas Anhänglichkeit gegenüber der Amme darauf abzielte, nicht so sehr den Ehemann, als vielmehr die Mutter eifersüchtig zu machen. Und obwohl die Ehe in die Brüche zu gehen drohte, ließ Loredana von ihrer Strategie nicht ab, da die Mutter immer wieder anzubeißen versprach. Sie war zu keiner Taufe eines der drei Kinder gekommen, sie hatte sich nie bereit erklärt, sich um die beiden kleinen Mädchen zu kümmern (auch nicht, als Loredana plötzlich ins Krankenhaus mußte); sie behauptete, daß sie ihre drei Hunde über alles liebe, Kinder aber nicht ausstehen könne – und dennoch: zögerlich und unentschieden, erklärte sie immerhin, daß der Enkel, anstatt bei einer Fremden (der Amme) zu leben, doch besser zu ihr kommen solle . . . wenn er auch äußerst lebhaft und sie schon alt sei. Diese lauwarmen Angebote reichten bereits aus, um in Loredana die Hoffnung zu nähren, ihre Mutter, die sie 25 Jahre zuvor ins Internat gesteckt hatte, habe sich geändert und werde sich nun ihrer annehmen, indem sie sich um den Enkel kümmere. Das Verstehen dieser dramatischen, unauflöslichen Bande, die Loredana zur Gefangenen ihrer Mutter machen, half Augusto, die Dinge klarer zu sehen. Jetzt kann er sich anders verhalten. Er braucht sich nicht mehr wie ein beleidigtes Kind der Amme zu widersetzen oder dem Stiefsohn vorzuwerfen, daß er ihm gegenüber nicht herzlich genug sei, und er braucht auch gegenüber der Ehefrau kein kindisches Schmollverhalten mehr einnehmen. Nur wenn er Loredana aktiv unterstützt, kann er ihr dazu verhelfen, eine Beziehung zu ihrer Mutter zu entwickeln, die weniger von Erwartungen belastet und somit nicht so vielen Enttäuschungen ausgesetzt ist.

Schließlich können nur das Verständnis und die Solidarität des Ehemanns Loredana dazu bewegen, sich mit ihren affektiven Bedürfnissen an ihn zu wenden, anstatt sich in erfolglosen Bemühungen um die Zuwendung der Mutter zu verschleißen.

Mit einer Sitzung wie der eben beschriebenen sind wir oft in eine Falle geraten. Diese Falle ergibt sich durch die Deutlichkeit, mit der das Spiel eines der beiden Partner mit seiner Familie zutage tritt. Gerade diese Augenfälligkeit kann uns aber vergessen lassen, was für ein Spiel der andere Partner spielt, wobei sein Spiel parallel zum ersten verlaufen oder es überschneiden kann. Wenn nämlich Loredanas Mann beschlossen hat, sich in so jungen Jahren zu binden, und wenn er eine Ehe mit einer jungen Frau eingegangen ist, die bereits ein Kind hatte, und wenn es ihm dann nicht gelungen ist, die emotionalen Bedürfnisse der Frau zu befriedigen, so muß nach den Gründen gefragt werden:

So stellte Augustos jüngere Schwester – die mit ihm die Rolle des schwarzen Schafs in der Familie teilte – in der nächsten Sitzung die Familienkonstellation der Valliani in der vorhergehenden Generation dar.

Das Familienleben wurde von der Mutter und der ältesten Tochter Rolanda bestimmt. Ihnen gegenüber hatten weder der Vater noch die anderen drei Töchter etwas zu sagen. Augusto, der der einzige Junge und der Vorletzte in der Geschwisterreihe war, solidarisierte sich im Verborgenen mit dem Vater und versuchte, ihn dazu zu bringen, sich gegen die Herrschaft der Mutter und der Schwester aufzulehnen. Der Vater enttäuschte ihn jedoch durch seine Passivität, und so verstärkte Augusto sein eigenes Protestverhalten, bis er schließlich zu einem arbeitsscheuen Flegel wurde, in schlechte Gesellschaft geriet und (wegen Fahrens ohne Führerschein, Motorraddiebstahls und anderer Gesetzesverstöße) Schwierigkeiten mit der Justiz bekam. Die Heirat mit Loredana, die ein aufbegehrendes Wesen hatte und bereits ein Kind versorgen mußte, war ein Akt der Provokation gegenüber der Familie. Rolanda, die verheiratet, aber kinderlos war, hatte nicht nur weiterhin das Sagen, sondern es war ihr überdies gelungen, ihren Ehemann als »echten« Sohn der Familie einzuführen, der angeblich »mit beiden Beinen im Leben« steht und die nötigen Voraussetzungen mitbringt, um der Familie mit Rat und Tat zur Seite zu stehen. Daher ist es nicht verwunderlich, daß die Bereitschaft Augustos, sich in der Beziehung zu Loredana wirklich zu engagieren, nicht besonders groß war; schließlich war die Ehe im Zeichen eines Racheaktes geschlossen worden.

Der vitalen und impulsiven Loredana wurde in dieser Sitzung bewußt, daß ihre Auseinandersetzungen mit ihrer Schwiegermutter und ihre wilden Streitereien mit der schlauen Schwägerin genau das waren, was Augusto von ihr erwartete: einen neuerlichen Angriff auf das Matriarchat der beiden Frauen. Aber gleichzeitig wurde ihr auch klar, daß sie von ihrem Mann für diesen Angriff keine Dankbarkeit zu erwarten hat. Wie sie zu erkennen vermochte, ist sein geheimer und uneingestandener Wunsch vielmehr darauf gerichtet, von seinem schwachen Vater Achtung (und nicht Mitleid) zu bekommen, und, mindestens einmal im Leben, ein Lob von der Mutter zu erheischen, die ihren geliebten Schwiegersohn mit Anerkennungsbezeugungen zu überschütten pflegt. Aber mit einer brüchigen Ehe, einem Stiefsohn in fremder Pflege und einer Ehefrau, die ihre Wut am Kind ausläßt, hat der arme Augusto wohl kaum Chancen, diese Ziele zu erreichen.

Wenn es nur eine Herkunftsfamilie gibt: Die überkreuzte Koalition

In einigen besonders schwierigen Fällen bemüht sich der Therapeut, nachdem er das augenscheinliche Spiel eines der Partner mit dessen Herkunftsfamilie verstanden hat, erfolglos darum, herauszufinden, welches Spiel der andere Partner mit seinen Verwandten spielt. Es gibt in der Tat Fälle, bei denen alle Mitglieder der Herkunftsfamilie bereits verstorben sind oder die Verwandten weit entfernt leben und die Beziehungen zur Kernfamilie – die wir genau untersuchen – nahezu inexistent sind.

In diesen Fällen gehen wir angesichts einer schweren Kindesmißhandlung oder zumindest bei schwerwiegenden Störungen der familiären Beziehungen davon aus, daß beide Partner ein besonders destruktives Spiel mit ihrer eigenen Familie spielen.

Ein typisches Beispiel ist der tragische Fall der Familie Pasqua, gegen die die pädiatrische Abteilung eines Krankenhauses Anzeige erstattet hatte. Dort war die 15 Monate alte Deborah wegen krampfartiger Anfälle eingeliefert worden. Während des Krankenhausaufenthalts hatte die Mutter dem Kind mehrere Tabletten eines sehr giftigen Desinfektionsmittels verabreicht. Die junge Frau namens Grazia, die sich offensichtlich in verwirrtem Zustand befand, sagte dem Kinderarzt daraufhin, sie glaube, »sich daran erinnern zu können«, daß sie bereits zu Hause versucht habe, das Kind mit einem Kissen zu ersticken. (Auf dieses Vorkommnis wurden später die Krämpfe des Kindes sowie eine leichte Halbseitenlähmung zurückgeführt, an der die Kleine weiterhin litt.) Bei Grazia, die eine gebildete junge Frau war, wurde eine Post-Partum-Psychose nach dieser ersten Schwangerschaft diagnostiziert.

Der Ehemann Franco war etwas jünger als sie und weniger gebildet, er stammte aus Süditalien und arbeitete in Nachtschicht. Grazia war Sekretärin und holte nach ihrer Büroarbeit Deborah in der Kinderkrippe ab, und um nicht alleine zu Hause zu sein, ging sie mit ihr zum Abendessen bei ihren Eltern. Die Beziehungen der beiden Partner zur Herkunftsfamilie der Ehefrau waren immer sehr eng gewesen. So kündigte Grazias Mutter gleich nach der Anzeige des Krankenhauses ihre Stelle, um sich um die Enkelin zu kümmern, die ihr der Richter zur Pflege anvertraute.

Wir wollen uns hier nicht bei der detaillierten Beschreibung des Spiels zwischen der jungen Frau und ihrer Familie aufhalten, zumal wir ganz ähnliche Fälle bereits besprochen haben: Grazia war einzige Tochter und Liebling des Vaters, mit dem sie – insbesondere durch eine konfliktreiche Beziehung zwischen den Eltern – eng verbunden war. Sie litt an der Kluft zwischen ihr und ihrer Mutter, die sich mit der wachsenden Nähe zum Vater noch vergrößerte. Auf die Nachricht von Grazias Schwangerschaft (zu der sie der Ehemann nicht ganz freiwillig getrieben hatte) reagierte die Mutter gleichgültig. Sie beteiligte sich nicht an der Erörterung der Frage, ob das Kind ausgetragen werden sollte oder nicht. Als Deborah geboren war, verliebte sich jedoch der Großvater in die Enkelin und setzte die Tochter an die zweite Stelle. Dennoch kann mit diesem »Verrat« des Vaters und dem mißlungenen Versuch, die Mutter zurückzugewinnen, nicht ausreichend erklärt werden, warum Grazia in der Tochter eine so verhaßte Rivalin sah, daß sie sie zu beseitigen versuchte. Erst die Untersuchung der Beziehungen zwischen Franco und Grazias Eltern ermöglichte die Erkenntnis, daß Deborahs Geburt »verbrannte Erde« rund um Grazia geschaffen hatte.

Franco war ein junger Mann, der sich sehr früh, d.h. im Alter von 15 Jahren, von zu Hause unabhängig gemacht hatte. Auch wenn dies häufig vorkommt, war die Trennung von seiner Familie jedoch ein Zeichen dafür, daß er sich zu Hause äußerst unbehaglich fühlte, da er gegenüber einem älteren Bruder deutlich benachteiligt wurde. Franco hatte ein sanftes und einnehmendes Wesen, und wenn er von den Schwiegereltern als Süditaliener und Fabrikarbeiter auch zuerst abgelehnt wurde, so gelang es ihm jedoch sehr bald, akzeptiert und gemocht zu werden.

Wenn Grazia auch nur einen schüchternen Versuch machte, sich durch die Partnerbeziehung von ihrer Familie zu emanzipieren, so wurde ein derartiger Versuch sogleich vom Ehemann gebremst. Dieser war über die häufigen Kontakte zu den Schwiegereltern keineswegs verärgert, sondern er suchte sie geradezu, wodurch die Tochter bei ihren Eltern immer mehr in den Schatten geriet.

Sehr bald wurde auf diese Weise Grazia in den Augen ihrer Eltern zu einer ungeduldigen Frau mit heftigen Reaktionen, die der gütige Franco mit Langmut ertrug. Auch die Proteste der Tochter wegen der Nachtschicht, die Franco freiwillig gewählt hatte, erschienen den Eltern absolut ungerechtfertigt. Als Franco Grazia dann zu einem Kind überredete, gab sie zögernd nach, weil sie hoffte, den Ehemann dadurch mehr an sich binden zu können. Als jedoch Deborah geboren war, hielt er sich keineswegs häufiger zu Hause auf. Er war vielmehr froh, daß sich die Großeltern um das Kind kümmerten und so die Beziehungen zu ihnen verstärkten.

Wenn Franco sich von Grazias Eltern wie einen Sohn annehmen ließ, so versuchte er damit einerseits, das geringe Interesse seiner eigenen Eltern für ihn zu kompensieren, andererseits hoffte er aber auch, diese damit für sich zu gewinnen. Und tatsächlich begannen Francos Eltern insbesondere nach Deborahs Geburt, wieder verstärkt Kontakt mit dem Sohn aufzunehmen, wobei sie sich mißbilligend darüber äußerten, daß er sich von der Familie der Frau habe »einwickeln« lassen.

Grazia nahm also wahr, daß ihr Mann noch damit beschäftigt war, die Beziehungen zu seinen Eltern zu klären, und konnte nicht verstehen, warum er so sehr an ihren Eltern und so wenig an ihr interessiert war. Und wenn sich auch beide Männer ihres Lebens – der Vater und der Ehemann – in die kleine Deborah vernarrt hatten, so galt das nicht für ihre Mutter. Bis zur Anzeige wegen versuchten Kindesmordes hatte die Großmutter gegenüber der Enkelin dieselbe Gleichgültigkeit gezeigt, die sie seinerzeit angesichts der deutlichen Hinwendung ihres Mannes zu Grazia an den Tag gelegt hatte.

So verfiel Grazia in den ersten Monaten nach Deborahs Geburt in eine Depression. Sie war enttäuscht und fühlte sich irgendwie all dessen beraubt, was ihr rechtmäßig zustand: der Ehemann, die Tochter, der Vater, die Mutter. Aber wie konnte sie auf diesen Diebstahl reagieren, wenn ihre Rivalen eben die Personen waren, nach denen sie sich sehnte? Wie konnte sie sich darüber beklagen, daß ihr der Ehemann den Vater und daß ihr die Tochter den Ehemann nahm? Das einzige, worüber sie sich offen beklagen konnte – und das tat sie auch –, war das spärliche Interesse der Mutter an der Enkelin. Nicht jedoch konnte sie sich über das mangelnde Interesse der Mutter an ihr selbst beklagen, da sie ja durch ihre Komplizenschaft mit dem Vater dazu beigetragen hatte, daß sich die Mutter von ihr entfernte!

Im Nebel der Psychose – und es ist zu bemerken, daß niemand in der Familie sie zu einer Therapie ermuntert hatte – führte Grazias Protest gegen das mehrfache Verlassenwerden zur Aggression gegen die Tochter, die die Zuwendung der einzelnen Familienmitglieder *für sie* hätte zurückgewinnen sollen und sie ihr in Wahrheit entwendet zu haben schien.

Die Großeltern als Ko-Therapeuten

Wie der Leser bereits erkannt haben wird, folgte in den beiden dargestellten Fällen (Loredana und Augusto, Franco und Grazia) auf die Sitzungen, die der Rekonstruktion des Spiels der Partner mit ihren Herkunftsfamilien galten, die Verabschiedung der Verwandten und die Arbeit mit der Kernfamilie. Mit dem Entschluß, nur mit dem Paar zu arbeiten, erklärt das Therapeutenteam seine Absicht, herauszufinden, ob die beiden Partner in der Lage sind, ihre Bindungen an die Herkunftsfamilie zu erkennen und zu lösen, um eine zufriedenstellende Zweierbeziehung zu entwickeln. Nur im Rahmen einer solchen Beziehung – oder unter der Voraussetzung einer echten Trennung – können die Partner ihre Verantwortung als Eltern wahrnehmen, ohne daß ein Rückfall in die Mißhandlung oder Verwahrlosung der Kinder eintritt.

Wenn die Rekonstruktion des Spiels ausreichend genau und allen einsichtig ist, ergibt sich die Verabschiedung der Großeltern und die Arbeit mit der Kernfamilie als logische Folge, mit der alle einverstanden sind. Wir werden später die verschiedenen Therapieebenen beschreiben, die nach der Verabschiedung der Großeltern in Betracht gezogen werden können.

Zuvor wollen wir eine alternative Vorgehensweise präsentieren: Die Verabschiedung der Eltern und die Entscheidung, auf der Großelternebene zu arbeiten. Diese Alternative bietet sich an, wenn die Eltern sehr jung und/ oder schwer gestört sind (Alkoholiker, Drogenabhängige, Psychotiker) und die Großeltern dafür offen zu sein scheinen, sich auf eine therapeutische Arbeit einzulassen, um durch Veränderung ihres eigenen Verhaltens eine Veränderung der Symptome – beispielsweise des Erziehungsunvermögens – bei den Eltern zu bewirken.

Als Beispiel führen wir den von uns behandelten Fall einer ledigen Mutter namens Alessandra an, die ihre 9 Monate alte Tochter nicht angemessen versorgte und bei der eine symbiotische Psychose diagnostiziert worden war. Die zwanzigjährige Frau wohnte bei ihren Eltern. Sie lebte in ständigem Konflikt mit ihrer Mutter, die immer wieder depressive Krisen, verbunden mit Krankenhausaufenthalten, durchmachte. Die Auseinandersetzungen der beiden Frauen über die richtige Pflege des Kindes führten dazu, daß die Kleine nicht angemessen versorgt wurde.

Alessandra, die aus einer Kaufmannsfamilie stammte, hatte bereits verschiedene erfolglose Therapien hinter sich, und seit einigen Jahren war sie nicht mehr in Behandlung. Die gerichtliche Anzeige wurde von der Familienberatungsstelle erstattet, an die sich die noch nicht 18jährige Alessandra in Begleitung ihrer Mutter wegen einer Schwangerschaftsunterbrechung gewandt hatte. Wenige Monate danach erschien sie – zum zweiten Mal schwanger – wieder in der Beratungsstelle und war unentschieden, ob sie erneut abtreiben sollte. Schließlich tat sie es nicht.

Nach der Geburt des Kindes bat Alessandra die Sozialhelfer wiederholt, ihr das Kind wegzunehmen, weil ihre Mutter sie daran hindere, die Tochter so zu versorgen, wie sie es für richtig halte.

Es kam also zum ersten Gespräch in unserem Zentrum. Das Gericht hatte bereits zuvor eine Verfügung zur Entfernung der kleinen Alice von der Mutter und den Großeltern getroffen und das Kind dem Sozialen Dienst zur geeigneten Unterbringung übergeben. Der Richter hatte jedoch zugestimmt, daß der Soziale Dienst für Alice eine Einrichtung ausfindig machte, die auch Alessandra aufzunehmen in der Lage war. Diese war zwar bereit, zusammen mit der kleinen Tochter das Elternhaus zu verlassen, aber die Erzieher bemerkten bald, daß sie das Kind grob vernachlässigte und dauernd mit der Mutter telefonierte; ihr gegenüber äußerte sie ständig ihre Klagen und Anschuldigungen.

Die erste diagnostische Sitzung fand in Gegenwart von Alice, Alessandra und deren Eltern statt. Letztere hatten sich bereits an einen Anwalt gewandt, um gegen die Herausnahme der Enkelin aus der Familie Widerspruch einzulegen. Sie kamen nur widerstrebend zu dieser Sitzung und weigerten sich, den älteren Sohn mitzunehmen, der seit kurzem verheiratet war und den sie nicht mit den Problemen belasten wollten, die Alessandra der Familie bereitete.

In der Sitzung wurde Alice ständig zwischen den Frauen hin und her gereicht. Der Vater, Nordafrikaner und wegen Drogenhandels in Untersuchungshaft, hatte die Vaterschaft für das Kind nicht übernehmen können. Alessandra erklärte hingegen in provozierendem Ton, sie wolle ihren Freund heiraten, sobald er aus dem Gefängnis entlassen werde.

Es waren zwei sehr dichte und spannungsreiche Sitzungen nötig, um zumindest ansatzweise das traurige Familienbild aufscheinen zu lassen, das wir im folgenden zusammenfassend beschreiben wollen.

Luigi, Alessandras Vater, war einziger Sohn einer verwitweten Mutter. Als er Silvia heiratete, stand diese in einer konfliktreichen Beziehung zu ihrer Mutter, die ihr immer den älteren Bruder vorgezogen hatte. Luigi erwartete, daß Silvia sich ganz an ihn binden würde, nachdem sie ihre Familie verlassen hatte, in der sie so unglücklich gewesen war. Hingegen verbrachte die junge Ehefrau ihre meiste Zeit am Telefon, um bei der Mutter Klage zu führen. Silvia war ihrerseits enttäuscht, daß Luigi sich ständig mit seiner alten Mutter abgab, anstatt sich ganz und gar ihr zu widmen und ihr das zu geben, was sie von ihren Eltern nicht hatte bekommen können.

Die Situation, mit der beide sehr unzufrieden waren, blieb unverändert, bis das erste Kind, ein Junge, einige Jahre alt war. Als Silvia zum zweiten Mal schwanger wurde, wollte Luigi nicht, daß sie das Kind austrug. Aber Silvia, die von einer Amme großgezogen worden war, beschloß, nicht abzutreiben, um so ihrer Mutter zu zeigen, daß sie durchaus in der Lage sei, beide Kinder aufzuziehen.

Zu diesem Zeitpunkt zog sich Silvias Vater, ihr einziger Bündnispartner in der Herkunftsfamilie, von seiner Berufstätigkeit zurück, und bei der Neuverteilung der Rollen ließ er es zu, daß seine Frau den Sohn in auffälliger Weise bevorzugte.

Luigi unterließ es, sich hinter seine Frau zu stellen, und ließ sie lieber die Dinge alleine regeln, zumal ihm von ihren Verwandten vorgehalten worden war, er habe sie des Geldes wegen geheiratet. Als Alessandra geboren wurde, trat bei Silvia die erste depressive Krise auf. Ihre Mutter weigerte sich prompt, sich um das Baby zu kümmern, da sie mit den Kindern des Sohnes beschäftigt war. So wurde Alessandra also zur anderen Großmutter in Pflege gegeben.

Tragischerweise wiederholte und verschärfte sich nun in der nächsten Generation die Konstellation, die Silvias Familie erschüttert hatte. Alessandra wuchs bei der Großmutter auf, die es der Schwiegertochter übel nahm, daß sie ihr den einzigen Sohn weggenommen hatte. Sie stachelte nun das Mädchen gegen ihre Mutter auf. Luigi tat noch das Seine; er, ein schwacher Mann, breitete vor der Tochter seine Unzufriedenheit mit seiner Ehefrau aus, die er als kalt, anspruchsvoll und depressiv erlebte.

Als nun Alessandra in der Pubertät ihre Feindseligkeit gegenüber der Mutter noch stärker zum Ausdruck brachte und dabei väterliche Unterstützung erwartete, kam es zur Kehrtwendung: Luigi, der seinen Frieden haben wollte, begann, die Tochter heftig zu schlagen und die Ehefrau zu verteidigen. Alessandra war nun völlig isoliert und wurde wütend. Sie begann zu verstehen, wie treulos ihr vermeintlicher Bündnispartner war. Dunkel ahnte sie, daß nicht nur ihre Mutter, sondern auch ihr Vater ihr den besonnenen Bruder bei weitem vorzogen. Und damit verfiel sie in eine tiefe Psychose.

Auf die verzweifelten Streitereien mit ihrer Mutter, von der sie sich nicht zu lösen vermochte, auf das Scheitern in der Schule, auf das Abbrechen aller psychotherapeutischen Behandlungen folgten nun Ausbruchversuche von zu Hause, sexuelle Promiskuität, eine von den Eltern mit Sicherheit nicht gebilligte Partnerwahl sowie die Schwangerschaften.

Schließlich gab sich Alessandra der Illusion hin, daß der Freund und die gemeinsame Tochter sie für alle erlittenen Ungerechtigkeiten entschädigen würden. Und nun erlebte sie den Gipfel des Verrats: Sowohl ihr Vater als auch ihre Mutter verliebten sich in Alice, sie nahmen sie ihr weg, sie überließen sie selbst ihrem traurigen Schicksal, nur damit ihnen das Kind nicht weggenommen werde. Daraus erklärte sich das ambivalente Verhalten Alessandras gegenüber Alice, ihr Hang zur Verwahrlosung und ihre Versuchung, sich vom Kind zu trennen.

Nachdem dieses Drama aufgedeckt war, beschloß das Team, den Eltern den Vorschlag zu machen, zusammen mit den Therapeuten an der Heilung Alessandras zu arbeiten. Doch mußte von ihnen verlangt werden, auf die Enkelin zu verzichten. Alessandra wurde hingegen verabschiedet.

In den folgenden Sitzungen mit den Eltern wurde diesen klar, was für einen harten Weg sie vor sich hatten: Um die Tochter zu retten, mußten sie ihre Paarbeziehung neu gestalten, ihre Bindungen an die Herkunftsfamilien lösen und die Bevorzugung des älteren Sohnes einstellen. Wenn die Eltern die Grundlagen ihres eigenen Lebens radikal verändern, kann es ihnen vielleicht gelingen, die Tochter zu heilen. In diesem Fall wird sich Alessandra von ihnen unabhängig machen und angemessen für Alice sorgen können. Es darf den Eltern nicht mehr möglich sein, die Zeit zurückzudrehen, Alessandra auszuradieren und Alice an ihre Stelle zu setzen. Sind die Eltern nicht bereit, ihr Leben zu verändern, besteht für Alessandra keine Hoffnung. Dann könnte aber das Gericht beschließen, Alice endgültig der ungeeigneten Mutter wegzunehmen und zur Adoption freizugeben, denn bei den Großeltern könnte das Kind dasselbe Schicksal durchmachen wie ihre Mutter. In dieser Zwangslage entschieden sich die Eltern also für die Fortsetzung der Therapie, nachdem sie zuvor die wiederholt angebotenen Therapievorschläge jedes Mal von sich gewiesen hatten.

Inzwischen sind zwei Jahre vergangen, und Alessandra hat erhebliche Fortschritte gemacht. Sie lebt mit ihrem Kind in einer Wohnung, die sie von den Eltern bekommen hat. Wenn Alessandra zur Arbeit geht, wird Alice aufgrund einer gerichtlichen Verfügung in eine Kinderkrippe und nicht zur Großmutter gebracht.

Der Fall ist längst noch nicht abgeschlossen, da die Haftentlassung von Alices Vater eine neue Situation geschaffen hat. Alessandras Eltern sind seit zwei Jahren in Therapie, und sie bringen der Veränderung dasselbe Maß von Motivation und Widerstand entgegen, das man bei einer freiwilligen Paartherapie antrifft. Alessandra hat kürzlich gegenüber der Sozialarbeiterin, die sie seit der Erstattung der Anzeige begleitet, den Wunsch geäußert, Kontakt mit einem Psychologen aufzunehmen, um ihre Beziehung zum Vater des Kindes zu klären. Alice wird gut versorgt, sie ist psychomotorisch früh entwickelt und kontaktfreudig. Durch die Kinderkrippe und durch die Hausbesuche der Sozialarbeiterin wird ihre Entwicklung ständig überwacht.

Sitzungen mit Eltern und Kindern

Die Befreiung des Kindes aus der Verstrickung in das Spiel der Eltern ist immer dann ein äußerst wichtiges Therapieziel, wenn das Kind eine aktive Rolle im Mißhandlungsspiel einnimmt. Derlei Spiele haben wir in Kapitel IV (S. 105 bis 109) beschrieben.

Bei einigen Familien kann es sogar vorrangiges Ziel sein, die erwähnte Verstrickung des Kindes zu lösen, um unverzüglich den interaktiven Kreislauf zu durchbrechen, der die Mißhandlung zur Entladung bringt.

Trotzdem wollen wir dieses Therapieziel erst an dieser Stelle besprechen, da die Einbeziehung des Kindes in das Spiel der Eltern nie die erste Etappe in der dysfunktionalen Entwicklung eines Familiensystems darstellt. In der ersten Zeit des Zusammenlebens der Partner sind die Kinder noch nicht geboren oder sie sind zu klein, um für die Rollen als Vertraute, Verteidiger, Ersatzpartner usw. zur Verfügung zu stehen. Und so sind es Mitglieder der Herkunftsfamilien, die für diese Rollen ausgewählt werden und/oder sich selbst dafür anbieten.

Gleichzeitig kann man davon ausgehen, daß ein Paar, das jahrelang einen Verwandten in seine konflikthafte Beziehung einbezogen hat, dazu tendiert, diese Triade endlos fortzusetzen. Wenn es (durch Tod oder Alter) zum Verlust der Triade kommt, wird der nicht mehr zur Verfügung stehende Verwandte von einem oder von beiden Partnern durch jenes Kind ersetzt, das sich am besten dazu eignet oder am bereitwilligsten zur Verfügung stellt, um diese Funktion auszuüben.

Sowohl die Befreiung der Zweierbeziehung von der Einmischung eines Verwandten als auch die Loslösung des Kindes aus der Verstrickung mit den Eltern (die sowohl für diese als auch und vor allem für das Kind schädlich ist) kann auf verschiedenen Therapieebenen erzielt werden.

Zuerst werden gemeinsame Sitzungen mit Eltern und Kindern durchgeführt, wie es der klassischen Familientherapie entspricht. Sobald mit dem Sozialarbeiter und der Kernfamilie die Kontextklärung abgeschlossen ist, werden – wenn nötig zusammen mit ausgewählten Vertretern der Großfamilien – die Beziehungen zwischen der Kernfamilie und den Verwandten analysiert. Schließlich finden gewöhnlich wieder einige Sitzungen mit

Eltern und Kindern statt. Wir wollen hier auf die typischsten Sitzungen, in denen die aktive Rolle des Kindes innerhalb der Zweierbeziehung herausgearbeitet wird, nicht mehr eingehen, da wir dies bereits in Kapitel IV getan haben.

Der kleine Claudio, der glaubt, die Mutter vor den Zumutungen des Vaters schützen zu müssen, ist genauso Opfer einer falschen Sichtweise wie sein kleiner Freund, der sich dafür verwendet, daß sein Vater heimlich wieder das Haus betreten kann, aus dem ihn seine Ex-Frau ausgeschlossen hat. Beide sind sie davon überzeugt, daß ihre Unterstützung des Elternteils, der ihnen als Opfer des anderen erscheint, das gute Funktionieren der Familie zwar nicht sicherstellen, aber das Schlimmste vermeiden kann. Und dafür setzen sie sich aktiv ein. Es handelt sich aber hier nicht um das Paradox, wonach das Symptom des sogenannten Indexpatienten als unbewußtes Opfer anzusehen wäre. Das Kind setzt vielmehr ganz konkret seine Beziehung zu einem Elternteil aufs Spiel. Da dieser sich von ihm verlassen und angegriffen fühlt, riskiert das Kind die Mißbilligung des Elternteils, was bis zu Reaktionen in Form von Mißhandlungen führen kann. Das Kind verliert sein inneres Gleichgewicht, seine Fröhlichkeit, sein kindliches Recht auf ein von den Streitigkeiten der Erwachsenen abgeschirmtes Leben; es verliert seine innere Freiheit, sich mit sich selbst, seinen Kameraden und der Schule zu beschäftigen.

In den Sitzungen wird dem Kind das Spiel erklärt, damit es verstehen kann, daß sein aufopfernder Einsatz keinesfalls das angestrebte Ziel erreicht, sondern vielmehr den unergiebigen Kampf zwischen den Eltern aufrechterhält. Es wird ihm vor Augen geführt, daß in diesem Kampf das vermeintliche Opfer im Stillen und Verborgenen genauso tödliche Schläge versetzt wie der vermeintliche Täter, der dies nur auf offenkundigere Weise tut.

Wenn der Therapeut sicher sein kann, daß das Kind ihn verstanden hat, verabschiedet er sich von ihm und von seinen Geschwistern. Er erklärt ihm gleichzeitig, daß er und seine Kollegen sich eine Zeitlang darum bemühen werden, den Eltern zu helfen, ihre Beziehungsprobleme zu verstehen und zu lösen. Diese Verabschiedung ist eine bedeutsame Intervention, zumal sie an Kinder gerichtet ist, die bereits aus der Familie herausgenommen wurden und in einer Fremdunterbringung leben.

Die Botschaft, die den Kindern eindeutig vermittelt wird, ist diese: Während ihr für eine begrenzte Zeit nicht zu Hause lebt, arbeiten eure Eltern zusammen mit erfahrenen Therapeuten daran, sich selbst und ihre Beziehung zueinander zu verändern. Diese Aufgabe müssen eure Eltern ohne euch lösen, daher sollt ihr euch nicht daran beteiligen.

Es wurde uns berichtet, daß nach derlei Gesprächen kleine Kinder den Erziehern ganz aufgeregt und erwartungsvoll mitteilten: »Heute gehen Papa und Mama zur Therapiestunde.« Einige äußerten ausdrücklich den Wunsch, die Eltern sollten sich doch ändern, wenn sie sie, die Kinder, wirklich lieb hätten!

Es mag erschütternd sein, derlei Sätze aus dem Munde eines Kindes zu hören, das unterschwellig, aber oft auch ausdrücklich, dem Vater vorwirft, er habe es nicht lieb, da er immer noch trinke, von der Spritze nicht lassen könne oder die Mutter schlage. Aber es bedeutet einen ganz wichtigen Schritt im Wachstumsprozeß des entwicklungsgeschädigten mißhandelten Kindes, wenn es in der Lage ist, sich zu äußern. Es geht darum, daß das Kind ein Bewußtsein dafür entwickelt, daß es Sache der Eltern ist, möglichst günstige Bedingungen für ein entspanntes Familienleben zu schaffen, und daß dies nicht seine Aufgabe sein kann, wie es bis jetzt zwar undeutlich, aber doch fest geglaubt hat.

Die Intervention beim Kind nach seiner Teilnahme an den Familiensitzungen

Damit der Therapeut seine Aufgabe an den Kindern erfüllen kann, muß er natürlich dafür sorgen, daß diese laufend über den Behandlungsverlauf informiert werden. Manchmal können sich die Kinder bei ihren Besuchen zu Hause selbst ein entsprechendes Bild machen.

Oder es genügen die Informationen, die ihnen die Pflegeeltern, die Erzieher oder die zuständige Sozialarbeiterin geben lassen.

Das war bei Paolo der Fall. Seine drei erheblich älteren Geschwister – zwei Schwestern und ein Bruder – bereiteten den Eltern große Probleme, weil sie verhaltensauffällig, drogenabhängig und wegen Rauschgifthandel, Prostitution und Diebstahl wiederholt in Haft waren.

Solange Paolo noch in der Familie lebte, versäumte er jeden Morgen die Schule, da die Mutter ihren Rausch ausschlief und der Vater und die Geschwister der Meinung waren, es sei Aufgabe der Ehefrau und Mutter und nicht ihre Sache, Paolo in die Schule zu bringen. Übrigens fand die Sozialarbeiterin bei ihren Besuchen den Jungen wiederholt alleine zu Hause vor; das Kind hatte hohes Fieber und lag inmitten von Schmutz und Unordnung.

Die diagnostische Arbeit mit der Familie zeigte, daß der Alkoholismus der Mutter eine Art Erpressungsmaßnahme gegenüber dem Ehemann darstellte. Dieser hatte sie als sehr junges Mädchen aus einem Internat geholt und ihr nach einigen glücklichen Jahren zu verstehen gegeben, daß er ihr zuerst seine Verwandten und dann die drei größeren Kinder bei weitem vorzog. Einige dramatische Sitzungen, in denen sich zuerst die ganze Familie und dann das Paar allein darum bemühte, das familiäre Spiel zu rekonstruieren, führten zu nichts. Beide Partner verharrten in ihren Positionen: er vertrat die Ansicht, daß der Alkoholismus der Ehefrau an allem schuld sei und daß daher die drogensüchtigen Kinder Verständnis und Nachsicht verdienten; sie hingegen erklärte, sie werde keine Entziehungskur machen und keinen Finger im Haushalt rühren, solange der Ehemann nicht bereit sei, die älteren Kinder von zu Hause fortzujagen.

In unserem Diagnosebericht mußten wir feststellen, daß die Familie nicht behandlungsfähig war. So beschloß das Vormundschaftsgericht, Paolo zur Adoption freizugeben. Begründet wurde dieser Schritt damit, daß die Eltern ihrer Verpflichtung zur Verhaltensänderung, die ihnen im Hinblick auf das gedeihliche Wachstum des Kindes auferlegt worden war, aus eigener Schuld nicht nachgekommen sind.

Das Kind wurde rechtzeitig über das Scheitern der Arbeit mit den Eltern sowie über die darauf folgende Entscheidung des Richters informiert. Die Erzieher halfen dem Kind, sich bei Besuchen in der Familie davon zu überzeugen, daß die Mutter in ihrem Groll verharrte und kein Wort sprach, daß sich die drei Geschwister durch die Unterstützung des Vaters stark fühlten und dem kleinen Bruder gegenüber arrogant auftraten und daß schließlich der Vater keinerlei Interesse an Paolo zeigte und sich, wenn er dort war, in einen Sessel setzte und schlief oder mit dem größeren Sohn spielte, ohne den kleinen wahrzunehmen.

Die Eltern legten zwar gegen die Adoptionsentscheidung Einspruch beim Vormundschaftsgericht ein, dies jedoch ohne Erfolg. Als aber dann die Einreichungsfrist für die Wiederaufnahme des Verfahrens beim Berufungsgericht[*] fast abgelaufen war, konnten sich beide Eltern zu folgender Äußerung durchringen: »Hör mal, Paolino, vielleicht bist du von uns allen am besten dran. Du siehst doch, was für ein Leben wir und deine Geschwister führen! Du hingegen kommst in eine neue Familie.« Wir glauben, daß nichts anderes dem Kind hätte besser helfen können, den Weg zu seiner neuen Familie anzutreten, als diese tragisch durchlittenen Worte.

In anderen Fällen sind die Erfahrungen, die die Kinder außerhalb der Therapiestunden mit den Eltern allein machen können, nicht ausreichend. So muß der Therapeut Kinder und Eltern zu einer gemeinsamen Sitzung einladen.

Hier ist der Fall der Kinder Laura und Igor (7 und 5 Jahre) anzuführen, die in unsere Einrichtung kamen. Der Junge war vom Vater mißhandelt worden, und beide hatte die Mutter schwer vernachlässigt.

---

[*] entspricht in Deutschland dem Oberlandesgericht (Anm. d. Übers.)

Die sehr jungen Eltern (er 24 Jahre, sie 22 Jahre) lebten in einem kleinen Appartment. In der Nachbarwohnung wohnte die Familie des Mannes, die die junge Frau – sie war Vollwaise – sozusagen adoptiert hatte. Als die Kinder in unsere Einrichtung kamen, halfen wir ihnen, ihre dramatischen Erlebnisse nach und nach zum Ausdruck zu bringen und zu verarbeiten. Dabei ging es um die Straffälligkeit des Vaters, der professioneller Dieb, in Bluttaten verwickelt und mehrfach im Gefängnis gewesen war. Er verhielt sich überdies gewalttätig gegenüber seiner Frau und den Kindern. Auf der anderen Seite ging es um die Mutter, die die Kinder vernachlässigte, um – wörtlich und im übertragenen Sinn – ihren Mann zu verfolgen, der sie überdies noch mit anderen Frauen betrog.

Die Arbeit mit dem Paar entwickelte sich unerwarteterweise recht gut. Beide waren nämlich äußerst intelligent und engagierten sich sehr in der Therapie. Vor allem die junge Frau sah in den Paarsitzungen eine Chance, den Ehemann endgültig an sich zu binden und ihn von seiner Mutter loszureißen, die die Behörden ganz offen herausforderte und den Sohn dazu aufstachelte, er solle die Kinder aus unserer Einrichtung entführen und zu ihr bringen. Die Tatsache, daß der Ehemann die Kontextregeln einhielt und sich in der Therapiearbeit engagierte, zeigten der Ehefrau, daß er sich letztlich ihr gegenüber loyal verhielt und eine vorsichtige Distanz zum mütterlichen Führungsanspruch suchte.

Im Laufe von acht Monaten Therapie konnte sich die Ehefrau zunehmend zufrieden darüber äußern, daß ihr Mann offenbar »vernünftig geworden« war. Er hatte nun eine feste Arbeit, er ging abends nicht mehr ohne seine Frau aus, er ließ das Kokain sein und er distanzierte sich von seinen etwas aufdringlichen Verwandten.

Gleichzeitig berichtete der Mann, daß seine Frau ihm gegenüber wie ausgewechselt sei: Sie sei erstmals zu Selbstkritik bereit und sie verhalte sich ihm gegenüber nicht mehr wie eine Missionarin, die einen Ungläubigen bekehren wolle. Sie kümmere sich jetzt auch sehr um ihren Haushalt und um die Schulangelegenheiten der Tochter.

Beide besuchten die Kinder pünktlich und eifrig in unserer Einrichtung; sie waren äußerst bemüht, alle Anregungen der Therapeuten aufzugreifen und in die Tat umzusetzen. Gemeinsam mit dem Sozialen Dienst beantragten wir daher beim Richter, daß die Kinder probeweise an den Wochenenden nach Hause zurückkehren dürfen. Die Erzieher bemerkten jedoch, daß bei den Kindern, die über die zu erwartende Entscheidung des Gerichts informiert wurden, deutliche Störungen auftraten. Igor hatte wieder Alpträume und verhielt sich aggressiv zu seinen Kameraden. Lauras schulische Leistungen ließen rapide nach, und sie litt zudem an Eßstörungen. Nach den Besuchen der Eltern, die die Kinder mit Ungeduld und Freude erwartet und begrüßt hatten, begannen beide, den Erziehern traumatische Erlebnisse aus der Zeit ihres gemeinsamen Lebens mit den Eltern zu erzählen.

Es war also offenkundig, daß die Aussicht auf die wöchentlichen Besuche zu Hause die Kinder zwar mit Freude erfüllte, andererseits aber auch ängstigte. Da sie nicht an dem Prozeß teilgenommen hatten, in dem sich die Eltern zu einer Neugestaltung ihrer Beziehung entschieden hatten, befürchteten sie, wieder dieselben Dramen erleben zu müssen, die sie von früher kannten. Wir beschlossen daher, sie zu einer Sitzung mit den Eltern einzuladen, um zusammen mit ihnen den Weg, den jene gegangen waren, noch einmal nachzuvollziehen.

Die beiden Kinder schienen sich wenig für das zu interessieren, was ihnen die Therapeutin erzählen wollte und was die Eltern mit ihrer Hilfe zu erklären versuchten. Sie gaben sich vielmehr mit dem vorhandenen Spielzeug ab, antworteten nur einsilbig und gaben zu verstehen, daß das Thema sie nicht interessierte und daß die Erwachsenen derlei Dinge untereinander ausmachen sollten. Die Therapeutin forderte schließlich die Eltern auf, sich hinter die Einwegscheibe zu setzen. Die Kinder kannten diesen Platz, da sie sich während der ersten Sitzungen zeitweilig dort aufhalten durften, wenn sie die Gespräche störten und spielen wollten. Nun machte es ihnen trotz der Anwesenheit der Eltern Spaß, sich in ein Gespräch mit der Therapeutin einzulassen und – allerdings nur andeutungsweise – über ihre Ängste zu sprechen, die mit der Rückkehr in die Familie zu tun hatten.

Und obwohl diese Sitzung eher enttäuschend verlief, war sie von großem Nutzen für die Kinder. Sie berichteten den Erziehern darüber in allen Einzelheiten und schienen sehr bald von ihren Ängsten befreit zu sein. Sobald die Entscheidung des Richters vorlag, verbrachten Laura und Igor die Wochenenden probeweise zu Hause, ohne daß erwähnenswerte Probleme auftraten. Die Kinder erzählten in der Einrichtung ganz ungehemmt, was sie zu Hause erlebt hatten, und berichteten zu Hause, welche Erfahrungen sie in der Einrichtung gemacht hatten. Nach einigen Monaten kam es wegen der Sommerferien zu einem vierwöchigen Besuch bei den Eltern. Während dieser Zeit trafen sich die Eltern wiederholt mit den Erziehern der Einrichtung, um verschiedene Probleme zu erörtern, die durch das erneute Zusammenleben mit den Kindern aufgetreten waren. Außerdem überwachte der örtliche Sozialarbeiter den Wiedereingliederungsprozeß der Kinder durch regelmäßige Hausbesuche. Letztlich auf seine Empfehlung hin wandten sich die Eltern öfters telefonisch an die Einrichtung, um kleine Erziehungsprobleme zu lösen.

Im nächsten Schuljahr kehrten Laura und Igor ganz in die Familie zurück, während die Eltern sowohl die Therapie fortsetzten als auch weiterhin die Erzieher der Einrichtung zur Klärung psychagogischer Fragen konsultierten.

Die Behandlung der letzten Generation

Das Beispiel von Laura und Igor zeigt einen weiteren wichtigen Aspekt in unserem Behandlungskonzept: die Notwendigkeit, den Kindern therapeutische Aufmerksamkeit in der Zeit zu schenken, in der sie nicht mehr an den Familiensitzungen teilnehmen. Wir unterstellen einmal, daß der Leser sowohl durch den Fall Paolo als auch durch den Fall Laura und Igor einen gewissen Einblick in die Funktion unseres therapeutisch ausgerichteten Kinderwohnheims bekommen hat. In dieser Einrichtung sind eine Psychagogin und mehrere Erzieher darum bemüht, dem Kind nicht nur Schutz und Halt zu geben – so notwendig dies auch sein mag –, sondern ihm darüber hinaus zu helfen, das Trauma der Mißhandlung und der darauf folgenden Trennung von den Eltern zu bewältigen.

Diese therapeutische Begleitung wird bei der Pflegefamilie fortgesetzt, wenn – selbst bei positiver Prognose – eine ausgedehnte Behandlung der Eltern eine langandauernde Fremdunterbringung der Kinder nötig macht.

Neben diesen beiden therapeutischen Maßnahmen erhält ein kleiner, d. h. sehr kleiner Teil unserer Kinder zusätzlich eine Einzeltherapie. Damit kann man, je nach Notwendigkeit, entweder während des Aufenthalts des Kindes in unserer Einrichtung oder in einem Internat beginnen oder aber, wenn das Kind wieder bei den Eltern ist. Natürlich erfordert dies eine gute Zusammenarbeit zwischen den beiden Therapieformen, so daß häufige Treffen zur Festlegung der Zielsetzungen und zur Durchführung der Kontrolle nötig sind.

Abgesehen von diesen seltenen Sonderfällen hat es sich oft als zweckmäßig erwiesen, daß unser Team therapeutische Interventionen bei den Kindern vornimmt, wenn diese nicht mehr an den Familiensitzungen teilnehmen dürfen. Die therapeutische Begleitung ist natürlich dann besonders notwendig, wenn die Arbeit mit den Eltern scheitert. Im Falle von Paolo beschloß unsere Einrichtung, das Kind in seiner dramatischen Situation nicht im Stich zu lassen und es während des ganzen Verfahrens zu behalten, der auf den Einspruch der Eltern gegen die Adoption folgte. (Wie wir bereits berichtet haben, verzichteten die Eltern nach Abweisung ihres Einspruchs auf die Wiedereröffnung des Verfahrens in der nächsten Instanz.) Auf diese Weise verbrachte Paolo über zwei Jahre in unserem Kinderwohnheim, bis er schließlich in eine Adoptivfamilie eingegliedert wurde.

In anderen Fällen kann man jedoch keine derartige Unterstützung des Kindes sicherstellen, wenn die Eltern endgültig für ungeeignet erklärt werden, sich um das Kind zu kümmern. Wir haben den Eindruck, daß Kinder oft völlig »im Regen stehen«, wenn sie in Internaten oder Heimen leben, die nicht in der Lage sind, ihnen genügend Zuwendung entgegenzubringen, wenn die Familie ausfällt.

Typisch ist der Fall einer Familie, die wir Loverso nennen und die aus zwei verhältnismäßig alten Eltern mit sieben Kindern (sechs Mädchen und ein Junge) zwischen 23 und 14 Jahren besteht. Die drei noch minderjährigen Kinder wurden aus der Familie herausgenommen, weil sie vom Vater wiederholt mißhandelt worden waren. Zwei Töchter hatten aus demselben Grund das Elternhaus verlassen und wurden vom Sozialen Dienst betreut, obwohl sie bereits das 18. Lebensjahr überschritten hatten. Bei einer der Töchter bestand zudem der nie ganz aufgeklärte Verdacht, daß sie zur »Strafe« für ihr aufsässiges Verhalten vom Vater vergewaltigt worden war.

Die Arbeit mit der Familie scheiterte sehr schnell. Noch nie zuvor hatten wir ein Paar erlebt, das so sehr im gegenseitigen Haß und in absoluter Erstarrtheit gefangen war. Der Mann war Analphabet, aber äußerst wach und intelligent; sein extrem autoritäres Verhalten hatte geradezu karikaturhafte Züge. Seine Ehefrau glich hingegen einem dummen, störrischen Esel, der sich nicht einmal durch Stockhiebe in Bewegung setzen läßt. Die sechs hübschen und intelligenten Töchter verzehrten sich in Haß gegen den Vater, wozu sie insbesondere durch die Passivität der Mutter herausgefordert waren. Je passiver die Mutter die Übergriffe des Vaters ertrug, desto aktiver wurden die Töchter in ihrer Auflehnung gegen ihn und provozierten dadurch ihrerseits seine Beschimpfungen und Schläge. Jedoch empfanden die Töchter gegenüber der Mutter nicht nur Mitleid, sondern gleichzeitig auch eine tiefe Verachtung, da sie so apathisch und ihnen gegenüber ohne jede Initiative war. Tragischerweise mischte sich in den Haß der Töchter gegen den Vater eine ungewollte Bewunderung für seine Kraft und seine Intelligenz sowie die heimliche, sehnsuchtsvolle Erinnerung an eine Geste des Wohlwollens, die er ihnen vor langer Zeit einmal entgegengebracht hatte.

Dieses Gewirr von Gefühlen machte es den Töchtern natürlich unmöglich, sich von den Eltern zu lösen. Von den zweien, die noch zu Hause lebten, war die eine das Sprachrohr der ewig gleichen Klagen der Mutter gegen den Vater; die andere unterstützte den Vater in seinem Groll gegen die älteren Töchter, die ihn durch ihr Weggehen brüskiert hatten. Diese lebten zwar physisch außerhalb der Familie, neideten aber den zu Hause gebliebenen Schwestern die vermeintliche Zuwendung der Eltern und konnten daher kaum ihre Emanzipation ausleben, die sie mit Worten immer wieder beschworen. Die beiden jüngsten Schwestern wurden vom Sozialen Dienst in einem Heim untergebracht; die eine war auf ihre Ersparnisse fixiert und hoffte, daß zumindest ihr kleines Vermögen den Vater dazu bewegen würde, sie wieder nach Hause zu holen; die andere träumte davon, sich von der Familie ihres Verlobten adoptieren zu lassen, um so die Eltern eifersüchtig zu machen.

Unter diesen Gefühlen gab es keinen Platz für geschwisterliche Solidarität, für gegenseitige Hilfe oder für Trost für die Schwester, die gerade in Schwierigkeiten war. Es gab nur Neid, Rache, Eifersucht, Streit und Täuschung sowie wechselnde Bündnisse von zweien gegen eine Dritte.

In dieser Situation blieb der Sohn, der sich die Rolle des »Prinzen« in der Familie erhoffte, vollkommen unbeachtet. Er war vielleicht weniger begabt als seine Schwestern, wurde mit Sicherheit nicht gefördert, konnte nicht sprechen, wurde leicht rot, weinte häufig und war depressiver sowie gehemmter als alle anderen. Der Vater begegnete ihm mit Verachtung, zur Mutter hatte er keine echte Beziehung, und die Schwestern versorgten ihn nicht so sehr aus Interesse am Bruder, sondern vielmehr, weil sie untereinander rivalisierten oder weil sie der Mutter zeigen wollten, »wie man es macht«.

Nachdem wir jede Hoffung für die Eltern aufgegeben hatten, sahen wir uns nicht in der Lage, uns auch von den Kindern zu verabschieden, zumal sie in kürzester Zeit ein ausgesprochen reges Interesse an den Familiensitzungen gezeigt hatten. Als wir dann versuchten, zumindest die zwei Schwestern auszuschließen, die (scheinbar) für immer mit dem Elternhaus gebrochen hatten, beklagten diese sich und erklärten, unsere Sitzungen seien für sie, die sieben Geschwister, die einzige Möglichkeit, sich zu treffen, sich die neuen Kleider zu zeigen, sich miteinander zu unterhalten und sich die jeweiligen Zukunftspläne mitzuteilen.

Als in Anwesenheit der beiden Sozialarbeiter, die die drei Minderjährigen betreuten, unser behutsam abgefaßter Bericht verlesen wurde, der die irreparable Zerrüttung der Familie feststellte, kam es zu einer eindrucksvollen Szene. Nachdem der lange Bericht verlesen war, gaben wir nicht nur den Eltern, sondern auch jedem der Kinder eine Kopie davon, um so die Auflösung der Familie zu dokumentieren, in der bereits jeder für sich lebte. Da ergriff der Jüngste eine erstaunliche Initiative: Unter die Unterschrift des Therapeuten ließ er jede Schwester ihre Unterschrift setzen. So besiegelten alle sieben Kinder vor den Augen ihrer verstummten und erstarrten Eltern ihre qualvolle Familiengeschichte und die unvermeidbare Auflösung dessen, was eine Familie *hätte sein können*.

Es ging nun darum, den sieben Jugendlichen bewußt zu machen, daß sie ein gemeinsames dramatisches Schicksal miteinander verband. Wenn sie sich auch stritten und verschiedene Lösungen anstrebten, so war die Arbeit mit ihnen doch alles andere als erfolglos. Die vertragliche Verpflichtung, den kleinen Bruder in eine Pflegefamilie zu begleiten, die ihm vom Sozialen Dienst zugewiesen wurde und in der er bis zu seiner Volljährigkeit leben sollte, ließ zumindest bei einigen der Schwestern Gefühle entstehen, die frei waren von Rivalität. Zwei der Schwestern beschlossen, zusammen zu wohnen. Eine begab sich in eine Einzeltherapie und zeigte damit den anderen, daß es die Möglichkeit gab, selbst Hilfe anzufordern. Einer anderen gelang es, ihre Beziehung zur

Sozialarbeiterin und zu ihren Kontaktpersonen im Internat erheblich zu verbessern.

Ein weiteres positives Ergebnis: alle Schwestern besuchten den Bruder zwar regelmäßig in der Pflegefamilie, waren sich aber gleichzeitig bewußt, daß sie seinen neuen Lebensraum nicht für sich in Anspruch nehmen durften.

Das Beispiel der Familie Loverso zeigte eine Form der Intervention an der letzten Generation, nachdem die Arbeit mit den Eltern gescheitert war. In anderen Fällen kann es sich hingegen als zweckmäßig erweisen, die Kinder erneut in die Behandlung einzubeziehen, beispielsweise dann, wenn sich die Paarbeziehung der Eltern kontinuierlich verändert und die Kinder sich ständig an plötzliche Veränderungen anpassen müssen. Dazu gehören Trennungen, Versöhnungen, neuerliche Brüche und das Eingehen neuer Beziehungen. Für manche dieser Familien stellt die therapeutische Sitzung den einzigen Ort der Ruhe, des Nachdenkens und des Gesprächs dar, in dem sich die Familienmitglieder ihre Befindlichkeit, ihre Pläne und ihre Entscheidungen mitteilen können.

Sehen wir uns in diesem Zusammenhang die drei Schwestern Laurieto an, die aus ihrer Familie herausgenommen und in einem Internat untergebracht wurden. Die Eltern trennten sich aufgrund der alleinigen Entscheidung der Ehefrau, die die ständigen Streitereien mit dem alkoholabhängigen Ehemann, seine Mißhandlungen an ihr und an den beiden älteren Töchtern sowie seine ständige Arbeitsverweigerung satt hatte. Der Ehemann, der vor Jahren mit seiner Herkunftsfamilie gebrochen hatte und sich niedergeschlagen und alleine fühlte, konnte sich nicht damit abfinden, daß die eheliche Beziehung aufgelöst war. Er hoffte immer noch, von der Frau und den Töchtern ein Minimum an Zuwendung zu bekommen, oder suchte zumindest ihre Gesellschaft. Außerdem empfand er es als Angriff auf seine Ehre und sein Prestige, daß ihn seine Ehefrau verlassen hatte. Allein der Gedanke, sie könne eine Beziehung mit einem anderen Mann eingehen, trieb ihm das Blut ins Gesicht.

Für Frau Laurieto war daher das Leben nach der Trennung genauso anstrengend wie zuvor; der Mann weigerte sich, die eheliche Wohnung zu verlassen (obwohl sie vom Richter der Frau zugesprochen war), er verfolgte sie auf verschiedenste Weise an ihrem Arbeitsplatz, er bedrohte sie mit Messer und Pistole und er schlug mehrmals heftig auf sie ein.

Natürlich verhielt sich die Ehefrau so, daß sie im Mann immer noch den Hoffnungsfunken nährte, sie werde zu ihm zurückkehren, »wenn er Vernunft angenommen habe«. In seiner Abwesenheit brachte sie regelmäßig seine Wohnung in Ordnung, bereitete ihm das Mittagessen und traf sich mit ihm im Café, um über ihre Zweierbeziehung zu sprechen. Die Empfehlungen der Sozialarbeiter sowie der freiwilligen Helfer von San Vincenzo*, die ihr so sehr bei der Trennung geholfen hatten, fruchteten nicht. Alle diese Personen gaben ihr einmütig den Rat, mit Entschiedenheit die Kontakte abzubrechen und nötigenfalls auch gerichtliche Schritte zu unternehmen, um die eigenen Rechte durchzusetzen. Aber die Frau ging noch weiter: Als sie in finanzielle Schwierigkeiten geriet, bat sie den Ex-Mann um Geld und nährte in ihm damit die Hoffnung, mit dieser Geste wolle sie sich vielleicht wieder in seine Abhängigkeit begeben. Was die Töchter betrifft, so hatte keiner der beiden Elternteile für sie aufzukommen, da alle diesbezüglichen Kosten vom Sozialen Dienst übernommen wurden.

Aufgrund ihres unreifen und unverantwortlichen Verhaltens wurde die Mutter vorübergehend für unfähig erklärt, sich um die Kinder zu kümmern. Diese kamen in ein Internat, in dem sie die Mutter nicht sehr häufig besuchte und der Vater hin und wieder auftauchte. Er erschien unangemeldet außerhalb der Besuchszeit und nahm die Jüngste, die zehnjährige Giada, mit, um sie als Köder für seine Frau zu verwenden. Mit dieser Taktik hatte er Erfolg, denn die Frau »biß an«. Die beiden älteren Töchter bedrohte und beschimpfte der Vater jedoch anläßlich seiner »Überfälle« auf das Internat, denn er war der Ansicht, daß sie Parteigängerinnen der Mutter waren. So mußten die drei Mädchen mehrmals das Internat wechseln, da die Verantwortlichen mit dem gewaltsamen Eindringen nicht fertig wurden. Er erschien betrunken, schlug auf die Erzieher ein und entschuldigte sich am nächsten Tag mit Tränen in den Augen, so daß die Betroffenen ihre Absicht fallen ließen, gegen ihn Anzeige zu erstatten.

Die Arbeit mit der Familie war am Anfang natürlich außerordentlich mühsam. Es sei nur erwähnt, daß das kleinste Problem darin bestand, Herrn Laurieto daran zu hindern, daß er seiner Ex-Frau nach den Sitzungen auflauerte, um auf sie einzuprügeln. Nach einigen Monaten gelang es uns immerhin, von den Sitzungen mit den Verwandten (Ex-Kernfamilie mit Frau Laurietos Eltern, denen in dieser Angelegenheit ein großes Gewicht zukam) zu getrennten Sitzungen mit den beiden Partnern überzugehen und zuvor noch einige Sitzungen mit Eltern und Kindern dazwischenzuschalten. Herrn Laurieto dazu zu bringen, daß er für sich und für seine Ex-Frau getrennte Termine akzeptierte, war ein äußerst schwieriges Unterfangen, zumal gemeinsame Sitzungen für ihn eine willkommene Gelegenheit darstellten, seine Ex-Frau wiederzusehen. Wir waren aber nicht erstaunt, daß nicht er, sondern sie die Einzelsitzungen versäumte; entweder sie kam um Stunden zu spät oder sie erschien überhaupt nicht, ohne vorher abgesagt zu haben. Er hingegen nahm die Termine äußerst gewissenhaft wahr.

Im Jahr darauf entwickelte sich die Situation langsam weiter. Mehr und mehr ließ Herr Laurieto seine Ex-Frau in Ruhe, und sie hörte damit auf, ihm

---

* Wohlfahrtsverein (Anm. d. Übers.)

Hoffnungen zu machen und sich nachstellen zu lassen. Die Frau begann, regelmäßiger ihrer Arbeit nachzugehen, sich um eine neue Wohnung zu kümmern, und sie bezog ihre älteste Tochter nicht mehr in ihre konfusen Liebesabenteuer ein, was Zorn und Rachegefühle des Vaters hervorgerufen hatte. Auch Herr Laurieto arbeitete nun mit größerer Ausdauer, er »überfiel« die Internate seiner Kinder nicht mehr, sondern respektierte schließlich die Besuchszeiten, wobei er mit seiner Ex-Frau einen wechselweisen Besuchsturnus vereinbarte, der von beiden mehr oder weniger eingehalten wurde. Dennoch konnte sich Herr Laurieto weder von seiner Depression noch von der Trunksucht befreien, er weigerte sich aber, sich in psychiatrische Behandlung zu begeben oder einer Gruppe der Anonymen Alkoholiker beizutreten.

In dieser tiefen und verzweifelten Einsamkeit verdichtete sich seine Beziehung zur kleinen Giada, die er früher als Lockvogel für seine Ehefrau benutzt hatte. Nun wurde sie für ihn zur einzigen Quelle der Zuwendung. Entgegen den mit dem Sozialen Dienst getroffenen Vereinbarungen gaben das Internat und die Ex-Frau Herrn Laurietos Forderung nach, Giada solle die ganzen Osterferien bei ihm verbringen, und die anderen beiden Töchter sollten zu ihrer Mutter gehen. Im Gegensatz dazu war vereinbart worden, daß alle drei Mädchen zusammen einige Tage beim Vater und einige Tage bei der Mutter verbringen sollten.

Da sich angesichts einer so schrecklichen Familie der Kontext ständig veränderte, beschlossen wir, uns weder an den Sozialen Dienst noch an den Richter zu wenden, sondern dieser pathologischen Entwicklung der Situation gleich therapeutisch entgegenzutreten. Wir luden also die drei Mädchen mit jeweils einem Elternteil zu einem Gespräch ein, wobei wir in beiden Sitzungen die besorgniserregenden Aspekte bei jedem einzelnen Kind erörterten.

Die Älteste, die 14jährige Patrizia, zeigte wenig Eigeninitiative, sie hatte kein Interesse am Lernen und ließ sich mit den ausgeflipptesten Jugendlichen ein. Es war deutlich, daß das Mädchen durch die Gleichgültigkeit des Vaters (der zuerst nur die Mutter und dann nur Giada wahrnahm) verletzt war und Groll gegen die Mutter hegte, die ihr so wenig Unterstützung gegeben hatte.

Die um ein Jahr jüngere Simona hatte sich in Stille zurückgezogen, so daß sie niemand bemerkte; doch litt sie darunter, daß sie gegenüber den Schwestern immer benachteiligt wurde. Giada schließlich war verschlossen und distanziert gegenüber der Mutter und den Schwestern, sie schien keine eigene Identität zu haben und nur die zweideutige Rolle der »Kind-Gefährtin« des Vaters zu spielen, in den sie offensichtlich verliebt war.

Insbesondere in der Sitzung mit Vater und Töchern betonte die Therapeutin, nachdem die schwierige Lage von Patrizia und Simona erörtert worden war, die Gefahr, in der sich Giada befand. In aller Offenheit legte sie dar, daß sich aus der Beziehung zum Vater ein inzestuöses Verhältnis entwickeln könnte, und sie wies darauf hin, daß die bei einem an seiner Einsamkeit leidenden

Mann ohnehin schon niedrige Hemmschwelle durch den Alkoholgenuß noch zusätzlich herabgesetzt werden könnte.

Anstatt sein Verhalten zu ändern, verstärkte Herr Laurieto seine Provokation, indem er Giada am folgenden Samstag aus dem Internat holte und sie nicht mehr zurückbrachte, womit er sich letztlich auch über die Schulpflicht des Kindes hinwegsetzte. Bei der darauf folgenden Sitzung mit Mutter und Töchtern fehlte Giada, weil sie der Vater nicht hingebracht hatte. Im Gespräch ging es sodann um das unterwürfige Verhalten der Mutter, die, um des lieben Friedens willen, Giada dem Ex-Mann überlassen hatte. Als die Therapeutin wiederholt und nachdrücklich auf die für Giada bestehenden Gefahren hinwies, widmete sich auch die Mutter dem Thema mit offensichtlichem Interesse. Da fiel Patrizia ein, daß sie der Vater einmal – noch vor der Trennung der Eltern – sexuell belästigt hatte. Auch Simona erinnerte nun eine ähnliche Situation, zu der es bald darauf gekommen war. Die Therapeutin nahm diese Fakten sehr ernst und machte ihre innere Anteilnahme an den Erlebnissen der beiden Mädchen deutlich. Die Mutter rechtfertigte sich daraufhin damit, daß sie derlei Verhaltensweisen bei ihrem Ex-Mann nie festgestellt habe. Sie akzeptierte jedoch den Hinweis der Therapeutin, daß Anzeige erstattet werden müsse. Als dies abgeklärt war, »erinnerte« sich Patrizia an zwei weitere sexuelle Annäherungsversuche des Vaters, an die sie nicht mehr gedacht hatte.

Wenige Tage darauf ging die Mutter tatsächlich mit ihren Töchtern zur Polizei, um Anzeige zu erstatten, und die Therapeutin verfaßte einen Bericht für den Staatsanwalt. Einige Tage später holte die Polizei Giada endlich aus der Wohnung des Vaters, bei dem das Mädchen inzwischen zwei Wochen verbracht hatte. Sie wurde in einer Einrichtung untergebracht, die besser gegen die Überfälle des Vaters gewappnet war.

Dieser wurde zu einer Einzelsitzung vorgeladen, in der ihm die Therapeutin alles, was inzwischen vorgefallen war, ganz genau übermittelte. So unglaublich es scheinen mag: Herr Laurieto verlor keineswegs das Interesse an der Behandlung, sondern er engagierte sich nur noch eifriger in der Therapie, die er jenseits von jedem Zwang bejahte.

In der Zwischenzeit probierte Patrizia anläßlich eines Besuches bei der Mutter zusammen mit einem bereits abhängigen Freund eine Droge aus und kam in erbärmlichem Zustand ins Internat zurück. Nach einer Sitzung mit der Mutter und mit den Schwestern wurden Patrizia einige Einzelgespräche mit der Therapeutin angeboten, in denen ihre exzentrische Verliebtheit in den süchtigen Freund mit ihrem Groll gegen die teilnahmslose Mutter in Verbindung gebracht wurde. Zu den Sitzungen mit Mutter und Töchtern, die sich mit den Einzelgesprächen Patrizias abwechselten, erschien die Mutter plötzlich pünktlich (nach fast zwei Jahren) und machte gute Fortschritte sowohl hinsichtlich ihrer Wiederannäherung an Giada als auch dahingehend, daß sie die emotionalen Bedürfnisse der beiden größeren Töchter besser erkennen konnte.

Wir sind auch der Meinung, daß die Schuldgefühle der Töchter wegen ihrer Anzeige gegen den Vater (Patrizia sprach davon noch lange in ihren Einzelsitzungen) auch dadurch besser ausgehalten und bewältigt werden konnten, daß die Therapeutin, wenn sie auch bei der Anzeigeerstattung eine entscheidende Rolle gespielt hatte, zu Herrn Laurieto dennoch eine gute Beziehung aufrecht erhielt. Das half wahrscheinlich den Töchtern, sich vorläufig vom Vater zu distanzieren und die notwendigen Klärungen auf einen späteren, weniger spannungsreichen Zeitpunkt zu verschieben.

Die Paarsitzungen

Der Leser wird aus den bisherigen Darstellungen bereits geschlossen haben, daß der Therapeut, der eine dritte Person – einen Verwandten oder ein eigenes Kind – aus der Paarbeziehung zu lösen versucht, damit immer das Ziel verfolgt, das Spiel der Partner in eine positive Entwicklung zu lenken. Die gesamte therapeutische Arbeit ist darauf ausgerichtet, in erster Linie den Partnern zu helfen, weniger pathologische Beziehungsmuster zu entwikkeln, so daß es zu keiner Mißhandlung – eventuell verbunden mit einem psychiatrischen Symptom – kommen muß. Natürlich haben funktionalere Beziehungsmuster entweder eine radikale Umstrukturierung der Paarbeziehung oder eine Trennung zur Folge, die in eine – nicht nur juristische – Auflösung der Beziehung münden muß.

Die Berücksichtigung aller Aspekte des Spiels in der Therapie geschieht im Hinblick auf das vorrangige Ziel, die Paarbeziehung zu verbessern. Dieser gelten letztendlich alle therapeutischen Bemühungen. Sowohl die Sitzungen mit den Herkunftsfamilien als auch diejenigen mit der gesamten Kernfamilie behandeln problematische Teilaspekte der Zweierbeziehung, ohne daß für die beiden Partner unbedingt eigene Sitzungen vorgesehen werden. Nach der Verabschiedung der Kinder werden die folgenden Sitzungen allerdings nur mit den Partnern durchgeführt. Dabei wird der Kern des Problems angegangen. In dieser Behandlungsphase, die für unsere Arbeit besonders wichtig ist, wird mit den Partnern nur dann gemeinsam gearbeitet, wenn die Konflikthaftigkeit nicht allzu ausgeprägt ist. Andernfalls, wenn der Haß zu groß ist, besteht die Gefahr, daß jeder Partner das vorhandene Material gegen den anderen verwendet. Das kann dazu führen, daß man sich in der Folge äußerst zurückhaltend verhält, um dem Gegner keine Waffen zu liefern. Sobald sich einer der Partner – vielleicht durch eine Intervention des Therapeuten – dazu hinreißen läßt, eine Information preiszugeben, wird der andere diese dazu benutzen, ihn zu beschuldigen, ihn für das Unglück der Familie verantwortlich zu machen und ihm die Mißhandlung der Kinder zur Last zu legen, durch die nun die ganze Familie von der Justiz verfolgt wird etc. Das in der Sitzung entfachte Feuer wird dann zu Hause weiter brennen, so daß die Partner zu Recht behauptet werden, daß sie aufgrund der Sitzungen noch mehr streiten.

Bei unseren Fällen ist in der Regel die Aggression von Anfang an so groß, daß ein gemeinsames Arbeiten mit dem Paar nicht zweckmäßig erscheint. Es ist jedoch nicht selten der Fall, daß die Partner nach den Sitzungen mit den Großfamilien einen gemeinsamen Bezugspunkt finden und sich in gewissem Sinn gegen ein Mitglied aus der Verwandtschaft verbünden (vgl. z. B. Silvano und Giovanna in Kapitel III, S. 74f) Wenn der Therapeut eine neu entstehende Gemeinsamkeit auch befürwortet und fördert, muß er jedoch darauf achten, dieses »Bündnis gegeneinander« nicht zu unterstützen. Der Lernkontext dieser Familien ist nämlich sosehr von Gewalt durchsetzt, daß ein derartiges Bündnis extreme Folgen haben könnte.

Noch größere Vorsicht ist dann geboten, wenn sich die Wiederannäherung der Partner gegen eines der Kinder richtet. Wenn ein Kind als Rivale benutzt wurde, kann es nämlich sein, daß dieses Kind, welches zuerst nur der Sündenbock des mißhandelnden Elternteils war, nun auch beim andern Elterteil in Ungnade fällt, von dem es bislang verführt und gegen den Partner aufgestachelt wurde. In diesem Zusammenhang ist es äußerst wichtig, daß der Therapeut die aktive Beteiligung des Kindes am Spiel aufzeigt, aber darauf achtet, daß es nicht vom Opfer zum Täter wird. Der Therapeut soll vielmehr Mitgefühl und Verständnis für den kleinen freiwilligen Helfer zeigen, der von den Erwachsenen ohne sein Wissen in ein Spiel hineingezogen wird, das ihn übersteigt.

Ein weiterer Gegner, gegen den sich die Partner verbünden können, ist der Therapeut oder jedenfalls die Gesamtheit von Institutionen, die er vertritt. Diese Strategie ist jedoch selten von Dauer und sie funktioniert so wie ein Deckel, der auf einen Topf mit siedendem Wasser gesetzt wird: es ist zu erwarten, daß er bald in die Luft geht. Wenn sich der Therapeut nicht von der Mauer abschrecken läßt, die ihm die vorübergehend vereinten Partner entgegenstellen, wird er einen neuen Ansatzpunkt finden, um das darunterliegende Spiel in den Blick zu bekommen.

Als Beispiel können wir nochmals den Fall der sehr jungen Eltern von Laura und Igor anführen, über die wir bereits in diesem Kapitel (S. 150ff) gesprochen haben. Die Aggressivität zwischen Ettore und Monica schwächte sich deutlich ab, als der Einfluß von Ettores Mutter auf die Paarbeziehung deutlich wurde. Dieser war umso stärker, als Monica selbst keine Eltern mehr hatte und daher, ebenso wie Ettore, auf seine Mutter bezogen war. Nachdem dieses Hindernis beseitigt war, schien sich das Spiel der Partner deutlich zu verändern. Es vollzog sich aber nur an der Oberfläche, während das Grundschema unverändert blieb. Wir bemerkten, daß Monica dazu tendierte, sich im Gegensatz zu Ettore als Musterschülerin hervorzutun, und dies nicht nur gegenüber der Schwiegermutter, sondern auch gegenüber allen anderen wichtigen Gesprächspartnern wie der Sozialarbeiterin, den Kontaktpersonen in unserer Einrichtung und sogar auch gegenüber der Therapeutin. Es zeigte sich ferner, daß ihr Verhalten Ettore keineswegs zu einem gesunden Wettstreit ansporte, sondern daß er dadurch immer wieder in die Rolle des Versagers zurückfiel, die er jahrelang eingenommen hatte.

Wir suchten also in Monicas Lernkontext die Wurzeln ihres Verhaltens. Wir wollten verstehen, warum sie vom Ehemann, der ihr soviel Schwierigkeiten bereitete, nicht lassen wollte und warum sie ihm so unendliche Geduld entgegenbrachte, in die sich jedoch ein Anflug von Überlegenheitsgefühl mischte. Dabei entdeckten wir, daß Monicas Kindheit und Jugend stark vom Alkoholismus der Mutter geprägt war. Als Kind hatte sie zuerst ihren Vater sehr geliebt und bewundert, ihn aber dann wegen seiner außerehelichen Liebesabenteuer für die Depression und den Alkoholismus der Mutter verantwortlich gemacht. Im Unterschied zu den älteren Geschwistern, die sich bald nicht mehr um die Trunksucht der Mutter kümmerten, tat Monica nach dem Tode des Vaters alles, um die Mutter zu retten. Aber umsonst. »Jetzt«, gestand Monica in einer emotional äußerst bewegten Sitzung, »mache ich dasselbe mit Ettore. Ich möchte ihn verändern, ich möchte ihn befreien. Manchmal verliere ich den Mut, aber dann denke ich, daß er jünger ist als meine Mutter und daß es mir gelingen wird. Manchmal habe ich Hoffnung . . . einige Monate lang verhält er sich gut . . . aber dann will er mir nicht die Genugtuung lassen, daß ich ihn verändert habe!« Diese anmaßende Bemerkung Monicas bildete den Ausgangspunkt für eine beginnende Selbstkritik der jungen Frau. Die Therapeutin ging auf dieses Thema näher ein und arbeitete an den Verschleierungsmanövern der Partner, die komplementäre Rollen innehatten; sie fungierte als Therapeutin, er als Klient. In kurzer Zeit erkannte das junge Paar die Möglichkeit, das Beziehungsmuster zu verändern.

Einzelsitzungen mit den Partnern

Wenn es nicht angebracht erscheint, mit den beiden Partnern in gemeinsamen Sitzungen zu arbeiten, so führen wir parallel verlaufende Einzelsitzungen durch, die in der Regel von demselben Therapeuten geleitet werden. Manchmal sind wir so vorgegangen, daß der Therapeut in der einen Behandlung der Supervisor in der anderen Behandlung war und umgekehrt.

Wie wir im Fall der Familie Laurieto gesehen haben, ist diese Vorgehensweise dann angezeigt, wenn die Partner zwar getrennt leben, aber dennoch emotional verstrickt sind. Die beiden Behandlungen haben oft nicht dieselbe Dauer. Manchmal engagiert sich ein Klient kaum mehr in der therapeutischen Arbeit, sobald seine Trennung vom Partner auch effektiv vollzogen ist. In diesem Fall wird die Hauptarbeit mit dem anderen Elternteil fortgesetzt, zu dem die Kinder später zurückkehren werden (oder zu dem sie bereits zurückgekehrt sind).

Natürlich besteht ein direkter Zusammenhang zwischen der Entscheidung unseres Teams, eine intensivere und längerfristige Arbeit mit demjenigen Elternteil einzugehen, der die größere Motivation für die Therapie (sowie für die Übernahme des Sorgerechts) mitbringt, und der Entscheidung des anderen Elternteils, zu diesem Zeitpunkt aus der Therapie auszusteigen und auf die Kinder zu verzichten.

Wenn wir uns auch dessen bewußt sind, daß der Therapeut in entscheidender Weise daran Anteil hat, wenn sich ein Elternteil zurückzieht, so haben wir doch in vielen Fällen festgestellt, daß sich ein Elternteil in der Therapie mehr oder weniger so verhält, wie er sich seinem Kind gegenüber verhalten hat. Da gibt es den klassischen Fall des Vaters, der das Kind mit Aufmerksamkeiten und Geschenken überschüttet, um so die Frau zurückzugewinnen, die sich von ihm getrennt hat. Wenn dieses Ziel nicht erreicht wird, überträgt derselbe Vater seine Verlassenheitsängste und Gefühle des Verrats auf das Kind und beauftragt dieses, die Mutter an seiner Stelle zu überwachen.

Das Verhalten eines solchen Vaters gegenüber dem Therapeuten ist sehr ähnlich. Zuerst erklärt er sich zur Mitarbeit bereit, aber dann läßt er sich nicht wirklich darauf ein, über sich und seine Schwierigkeiten zu sprechen. Er versucht vielmehr, die Gespräche dazu zu benutzen, Informationen über die Ex-Frau zu erhalten oder Vorkommnisse zu erzählen, die diese dem Therapeuten gegenüber in ein schlechtes Licht rücken. Wenn er dann merkt, daß diese Strategie nicht greift, wird er dazu tendieren, die Therapie abzubrechen und auf das Kind zu verzichten.

An diesem Punkt darf der Therapeut nicht der Versuchung erliegen, sich vom Klienten schleunigst zu verabschieden. Mit Unterstützung des Teams (das von der Weigerung des Klienten, die Arbeit fortzusetzen, emotional weniger betroffen ist) muß er zumindest versuchen, den Vater dahingehend zu motivieren, daß er seine Elternrolle wahrzunehmen bereit ist, da ihn das Kind weiterhin braucht, auch wenn es nicht bei ihm lebt. Um diesem enttäuschten Vater zu helfen, der das Kind fallenlassen will, sobald er merkt, daß er die Ex-Frau nicht zurückgewinnen kann, kann der Therapeut psychagogische Kontroll- und Beratungsgespräche anbieten. Diese Sitzungen werden weniger zahlreich und weniger tiefgehend sein als die mit dem anderen Elternteil, sie stellen aber immerhin ein vertrauensvolles Angebot dar.

Die therapeutische Beziehung zu diesem Elternteil, d. h. in unserem Fall dem Vater, wird allerdings ziemlich schwierig sein und sie wird in der Regel dann abgebrochen, wenn ein neuer Partner in die Sitzungen mit dem anderen Elternteil – also der Mutter – einbezogen wird. Wenn ein neuer Lebensgefährte in die Beziehung zwischen Mutter und Kind eindringt, so kann es nötig sein, daß auch er zu den Sitzungen kommt. Das hat meist Signalwirkung und besiegelt die Gründung einer neuen Kernfamilie sowie den Abbruch der Therapie durch den Vater. Wenn darauf nicht auch der Abbruch der Kontakte zum Kind folgt, so war die Arbeit des Therapeuten, dem es darum geht, die Vater-Kind-Beziehung zu festigen und authentischer zu gestalten, nicht umsonst.

Parallel verlaufende Einzelsitzungen bieten sich aber nicht nur in den Fällen an, in denen die Partner getrennt leben. Sie sind auch dann angezeigt, wenn sich die Partner in einer gemeinsamen Sitzung weigern würden, ihre interaktiven Strategien zu analysieren, da sie sich nicht vor dem andern bloßstellen wollen. Wir betonen aber, daß es sich immer um eine Paartherapie und nicht um eine Einzeltherapie handelt. Letztere ist nicht durchführbar, wenn die Beziehung zum Therapeuten noch zerbrechlich ist und die Motivation durch Faktoren bestimmt wird, die außerhalb der Therapie selbst liegen. Wie wir mehrfach betont haben, kann die Arbeit mit mehreren Familienmitgliedern auch dann erfolgreich sein, wenn sie vom Gericht zwangsverordnet wird, während eine Einzeltherapie ein persönliches Engagement erfordert. Bei den abwechselnd stattfindenden Einzelsitzungen weiß der Klient, daß sein Partner ähnliche Gespräche mit demselben Therapeuten führt. Das kann ein gewisser Ansporn sein und die Motivation steigern. Es ist eher unwahrscheinlich, daß einer der beiden Partner sich einer Therapie entzieht, die zur Überwindung der Krise beitragen soll, welche zum Verlust der Kinder geführt hat. Der Therapeut hat nun die Möglichkeit, in einigen Sitzungen eine authentische Motivation aufzubauen. Er muß jedoch mit Widerständen rechnen, die sich in Sätzen ausdrücken wie: »Soll doch *er* sich behandeln lassen, *ich* habe hier nichts zu suchen!« Oder aber es wird versucht, die Sitzungen nur dazu zu verwenden, um über den Partner zu reden.

Was die Frage betrifft, welche Elemente der Therapeut seinem Klienten aus der Sitzung mit dem jeweils anderen Partner übermitteln soll, gibt es weniger Probleme, als man annehmen möchte. Die beiden Partner wissen, daß der Therapeut über die Gesamtinformation verfügt, d.h. daß er beide Versionen des familiären Spiels kennt, die auch über die zwei unterschiedlichen Verhaltensweisen Aufschluß geben. Meist überträgt der Therapeut nicht die Inhalte einer Sitzung in die andere und er verspricht seinen Klienten auch ausdrücklich, daß er dies nicht tut. Aber manchmal fragt er einen Partner, ob er ein ihm wichtig erscheinendes Element dem anderen mitteilen darf. Das kommt in der Regel dann vor, wenn sich die Partner aus Angst vor Frustration und Enttäuschung gegenseitig nicht entblößen wollen und die Kommunikation zwischen ihnen daher äußerst dürftig ist. In diesen Fällen kann der Therapeut Beziehungsbereiche aufdecken, die schlichtweg auf einem Mißverständnis beruhen. Somit fungiert der Therapeut, zumindest für diese Bereiche, als Sprachrohr zwischen den beiden angstbesetzten Gesprächspartnern und er wird versuchen, die Widerstände aufzubrechen, die sich der Kommunikation entgegenstellen.

Wir haben diesen Behandlungsmodus oft bei Paaren angewandt, bei denen ein Partner Alkoholiker ist, was in Fällen von Kindesmißhandlung häufig vorkommt. Wenn der Alkoholismus zum Streitpunkt zwischen den beiden Partnern geworden ist, kann er nicht in gemeinsamen Sitzungen behandelt werden: Der Alkoholiker leugnet hartnäckig, daß er zuviel trinkt, oder minimalisiert seinen Alkoholkonsum, und der andere versucht genauso hartnäckig, seinen Partner festzunageln und ihn dazu zu bringen, sein Laster einzugestehen. Diese Verhaltensweisen beeinträchtigen die Therapie.

Wenn der Therapeut im Verhalten des nicht abhängigen Partners ein Element entdeckt, welches das Symptom des abhängigen Partners verstärkt, so dient es diesem oft als Rechtfertigung für seine Sucht. Und wenn ihm der Therapeut empfiehlt, sein Verhalten gegenüber dem Partner zu verändern, statt zu trinken, so wird der andere sich die Worte des Therapeuten zu eigen machen und seinem Partner ins Gesicht schleudern: »Wenn du trinkst, um mir wehzutun, bist du böse!«

Typisch für dieses Wechselspiel ist die Familie Cividali. Sie hat einen gehobenen soziokulturellen Hintergrund und leitet einen Familienbetrieb. Die einzige Tochter, Daniela, kam erst nach einigen Ehejahren zur Welt. Das Eingreifen des Gerichts erfolgte, als das Mädchen bereits elf Jahre alt war und eine Reihe von familiären Krisen in Zusammenhang mit dem Alkoholismus der Mutter aufgetreten waren. Das Drama hatte seinen Höhepunkt erreicht, als die Mutter beim Einsammeln der Töpfe, die sie von ihrem Balkon auf einen anderen geworfen hatte, im Flur ausrutschte und sich das Bein brach.

Die Schreie der drei Familienmitglieder hatten die Nachbarn wiederholt dazu veranlaßt, die Polizei zu holen. Diese meldete schließlich ihrerseits dem Vormundschaftsgericht, daß sie Daniela mehrmals völlig verängstigt inmitten eines Familienstreits angetroffen habe; dabei habe die Wohnung wie ein Schlachtfeld ausgesehen. Das Mädchen wurde daher dem Sozialen Dienst übergeben, der für sie eine Ganztagsschule ausfindig machte, in der sie sich tagsüber aufhielt.

In den Sitzungen mit der Kernfamilie (die Mutter des Mannes, die eine Schlüsselrolle innehatte, konnte krankheitshalber nicht kommen) und dann mit den beiden Partnern waren im Laufe einiger Monate zwei Problempunkte zu erkennen. Der erste bestand in der engen Bindung des Herrn Cividali an seine Mutter, bei der er 30 Jahre lang gelebt hatte. Die Mutter war früh verwitwet, ihr Mann war in jungen Jahren an den Folgen seiner Trunksucht gestorben. Herr Cividali, der ein introvertierter, depressiv veranlagter Mann war, hatte in seiner Ehefrau eine Partnerin gefunden, die ihn mit ihrem überschäumenden Wesen aufmunterte. Jeden Tag besuchte er jedoch seine Mutter, mit der er den Familienbetrieb leitete. Sie war für ihn wie eine Oase erfrischender Kühle und friedlicher Ruhe; dorthin flüchtete er sich vor dem besitzergreifenden Charakter und stürmischen Wesen seiner Frau. Sie hingegen sah in ihm ein »Muttersöhnchen« und wurde äußerst eifersüchtig auf die Schwiegermutter.

Der zweite Problempunkt war Danielas Verhalten. Sie stellte sich offen auf die Seite des Vaters. Diese Parteinahme wäre durchaus verständlich gewesen, wenn sie erst nach dem beginnenden Alkoholismus der Mutter erfolgt wäre: Bis heute ist das Mädchen tatsächlich der Meinung, der Vater sei das unschuldige Opfer einer Säuferin, die den Haushalt vernachlässigt und ihm ständig ungerechtfertigte Vorwürfe macht, weil er zu seiner Mutter essen geht. Aber diese Vater-Tochter-Bindung ist viel älter, und auch sie ist Ursache für Frau Cividalis Eifersucht. Wie es für Alkoholiker symptomatisch ist, behauptete Frau Cividali, sie trinke nicht, wenn sie auch zugab, früher getrunken zu haben. In dramatischen Worten erklärte sie, sie habe beschlossen, zu trinken, um ihr Leben zu beenden und damit Mann und Tochter zu bestrafen.

Die Offenlegung des Spiels bewirkte keine nennenswerte Veränderung. Die beiden Partner waren ausschließlich damit beschäftigt, vor dem zum Schiedsrichter erwählten Therapeuten Punkte gegenüber dem anderen zu gewinnen: »Gib doch zu, daß du trinkst!« »Es ist doch deine Schuld, wenn ich angefangen habe zu trinken!« Nach einigen Monaten im wesentlichen unergiebiger Sitzungen verlagerte sich der Schauplatz der Auseinandersetzungen auf die Anonymen Alkoholiker. Der Ehemann wollte seine Frau mit allen Mitteln zur Teilnahme an deren Sitzungen bewegen, während sie sich ebenso verbissen weigerte.

Zu einer Wende kam es, als der Therapeut zu Einzelsitzungen überging. Gegenstand der Behandlung des Mannes war nun seine Depression und die daraus erwachsene Notwendigkeit, bei den Alanons (Angehörigengruppe der Anonymen Alkoholiker) Unterstützung zu suchen.

Diese Arbeit verlief außerordentlich erfolgreich, so daß Herr Cividali sich gern in der Gruppe engagierte, denn seine depressive Stimmung verbesserte sich deutlich. Wir ließen dann die therapeutischen Sitzungen etwas in den Hintergrund treten, damit es nicht zu einer Interferenz mit der Botschaft der Anonymen Alkoholiker kam, die lautet: Alkoholismus ist eine Krankheit. Gleichzeitig verbanden wir aber damit die Aufforderung zur Übernahme der Verantwortung, indem wir sagten: Wenn du deiner Frau helfen willst, mußt du dich ändern.

Gegenstand der Behandlung der Frau war die Rekonstruktion ihrer Lebensgeschichte, ihrer leidvollen Erfahrungen (die wir hier nicht näher ausführen wollen), die dazu geführt haben, daß sie sich in die Abhängigkeit der Schwiegermutter begeben hat. Frau Cividali gab unumwunden die Vermutung des Therapeuten zu, sie habe ihren Mann geheiratet, um seine Mutter für sich zu gewinnen. Ihre Eifersucht auf die enge Verbindung zwischen ihrem Mann und ihrer Schwiegermutter hat also zwei Wurzeln: Sie leidet einerseits daran, daß ihr Mann seine Mutter ihr gegenüber bevorzugt, und andererseits daran, daß es ihr nicht gelungen ist, im Herzen der Schwiegermutter den ersten Platz einzunehmen, wo sie sie doch so liebevoll umsorgte, seitdem sie hilfsbedürftig geworden war. Andererseits verfolgte das Bemühen um die Zuwendung der Schwiegermutter zum Teil ausschließlich das Ziel, die eigene Mutter, von der sie immer recht kühl behandelt worden war, eifersüchtig zu machen.

Die langsame Verlagerung des Blickwinkels von der Paarbeziehung auf die Beziehung zu den beiden entscheidenden Frauen ihres Lebens hat sich in der Behandlung als äußerst fruchtbar erwiesen. In den folgenden Monaten nahm Frau Cividali die abgebrochenen Kontakte zu ihren Tanten und Kusinen mütterlicherseits wieder auf. Die Beziehung zu Daniela war hingegen nicht so leicht wiederherzustellen. Das Mädchen war seinerzeit vom Vater gegen die Mutter aufgehetzt worden und hat in der Zwischenzeit ein provozierendes Verhalten entwickelt. Darin drückt sich ihr Protest gegen die Mutter aus, die sie und ihren Vater vernachlässigt und Schande über die Familie gebracht hat.

Im Laufe einer letzten, dramatischen Szene rief Frau Cividali in betrunkenem Zustand die Sozialarbeiterin zu Hilfe. Diese sorgte in Zusammenarbeit mit dem Gericht dafür, daß das Kind nun ganz aus der Familie herausgenommen wurde. In einer turbulenten Sitzung mit dem Vater gelang es schließlich, ihm dabei zu helfen, die Entscheidung des Richters zu akzeptieren und so die Kette von Rache und Vergeltung zu unterbrechen. Nachdem Daniela das Haus verlassen hatte, konnte Herr Cividali seine Frau davon überzeugen, daß sein Wunsch, sie vom Alkoholismus geheilt zu sehen, echt und ein Zeichen dafür ist, daß er sie wirklich gernhat. Zur nächsten Sitzung erschien Frau Cividali in heiterer Stimmung; sie hatte bereits an drei Sitzungen der Anonymen Alkoholiker teilgenommen.

Die Rehabilitationsarbeit

An diesem letzten Beispiel haben wir gesehen, wie die Behandlung durch die Anonymen Alkoholiker unterstützt und ergänzt wurde, so daß im Laufe einiger Monate eine wesentliche Verbesserung der Situation erzielt werden konnte. Das erlaubt uns, auf die Rehabilitationsarbeit einzugehen, die in letzter Zeit immer mehr zum Gegenstand von Überlegungen unseres Teams geworden ist.

Wie wir bereits in diesem Kapitel erwähnt haben, hatten wir in den ersten Jahren die verändernde Kraft der Offenlegung des Spiels und der anderen spezifisch familientherapeutischen Interventionen überschätzt. Wir waren nämlich der Meinung, daß das Aufbrechen eines pathogenen Wiederholungsspiels schon an und für sich eine Veränderung bewirke und das erneute Auftreten von Mißhandlungen und anderen Symptomen verhindere. Diese naiv-vertrauensvolle Einstellung stand im Widerspruch zu bereits vorhandenen Erfahrungsberichten (Masson, 1981), in denen die Bedeutung einer »Rekonstruktionsphase« hervorgehoben wurde. Dabei geht es darum, die Familie bei der Gestaltung eines neuen, »gesünderen« Spiels zu unterstützen, das für alle Beteiligten zufriedenstellendere Verhältnisse schafft.

Wir mußten uns dieser Erkenntnis anschließen, nachdem wir einige dramatische Rückfälle unserer Klienten in die Mißhandlung sowie einige weniger gravierende Folgeerscheinungen erleben mußten, wodurch der Eindruck entstand, daß wir unsere Arbeit nicht zu Ende geführt haben (Covini, 1985).

Es ist nicht zu leugnen, daß in seltenen, besonders günstigen Fällen die einzelnen Familienmitglieder ihre pathogenen Verhaltensweisen sofort aufgegeben haben, sobald ihnen die diversen Strategien klar vor Augen standen. Die Veränderung wurde manchmal durch die effektive – und nicht nur rechtliche – Auflösung der ehelichen Verbindung erreicht. Das betraf insbesondere Fälle, in denen die Partnerschaft nie eine vorrangige Position gegenüber den Bindungen an die Herkunftsfamilie eingenommen hatte.

In manchen Fällen erlebten wir hingegen eine radikale Neugestaltung der Zweierbeziehung, ohne daß es nötig gewesen wäre, die Familie bei der Umstrukturierung der Beziehungsmuster zu begleiten.

Daß diese Probleme so schnell und so gut gelöst werden konnten, hängt sicher auch mit dem rechtlichen Kontext zusammen (Fremdunterbringung der Kinder, Strafsanktion etc.), der diese Familien dazu veranlaßte, sich von Gewalt und Mißbrauch loszureißen.

In anderen Fällen stellten sich jedoch leider den Versuchen, neue Formen des Zusammenlebens zu finden, enorme Schwierigkeiten entgegen. Faktoren, die die Familie in ihre alten Organisationsmuster zurückfallen lassen können, sind: Das Festgefahrensein in jahrelang eingeübten Verhaltensweisen, der Sog nicht vollständig gelöster Bindungen an Personen außerhalb der Kernfamilie, die durch die rechtliche Verfolgung verstärkte soziale Isolierung sowie die Schwächung der elterlichen Autorität – eine unausweichliche Folge von Strafmaßnahmen –, wobei immer auch die Gefahr besteht, daß die Kinder gegen die Eltern aufgehetzt werden.

Ausgehend von diesen Erfahrungen wenden wir uns nun zunehmend der Rehabilitationsarbeit zu, die sich an die eigentliche Therapiephase anschließt. Wir sind der Meinung, daß es insbesondere in chronischen Fällen und bei intellektuell, kulturell und wirtschaftlich benachteiligten Familien unerläßlich ist, in einer zweiten Phase eine Aufbauarbeit zu leisten, damit das dysfunktionale Gleichgewicht, das durch die Offenlegung des Spiels ins Wanken geriet, sich nicht wieder verfestigt. Interessanterweise deckt sich unsere nach und nach gewachsene Überzeugung, daß die Familie weit über den Zeitpunkt der Offenlegung des Spiels hinaus betreut werden muß, mit Erkenntnissen, die in anderen Bereichen der Familientherapie gewonnen wurden. Die Notwendigkeit einer Neuorientierung der Ziele und Methoden des Sozialen Dienstes zeigte sich beispielsweise auch im psychiatrischen Kontext (Selvini, Covini, Fiocchi & Pasquino, 1987).

Es muß in jedem Einzelfall geprüft werden, wer die Rehabilitationshilfe zu leisten vermag. Die Anonymen Alkoholiker arbeiten in dieser Hinsicht ganz hervorragend, da sie ein äußerst enges und funktionstüchtiges soziales Netz sowie eine Reihe von Veranstaltungen anbieten, die es der mißhandelnden Familie ermöglichen, aus ihrer Isolierung herauszutreten. Die Tätigkeit der Anonymen Alkoholiker ist ferner darauf ausgerichtet, es dem Klienten zu ermöglichen, soziale Fähigkeiten, die ihm fehlen, zu erlernen oder sie wiederzuerlangen, wenn sie abhanden gekommen sind. Dazu gehört, daß der Betreffende Gesten der Wiedergutmachung gegenüber Personen zeigt, die er mißhandelt oder verletzt hat, daß er um Verzeihung bittet, daß er sich vergeben läßt usw.

In anderen Fällen wird die Aufgabe, die Eltern zu erziehen und zu rehabilitieren, von unserer oder einer ähnlichen Einrichtung wahrgenommen, wie wir das im Fall von Monica und Ettore gesehen haben. Da sie beide in schwer geschädigten Familien aufgewachsen waren (sie war Tochter einer Alkoholikerin, er mußte von klein auf die geizige und despotische Mutter bestehlen), fehlte es ihnen an Bezugsmodellen für die Erziehung. Wie wir gesehen haben, neigte Monica zwar dazu, die Empfehlungen unserer Erzieher dazu zu verwenden, um sich gegenüber Ettore als »Musterschülerin« aufzuspielen, jedoch lernten beide recht schnell eine Reihe pädagogischer Maßnahmen kennen, die sie bei ihren Kindern anwandten. Das Ergebnis war, daß sowohl Laura und Igor als auch sie selbst damit äußerst zufrieden waren.

In diesem Zusammenhang ist zu erwähnen, daß Kinder, die lange in einer Einrichtung mit einfühlsamer und sorgfältiger Betreuung gelebt haben, es viel schneller bemerken, wenn sie von den Eltern gleichgültig behandelt oder vernachlässigt werden. Und es kommt häufig vor, daß Kinder sagen: »Warum gibst du mir keinen Gute-Nacht-Kuß? Meine Erzieherin hat das immer getan!« Oder sie sagen: »Warum essen wir nicht alle zusammen? Im CBM war es viel schöner!« Einige Eltern entdecken dadurch Verhaltensmodelle, die für sie ganz neu sind. Ein junger Vater, dessen drei Kinder im Internat lebten und für die Wochenenden auf drei verschiedene Familien aufgeteilt werden sollten, war weit davon entfernt, darüber empört zu sein, wie man es erwartet hatte. Vielmehr sagte er: »Auch ich hätte gerne eine Familie, zu der ich gehen könnte . . .«

Die Aufbauarbeit kann in manchen Fällen vom örtlichen Sozialen Dienst übernommen werden, wenn ein kontinuierlicher Kontakt zur Familie besteht und sich dieser nicht nur auf die Kontrollfunktion beschränkt.

Nach unserer Erfahrung ist es jedoch ziemlich problematisch, Klienten zu anderen Therapeuten zu schicken, sobald unsere Arbeit an den familiären Spielen abgeschlossen ist. Dieses Delegieren läßt die darauf folgende Arbeit leicht zu etwas Nachgeordnetem werden, was niemand gerne übernimmt. Es ist unvermeidbar, daß der nachfolgende Therapeut die Arbeit seines Vorgängers in Frage stellt, die erzielten Teilerfolge – mehr wird es in keinem Fall sein! – unzureichend findet und dem Klienten mit Kritik und Mißbilligung begegnet. Dieser wird daher aus dieser Arbeit rasch aussteigen, und es besteht somit die Gefahr, daß er wieder in die Mißhandlung zurückfällt.

Um ein derartiges Risiko zu vermeiden, haben wir beschlossen, in Ermangelung brauchbarer Alternativen selbst diese Erziehungsarbeit mit den Eltern durchzuführen, sobald die Offenlegung des familiären Spiels abgeschlossen ist. Es wird also in Zukunft unsere Aufgabe sein, die Klienten beim Erlernen neuer Beziehungsformen zu unterstützen und gegebenenfalls ihnen auch zu helfen, das Verhaltensspektrum über ihren Lernkontext hinaus zu erweitern. Dieses Spektrum ist nämlich oft äußerst reduziert, wenn die Klienten ihrerseits aus schwer pathologischen Familien stammen.

In anderen Ländern gibt es bereits Vereinigungen mißhandelnder Eltern, die nach dem Modell der Anonymen Alkoholiker arbeiten. Wahrscheinlich wäre ein derartiges Konzept auch in Italien äußerst hilfreich. Wir haben daher die Absicht, eine gutdurchdachte Selbsthilfegruppe ins Leben zu rufen, die geeignete Interventionen dieser Art wahrnimmt. Vorerst befindet sich ein derartiges Konzept allerdings erst in der Planungsphase, seine Realisierung wird der nächsten Zukunft vorbehalten sein.

Bibliographie

Allen, R. & Olivier, J. M. (1982). The effects of child maltreatment on language development. *Child Abuse and Neglect, 6,* 299–305.

Ammanniti, M., Matassi, R., Salomè, G. & Tolino, G. (1981). *Il bambino maltrattato.* Rom: Il Pensiero Scientifico.

Azzoni, M., Cirillo, S., Di Blasio, P., Frigerio, A., Gabbana, L. & Vassalli, A. (1985). La presa in carico coatta nei casi di maltrattamento dei bambini in famiglia. In S. Lupoi, A. De Francisci & C. Angiolari: *Le prospettive relazionali nelle istituzioni e nei servizi territoriali.* Mailand: Masson.

Bagley, C. & McDonald, M. (1984). Adult mental health sequeles of child sexual abuse, physical abuse and neglect in maternally separated children. *Canadian Journal of Community Mental Health, 3,* 15–26.

Bandini, T. & Gatti, U. (1987). *Delinquenza giovanile.* Mailand: Giuffré.

Barahal, R. M., Waterman, J. & Martin, H. P. (1981). The social cognitive development of abused children. *Journal of Consulting and Clinical Psychology, 49,* 508–516.

Bertalannfy, L. v. (1971). *General System Theory.* London: Allen Lane.

Bertotti, T. & Malacrea, M. (1987). Bambini maltrattati, piaga vergognosa della società moderna. *Vivereoggi, 4,* 25–40.

Bianchi, B. & Rangone, G. (1985). Maltrattamento infantile e intervento nei servizi pubblici. *Prospettive sociali e sanitarie, 14,* 8–10.

Bocchi, G. & Ceruti, M. (Hrsg.), (1985). *La sfida della complessità.* Mailand: Feltrinelli.

Bolton, F. G., Reich, J. W. & Guttierres, S. E. (1977). Delinquency patterns in maltreated children and siblings. *Victimology, 2,* 349–357.

Boszormenyi-Nagy, J. & Spark, G. (1973). *The Invisible Loyalties.* New York: Harper and Row. Dt.: Unsichtbare Bindungen. Stuttgart: Klett-Cotta, 1990.

Bowlby, J. (1984). Violence in the family as a disorder of the attachment and caregiving systems. *The American Journal of Psycho-Analysis, 44,* 9–27.

Bowman, E. S., Blix, S. & Coons, P. M. (1985). Multiple personality in adolescence: relationship to incestual experiences. *Journal of the American Academy of Child Psychiatry, 24,* 109–114.

Brassard, M. R., Germain, R. & Hart, S. N. (1987). *Psychological Maltreatment of Children and Youth.* New York: Pergamon Press.

Brown, S. E. (1984). Social class, child maltreatment and delinquent behavior. *Criminology: An Interdisciplinary Journal, 22*, 259–278.

Browne, D. H. (1988). High risk infants and child maltreatment. Conceptual and research model for determining factors predictive of child maltreatment. *Early Child Development and Care, 31*, 43–53.

Camblin, L.D. (1982). A survey of state effort in gathering information on child abuse and neglect in handicapped population. *Child Abuse and Neglect, 6*, 465–472.

Canevaro, A. (1988). Crisi matrimoniale e contesto trigenerazionale. Un modello sistemico di terapia breve. In A. Andolfi, C. Angelo, C. Saccu (Hrsg.), *La coppia in crisi*. Rom: I.T.F..

Cicchetti, G. & Ritzley, R. (1981). Developmental perspective on the etiology, intergenerational transmission, and sequels of child maltreatment. *New Direction of Child Development, 11*, 31–55.

Cigoli, V. (1983). Teorie e consuetudini come fonte di problemi: verso una perizia sistemica. In V. Cigoli, G. Gulotta, G. Santi, *Separazione, divorzio e affidamento dei figli*. Mailand: Giuffré.

Cirillo, S. (1986a). Dietro un bambino maltrattato c'è una famiglia in crisi. *Attraverso lo specchio, rivista di psicoterapia relazionale, 14*, 18–22.

Cirillo, S. (1986b). *Famiglie in crisi e affido familiare: guida per gli operatori*. Rom: La Nuova Italia Scientifica. Dt.: Sind wir denn Rabeneltern? Familien in der Krise. Salzburg: Anton Pustet, 1990.

Cirillo, S. (1988). Affidamento familiare e presa in carico della famiglia: l'esperienza del CBM. In B. Barbero Avanzini & F. Ichino Pelizzi (Hrsg.), *Maltrattamento in famiglia e servizi sociali*. Mailand: Unicopli.

Cirillo, S. (Hrsg.) (1990). *Il cambiamento nei contesti non terapeutici*. Mailand: Cortina.

Cirillo, S. & Di Blasio, P. (1988). Revisione del concetto di ciclo ripetitivo della violenza. In V. Mayer & R. Maeran (Hrsg.), *Il laboratorio e la città, Bd. 1*. Mailand: Guerini e Associati.

Cirillo, S., Di Blasio P., Malacrea M. & Vassalli, A. (1990). La vittima come attore. In M. Malacrea & A. Vassalli (Hrsg.), *Segreti di famiglia*. Mailand: Cortina.

Cirillo, S. & Sorrentino, A. M. (1986). Handicap and rehabilitation; two types of informations upsetting family organization. *Family Process, 24*, 283-292.

Covini, A., Fiocchi, E., Pasquino, E. & Selvini, M. (1984). *Alla conquista del territorio*. Rom: La Nuova Italia Scientifica.

Covini, P. (1985). *La violenza in famiglia*. (Unveröffentlichte Diplomarbeit, eingereicht an der Katholischen Universität Mailand).

Crivellé, A., Chauviré, D., Dorival, M., Galibert, C. & Huche-Pignard, E. (1987). *Parents maltraitants, enfants meurtris*. Paris: Les E.S.F.

Crozier, M. & Friedberg, E. (1977). *L'acteur et le système*. Paris: Editions du Seuil. Dt.: Macht und Organisation. Reihe: Sozialwissenschaft und Praxis, Bd. 3. Königstein/Ts.: Athenäum, 1979.

De Lozier, P. P. (1982). Attachment theory and child abuse. In C.M. Parker & J. Stevenson-Hinde (Hrsg.), *The Place of Attachment in Human Behavior*. New York: Basic Books.

Deschamps, G., Pagean, M. T., Person, M. & Deschamps, G. P. (1982). Le devenir des enfants maltraités. Etudes psychologique 7 ans après les sevices. *Neuropsychiatrie de l'Enfance et de l'Adolescence, 30*, 671–679.

Di Blasio, P. (1981). Le coalizioni negate, come riconoscerle e come sventarle. In M. Selvini-Palazzoli, L. Anolli, P. Di Blasio, L. Giossi, C. Ricci, M. Sacchi & V. Ugazio, *Sul fronte dell'organizzazione*. Mailand: Feltrinelli. Dt.: Die verleugnete Koalition. Ihre Aufdeckung und Auflösung. In M. Selvini Palazzoli et al., Hinter den Kulissen der Organisation. Stuttgart: Klett-Cotta, 1984.

Di Blasio, P., Fischer G. M. & Prata. G. (1986). The telephone chart: a cornerstone of the first interview with the family. *Journal of Strategic and Systemic Therapy, 5*, 31–44.

Di Blasio P. (1988a). La promozione della salute nei casi di maltrattamento all'infanzia. In M. Bertini (Hrsg.), *Psicologia e salute*. Rom: La Nuova Italia Scientifica.

Di Blasio P. (1988b). La diagnosi della famiglia maltrattante. In V. Mayer, R. Maeran (Hrsg.), *Il laboratorio e la città, Bd. 2*. Mailand: Guerini e Associati.

Elmer, E. (1978). Effects of early abuse on latency age children. *Journal of Pediatric and Psychology, 3*, 14–19.

Europarat (1981). *Criminological Aspects of the Ill-treatment of Children in the Family*. (Collected Studies in Criminological Research, Bd. 18) Straßburg: Europarat.

Förster, H. v. (1987). Entdecken oder erfinden – Wie läßt sich Verstehen verstehen? In W. Rotthaus (Hrsg.), *Erziehung und Therapie in systemischer Sicht*. Reihe: Therapie in der Kinder- und Jugendpsychiatrie, Bd. 5. Dortmund: verlag modernes lernen.

Friedrich, W. N., Einbender, A. J. & Lucke, W. T. (1983). Cognitive and behavioral characteristics of physically abused children. *Journal of Consulting and Clinical Psychology, 51*, 313–314.

Fürniss, T. (1983). Family process in the treatment of interfamilial child sexual abuse. *Journal of Family Therapy, 5,* 263–278.

Fürniss, T. (1984a). Conflict avoiding and conflict-regulating patterns in incest and child sexual abuse. *Acta Paedopsychiatrica, 50,* 299–313.

Fürniss, T. (1984b). Therapeutic approach to sexual abuse. *Archives of Disease in Childhood, 59,* 865–870.

Gaensbauer, T. J. & Sands, K. (1979). Distorted affective communication in abused neglected infants and their potential impact on caretakers. *Journal of the American Academy of Child Psychiatry, 18,* 236–250.

George, C. & Main, M. (1979). Social interactions of young abused children: approach, avoidance and aggression. *Child Development, 50,* 306–318.

Gulotta, G. (1983). Separazione, divorzio e affidamento dei figli: presente e futuro. In V. Cigoli, G. Gulotta & G. Santi (Hrsg.), *Separazione, divorzio e affidamento dei figli.* Mailand: Giuffré.

Haley, J. (1963). *Strategies of Psychotherapy.* New York: Grune & Stratton.

Haley, J. (1967). Towards a theory of pathological systems. In G. M. Zuk & I. Boszormenyi-Nagy (Hrsg.), *Family Therapy and Disturbed Families.* Palo Alto/Kalifornien: Science and Behavior Books. Dt.: Ansätze zu einer Theorie pathologischer Systeme. In P. Watzlawick, J. H. Weakland (Hrsg.), Interaktion, S. 61–83. Bern: Huber, 1980.

Hinchey, F. S. & Gavelek, J. R. (1982). Empathic responding in children to battered mothers. *Child Abuse and Neglect, 6,* 395–403.

Hoffmann, M. L. (1979). L'altruismo fa parte della natura umana? *Ricerche di psicologia, 10,* 199–223.

Hoffmann, M. L. (1982). The measurement of empathy. In C. E. Izard (Hrsg.), *Measuring Emotions in Infants and Children.* Cambridge, Mass.: Harvard University Press.

Ichino Pellizzi, F. (1988). Il trattamento giuridico in Italia dell'abuso intrafamiliare secondo il codice vigente e secondo auspicabili linee di riforma. In B. Barbero Avanzini & F. Ichino Pellizzi (Hrsg.), *Maltrattamento in famiglia e servizi sociali.* Mailand: Unicopli.

Kempe, C. H., Silvermann, F. N., Steele, B. F., Droegmüller, W. & Silver, M. K. (1962). The battered child syndrome. *Journal of the American Medical Association, 181,* 17–24.

Kempe, R. & Kempe, C. H. (1978). *Child Abuse.* London: Fontana / Open Books. Dt.: Kindesmißhandlung. Stuttgart: Klett-Cotta, 1980.

Kienbergen Jandes, P. & Diamond, L. J. (1985). The handicapped child and child abuse. *Child Abuse and Neglect, 9,* 341–347.

Kohlberg, L. (1976). Moral stages and moralization: the cognitive-developmental approach. In T. Lickona (Hrsg.), *Moral Development and Behavior: Theory, Research and Social Issues*. New York: Holt Rinehart and Winston.

Lynch, M. A. & Roberts, J. (1982). *Consequences of Child Abuse*. London: Academic Press.

Main, M. & Goldwyn, R. (1984). Predicting rejection of her infant from mother's representation of her own experience: implications for the abused-abusing intergenerational cycle. *Child Abuse and Neglect, 8,* 203–217.

Malagoli Togliatti, M. & Rocchetta Tofani, L. (1987). *Famiglie multiproblematiche*. Rom: La Nuova Italia Scientifica.

Martin, H. P. & Rodeheffer, M. A. (1980). The psychological impact of abuse in children. In G. Williams, J. Money (Hrsg.), *Traumatic Abuse and Neglect of Children at Home*. Baltimore: John Hopkins University Press.

Masson, O. (1981). Mauvais traitements envers les enfants et thérapies familiales. *Thérapie familiale, 2,* 269–286.

Masson, O. (1988). Mandats judiciaires et thérapies en pédopsychiatrie. *Thérapie familiale, 4,* 283–300.

Mastropaolo, L., Pesenti, E., Rizzo Pinna, E. & Daglio R. A. (1985). L'interazione consultorio-tribunale. Strategie sistemiche operative. *Terapia familiare, 17,* 21–28.

Minuchin, S. (1967). *Families of the Slums: An Exploration of their Structure and Treatment*. New York: Basic Books.

Minuchin, S. (1974). *Families and Family Therapy*. London: Tavistock Publications. Dt.: Familien und Familientherapie. Freiburg: Lambertus, 1978.

Monane, M., Leichter, D. & Lewis, D.O. (1984). Physical abuse in psychiatrically hospitalized children and adolescents. *Journal of the Academy of Child Psychiatry, 23,* 653–658.

Moro, C.A. (1988). Disturbo mentale del genitore e valutazione giuridica delle sue capacità educative. In A. Malagoli Togliatti (Hrsg.). *Disagio mentale e validità genitoriale*. Mailand: Giuffré.

Morris, M. G. & Goukd, R. W. (1963). Role reversal: a necessary concept in dealing with the battered child syndrome. *American Journal of Orthopsychiatry, 32,* 298–299.

Oates, R. K., Forrest, D. & Peacoch, A. (1985). Self-esteem of abused children. *Child Abuse and Neglect, 26,* 649–656.

Pardeck, J. T. (1988). An overview of children abuse and neglect. *Early Child Development and Care, 31,* 7–17.

Piaget, J. (1947, 6. Aufl. 1967). *Le Jugement et le Raisonnement chez l'Enfant.*

Neuchâtel: Delachaux et Niestlé). Dt.: Urteil und Denkprozeß des Kindes. In Sprache und Lernen, 9. Düsseldorf: Schwann, 1972.

Ponti, G. (1987). La perizia psichiatrica e psicologica nel quadro della legge penale. In G. Gulotta (Hrsg.), *Trattato di psicologia giudiziaria nel sistema penale.* Mailand: Giuffré.

Post, S. (1982). Adolescent parricide in abuse families. *Child Welfare, 61,* 445–455.

Prigogine, I. & Stengers I. (1979). *La Nouvelle Alliance.* Paris: Gallimard.

Radke-Yarrow, M. & Zahn Waxler, C. (1976). Dimension and correlates of prosocial behavior in young children. *Child Development, 47,* 118–125.

Rheingold, H. L., Hay, D. F. & West, M. J. (1976). Sharing in the second year of life. *Child Development, 47,* 1148–1158.

Ricci, C. (1981). Al di là della diade. La natura multidimensionale della comunicazione. In M. Selvini-Palazzoli, L. Anolli, P. Di Blasio, L. Giossi, C. Ricci, M. Sacchi & V. Ugazio, *Sul fronte dell'organizzazione.* Mailand: Feltrinelli. Dt.: Jenseits der Dyade. Die multidimensionale Natur der Kommunikation. In M. Selvini Palazzoli et al.: Hinter den Kulissen der Organisation. Stuttgart: Klett-Cotta, 1984.

Ricci, C. & Selvini Palazzoli, M. (1984). Interactional complexity and communication. *Family Process, 23,* 169–176.

Sack, W. H. & Dale, D. D. (1982). Abuse and deprivation in failing adoptions. *Child Abuse and Neglect, 6,* 41–453.

Sack, W. H., Mason, R. & Higgins, E. (1985). The single-parent family and abusive child punishment. *American Journal of Orthopsychiatry, 55,* 252–259.

Sagi, A. & Hoffmann, M. L. (1976). Empathic distress in newborns. *Developmental Psychology, 12,* 175–177.

Seel, B. F. & Pollack, C. B. (1968). A psychiatric study of parents who abuse infants and small children. In R.E. Helfer & C.M. Kempe (Hrsg.), *The Battered Child.* Chicago: University of Chicago Press.

Selvini, M. (Hrsg.) (1985). *Cronaca di una ricerca.* Rom: La Nuova Italia Scientifica. Dt.: Mara Selvinis Revolutionen. Heidelberg: Carl-Auer-Systeme, 1991.

Selvini, M., Covini, A., Fiocchi, E. & Pasquino, R. (1987). I veterani della psichiatria. *Ecologia della mente, 4,* 60–76.

Selvini Palazzoli, M. (1970). Contesto e metacontesto nella psicoterapia della famiglia. *Archivio di Psicologia, Psicoterapia e Neurologia, 31,* 203–211.

Selvini Palazzoli, M. (1984). Rezension des Buches von B. Keeney »Aesthetics of Change«. *Family Process, 23,* 282–284.

Selvini Palazzoli, M., Boscolo, L., Cecchin, G. & Prata, G. (1975). *Paradosso e controparadosso*. Mailand: Feltrinelli. Dt.: Paradoxon und Gegenparadoxon. Stuttgart: Klett-Cotta, 1985.

Selvini Palazzoli, M., Boscolo, L., Cecchin, G. & Prata, G. (1980). Ipotizzazione, circolarità, neutralità. *Terapia familiare, 7*. Dt.: Hypothetisieren – Zirkularität – Neutralität: drei Richtlinien für den Leiter der Sitzung. *Familiendynamik, 6* (1981), 123–139.

Selvini Palazzoli, M., Cirillo, S., Selvini, M. & Sorrentino, A.M. (1985). L'individuo nel gioco. *Terapia familiare, 19*. Dt.: Das Individuum im Spiel. Zeitschrift für systemische Therapie, 5(3). Dortmund: verlag modernes lernen, 1987.

Selvini Palazzoli, M., Cirillo, S., Selvini, M. & Sorrentino, A. M. (1988). *I giochi psicotici nella famiglia*. Mailand: Cortina.

Selvini Palazzoli, M. & Prata, G. (1981). Le insidie della terapia familiare. *Terapia Familiare, 10*, 7–17.

Shengold, L. (1985). The effects of child abuse as seen in adults: George Orwell. *Psychoanalytic Quarterly, 54*, 20–25.

Soavi, G. & Vianello O. (1990). Il contesto di controllo come possibilità di cambiare una famiglia in crisi. In S. Cirillo (Hrsg.), *Il cambiamento nei contesti non terapeutici*. Milano: Cortina.

Sorrentino, A. M. (1987). *L'informazione handicap*. Rom: La Nuova Italia Scientifica. Dt.: Behinderung und Rehabilitation. Dortmund: verlag modernes lernen, 1988.

Speed, B. (1984). How really real is real. *Family Process, 32*, 511–520.

Toro, P.A. (1982). Developmental effects of child abuse. A review. *Child Abuse and Neglect, 6*, 423–431.

Valdisserri, E. V. (1982). Victims of childhood sexual abuse: a follow-up study of a non compliant population. *Hospital and Community Psychiatry, 33*, 938–940.

Vassalli, A. (1987). Bambini maltrattati e psicoterapia: il trattamento coatto della famiglia. In W. Festini, C. Nosengo & L. Saviane Kaneklin (Hrsg.), *Psiche e istituzione. Quali interventi clinici*. Mailand: Angeli.

Verschiedene Autoren (1984). *Child Sexual Abuse Within the Family*. Basel: Ciba Stiftung.

Namensregister

Sachregister